SO GEHT'S GANZ LEICHT!

SO GEHT'S GANZ LEICHT!

DIE 500 BESTEN TIPPS FÜR ALLE LEBENSLAGEN

Zu diesem Buch

Unser Leben steckt voller kleiner und größerer Aufgaben. Meistens sind dies selbst gesteckte Vorhaben, manchmal stehen aber auch Anforderungen von außen ins Haus und immer muss man überlegen, wie man seine Pläne am besten umsetzt. Kurz gesagt: Es gibt immer was zu tun!

Aber nicht alles geht stets leicht von der Hand. Ob das Smartphone nicht tut, was man will, Papier im Drucker steckt, der Hund bettelt, die Katze die Wohnung auf den Kopf stellt, ob der Garten schöner blühen soll, die Wände mal wieder gestrichen werden müssen, man bei einer Diagnose des Hausarztes einen Zweifel hegt oder auf Reisen das Bargeld knapp wird. Es gibt viele kleine Probleme – und immer Möglichkeiten, sich die Lösung ein wenig einfacher zu machen.

Man kann ja vieles können, aber keiner kann alles. Und man kann gar nicht alt genug werden, als dass man nicht geradezu täglich auch mit neuen Dingen konfrontiert wird. Hier hilft dieses Buch mit 500-fachem kompetentem Rat und unzähligen nützlichen Informationen.

Man erkennt dabei auch, dass guter Rat nicht teuer sein muss: Die meisten Tipps und Kniffe in den folgenden zehn Kapiteln sind ausgesprochen preiswert und oft zudem umweltfreundlich und nachhaltig. Dabei nutzen unsere Experten „altes Wissen" ebenso wie neue Erkenntnisse oder Hilfsmittel. **So geht's ganz leicht** ist der ideale Alltagsbegleiter und eine Hilfe, auf die man sich stets verlassen kann.

Und nun: Viel Spaß beim Lesen und Schmökern!

INHALT

IM HAUS UND IN DER WOHNUNG

In Haus und Wohnung ist einfach immer etwas zu tun. Sei es, weil der Herd sauber gemacht werden will oder ein klein wenig Schimmel schnell beseitigt werden muss, sei es, dass man vielleicht die ganze Wohnung von Stolperfallen befreien will oder sogar einen Neuanfang in einem Mehr-generationenhaus machen möchte. Für alles gibt es auch einfache Lösungen, wie Sie hier lesen können.

Armaturen und Waschbecken fachgerecht säubern

Glänzend schöne Waschbecken und Armaturen tragen stark zur ästhetischen Qualität und zum Wohlfühlen bei. Da man natürlich nicht nach jeder Benutzung nach allen Regeln der Kunst putzen möchte, sollten Becken und Wasserhähne stets mit einem geeigneten, weichen Tuch aus Mikrofaser oder Baumwolle **trocken gerieben,** gegebenenfalls vorher noch mit etwas Spülmittel gereinigt werden. Besonders wichtig ist das Trockenreiben in Regionen mit stark kalkhaltigem Wasser. Hartnäckige Rückstände sind schwer zu beseitigen, können Metall und Dichtungen angreifen und beeinträchtigen das Aussehen der Sanitärkeramik. So oft wie möglich sollte sie daher **fachgerecht und schonend gereinigt** werden, am besten mit Seifenwasser bzw. Neutralreiniger, bei massiven Edelstahlarmaturen hilft spezieller Edelstahlreiniger.

Ceran-Kochfeld reinigen

Ceran-Kochfelder bleiben mit der richtigen, pfleglichen Behandlung über viele Jahre schön und funktionsfähig. Belassen Sie dafür entstandene Verschmutzungen auf keinen Fall für den nächsten Kochvorgang. Wichtig ist es, nach jeder Benützung die (abgekühlten) Kochstellen mit einem weichen Spültuch und einem Schuss Spülmittel **abzuwischen** und gleich **abzutrocknen.** Sind Verschmutzungen wie etwa Fettspritzer zu erkennen, sollten diese sofort mithilfe eines im Handel erhältlichen **Spezialschwamms** für Ceran entfernt werden, und zwar zunächst mit der rauen Seite für die Reinigung und dann mit der weicheren Seite für die Entfernung von Restschmutz. Abschließend kann man dann etwaige Reinigerrückstände mit einem feuchten Tuch entfernen. Zum Schluss einfach noch trocken reiben, schon glänzt das Kochfeld wieder. Bei stärkerer Verschmutzung empfiehlt es sich, den Schwamm statt mit Spülmittel mit speziellem **Ceran-Kochfeld-Reiniger** zu verwenden. Alternativ gibt es spezielle Schaber, die aber die Gefahr bergen, dass bei falscher Anwendung Kratzer entstehen.

AUFGEPASST

Beim Reinigen von Waschtischen, Spülbecken und Armaturen sollte alles unterbleiben, was die Oberflächen schädigen statt pflegen würde. Dazu gehören die Verwendung rauer Tücher und Schwämme sowie Stahlwolle, aber auch chemischer Produkte wie Scheuermilch, Spiritus oder Terpentin. Grundsätzlich ist ferner dringend davon abzuraten, nach eigenem Ermessen Reinigungsmittel zusammenzumischen, deren Wechsel- und Reinigungswirkung nicht bekannt ist.

Kleine Lavendelsäckchen sorgen für einen angenehmen Duft im Kleiderschrank.

Monaten mit Lavendel- bzw. Zedernholzöl getränkt bzw. besprüht werden sollten. Verteilen Sie die Kissen oder Holzstückchen gleichmäßig zwischen den Textilien und sorgen Sie zusätzlich für regelmäßige **Durchlüftung.**

Deutlich zu warnen ist vor manchen chemischen Produkten wie Sprays oder Aufhängestreifen, die gegen Motten wirken sollen. Mit ihnen kann man sich leicht mehr Schadstoffe ins Haus holen, statt sich wie erhofft etwas Gutes zu tun. Auch Produkte, die mittels Chemie einfach nur gute Gerüche verbreiten sollen, sind nicht selten schadstoffhaltig – am besten lässte man die Finger davon.

Wäsche frisch halten, Kleidermotten abwehren

Insbesondere wenn Kleidung und andere Textilien längere Zeit nicht mehr getragen oder benützt werden, können schlechte Gerüche entstehen und es kann sogar zu Mottenbefall kommen. Um dies zu vermeiden, gibt es wirksame und unaufwendige Methoden, die einen angenehmen Geruch im Kleiderschrank schaffen und Textilschädlinge abwehren. Einen guten Beitrag leisten mit **Lavendel gefüllte Kissen** und **Zedernholzstücke**, die zur Aufrechterhaltung der Wirkung jeweils am besten in Abständen von drei bis vier

Kühlschrank abtauen

Es macht wohl niemand gern, aber manchmal muss der Kühlschrank abgetaut werden, um Schmutz, Gerüchen und Feuchtigkeitsanfall entgegenzuwirken. Idealerweise führt man diese Aktion in **der kälteren Jahreszeit** durch, wenn die Zimmertemperaturen niedriger sind und man einen Teil der Lebensmittel auf der Terrasse oder dem Balkon zwischenlagern kann. Zu Beginn der Aktion legt man am Gerätefuß zur Aufnahme von Wasser saugfähige **Putzmatten** aus, schaltet das Gerät ab und lädt den Inhalt des Kühlschranks in vorbereitete Behältnisse um. Vor dem Wiedereinschalten sollten mindestens 24 Stunden vergangen sein. In der Zwischenzeit können Sie das Gerät innen einschließlich der Glasteile, Gerätewände und Schubkästen komplett mit einer **Sodalösung** auswischen, die nachhaltig reinigt und den Feuchtigkeitsanfall im Kühlschrank verringert. Abschließend werden die Oberflächen nötigenfalls abgetrocknet. Wenn die gewünschte Temperatur wieder erreicht ist, kann man das Gerät neu befüllen.

Leuchten an abgehängten Decken montieren

In vielen Häusern und Wohnungen werden unterhalb der eigentlichen Decke (meist Beton- oder Holzbalkendecken) sogenannte abgehängte Decken eingezogen. Dabei wird auf eine Unterkonstruktion aus Holz oder Metall eine neue Decke aufgebracht, die etwa aus Gipsfaserplatten bestehen kann. In dem entstandenen Zwischenraum verlaufen unter anderem Kabel für die Elektrik. Alternativ oder zusätzlich zu Einbauleuchten wünschen sich die meisten Menschen **Hängeleuchten,** insbesondere über dem Esstisch. Um diese fachgerecht an den meist nicht allzu dicken Tafeln der abgehängten Decke befestigen zu können, bietet sich der Einsatz von **Aufspreizdübeln** an. Kaufen Sie diese im benötigten Gewindedurchmesser und bohren Sie an der Stelle des Kabelanschlusses vorsichtig ein Loch, das nur so groß sein sollte, dass der Aufspreizdübel hindurchpasst und die Öffnung vom Leuchtenbaldachin vollständig

überdeckt wird. Nach dem Durchstecken spreizt sich der Dübel auf und wird an der neuen Decke befestigt. Nun können Sie die Leuchte aufhängen und die Elektrik anschließen.

Fenster putzen ohne Schlieren

Wenn winterliche Verschmutzung oder Blütenstaub im Frühjahr den Durchblick nach draußen beeinträchtigen, ist es Zeit zum Fensterputzen. Einfach, kostengünstig und sehr effektiv ist es, dazu in das Putzwasser **Spülmittel** und einen Schuss **Essigessenz** zu geben. Das Putzwasser sollte kalt, höchstens lauwarm sein. Die Arbeit geht am leichtesten von der Hand, wenn man einen **Wischer** (oder Abwascher) und einen **Abzieher** mit Stiel

AUFGEPASST

Bitte beachten Sie, dass beim Säubern schwer erreichbarer Scheiben im Zweifel Vorsicht vor Sauberkeit gehen sollte. Steigen Sie nicht auf wacklige Untersätze, lehnen Sie sich nicht weit aus dem Fenster und betreten Sie auf keinen Fall das Dach – es sei denn, es handelt sich um ein gut begehbares Flachdach. Überlegen Sie genau, ob Sie Risiken für die eigene Gesundheit eingehen oder doch lieber einen Fensterputzbetrieb beauftragen wollen.

verwendet. Nur bei schwer erreichbaren Stellen empfiehlt sich zusätzlich ein zum System passender Teleskoparm. Wischen Sie zuerst, ziehen Sie dann sorgfältig ab und trocknen Sie die Scheibe mit einem Mikrofaser- oder Baumwolltuch (z.B. altes Geschirrtuch) ab. Bei kleinen Flächen genügt es, nach dem Wischen mit dem Tuch zu trocknen. Die beste Wirkung **ohne Schlierenbildung** erzielt man an bedeckten und milden Tagen. Bei direkter Sonneneinstrahlung auf die Fenster sollte man lieber nicht putzen.

Backofen energiesparend reinigen

Backöfen mit eigener Pyrolyse-, also **Selbstreinigungsfunktion**, erledigen das Saubermachen für Sie. Ob das allerdings angesichts der hohen hierfür benötigten Temperaturen von bis zu 500 °C und entsprechender Energiekosten sinnvoll ist, mag bezweifelt werden. Auch gesundheitsbelastende Backofenreiniger sind nicht empfehlenswert. Ergreifen Sie stattdessen folgende schonende Maßnahmen:

- Legen Sie zur Prävention von Schmutzanhaftungen wiederverwendbare **Backmatten** aus.
- Stellen Sie in den noch warmen Ofen eine **Schale mit Wasser** und etwas **Essigessenz** und wischen Sie nach Abkühlung ganz leicht aus.
- Bei vorhandenen Schmutzstellen vermischen Sie zwei Päckchen **Backpulver**

mit 100 ml **Wasser,** verteilen die Mixtur auf den Partien und wischen nach etwa zwei Stunden mit warmem Wasser ab.
- In „schweren Fällen" geben Sie Wasser und **Zitronensaft** in ein tiefes Backblech und stellen den Ofen eine Stunde auf 120 °C. Der aufsteigende Dampf löst die Verkrustungen, die sich anschließend leicht entfernen lassen.

Schimmelecken an Wänden und Decken vermeiden

Schimmel bildet sich häufig an Stellen, an denen sich feuchte Luft sammelt, insbesondere an den **Zimmerecken** zwischen Wand und Decke sowie auf stark kunststoffhaltigen Putzen bzw. Anstrichen; außerdem auf allen Oberflächen und Untergründen, die den Austausch der Luftfeuchtigkeit erschweren, sowie bei baulich geschädigter, durchfeuchteter Bausubstanz. Auch Temperaturen unter 16 °C tragen zur Schimmelbildung bei.

Daher sind zwei Aspekte bei der **Schimmelprävention** wichtig. Einerseits müssen bauliche Schäden, durch die Feuchtigkeit von außen eindringen kann (z.B. undichte Regenrinnen, aufsteigende Feuchtigkeit im Mauerwerk), behoben werden, andererseits sollte man hoch diffusionsoffene Werkstoffe und Bauprodukte (keine Kunststoffputze und -farben, Dampfsperrfolien etc.) verwenden sowie für eine angemessene Temperierung und Belüftung der Innenräume sorgen.

Ist der Schimmel bereits vorhanden, muss er sofort mit **kalkhaltigen, chlorfreien Mitteln** besprüht und die Stellen abgewischt werden. Das sollte man zur Prävention eines erneuten Befalls nach Kurzem wiederholen. Abhilfe können die Entfernung absperrender Oberflächen und der Anstrich mit **Kalkfarben** schaffen, denn deren alkalischer ph-Wert wirkt – anders etwa als der saure ph-Wert von Essig – schimmelabwehrend.

Schimmelfugen an Fenstern verhindern

Sie hat wahrscheinlich jeder schon gesehen: schwärzliche Stellen an den Silikonfugen der Fenster. Dieser Schimmelbefall sieht nicht nur unschön aus, sondern kann gegebenenfalls auch die Gesundheit beeinträchtigen. Falls das **Abwischen** mit basisch wirkenden Mitteln wie Kernseife, Backpulver- bzw. Soda-Wasser-Gemisch oder einem kalkhaltigen, chlorfreien Anti-Schimmel-Mittel den Befall nicht beseitigt, müssen die Silikonfugen durch einen Fachbetrieb erneuert werden. Achten Sie darauf, dann hochwertiges, **schimmelresistentes Silikon** einzuetzen.

Um Schimmelfugen von vornherein zu vermeiden, sollten schon beim Fenstereinbau **hochwertige Fenster und Verglasungen** gewählt werden. Dreischeibige Verglasungen sind energieeffizient und haben auch den Vorteil, dass zumeist kein Kondenswasser anfällt und dem Schimmel so sein feuchtes Milieu entzogen wird. Bei Bestandsfenstern mit winterlichem Kondenswasseranfall ist es zur Schimmelprävention unerlässlich, die Scheiben

Bildet sich Kondenswasser am Fenster, muss es regelmäßig beseitigt werden.

regelmäßig **trocken zu wischen.** Verwenden Sie aber keinen Reinigungsessig, da Schimmel saures Milieu bevorzugt. Empfehlenswert ist es außerdem, die Rollläden über Nacht zu schließen.

Gegenstände in Holzdecken oder -wänden fixieren

Zu den häufigsten handwerklichen Aufgaben gehört es, Gegenstände an Wänden oder Decken zu befestigen. Gut lösbar ist dies bei Oberflächen aus Holz. Die einfachste Variante besteht darin, Nägel einzuschlagen. Der **Holznagel** darf nur so weit in das Holz eindringen, dass er es nicht durchstößt. Als Hammer genügt ein handelsübliches, mittelgroßes Exemplar. Um die Bildung von Rissen zu vermeiden,

AUFGEPASST

Wenn es sich bei den Wandoberflächen nicht um dicke, massive Holzteile handelt, liegt zwischen Holz und Wand bzw. Mauerwerk oft ein Zwischenraum, durch den Leitungen wie Elektrokabel verlaufen können. Vergewissern Sie sich im Vorfeld, dass keine Elektroanschlussbuchsen in der Nähe vorhanden sind und keine Kabel oder andere Leitungen über dem Bohrloch liegen, bevor Sie sich mit dem Hammer oder Handbohrer ans Werk machen. Nehmen Sie immer die Sicherung heraus.

kann die Befestigungsstelle zuvor abgeklebt werden. Achten Sie für sicheren Halt darauf, dass der Nagel von oben nach unten eingeschlagen wird. Bei schwereren Gegenständen kommt zum Vorbohren der Löcher ein kleiner, günstiger **Handbohrer** zum Einsatz, der sich in jedem Haushalt findet. Sicheren Halt gewährleisten Schrauben mit Haken oder Ösen. Bei schweren Gegenständen sollten Sie auf jeden Fall zwei Befestigungspunkte vorsehen, die Sie mit der **Wasserwaage** ausmessen. Ist keine zur Hand, kann man mit dem Meterstab den Abstand vom Boden bzw. von der Decke abmessen.

Eine Sonderlösung ist der Einsatz von Aufspreizdübeln, die einfach durch vorgebohrte Deckenhohlräume gesteckt werden und insbesondere schwere Leuchter etc. sicher fixieren.

Waschmaschine reinigen

Um den Reinigungseffekt und die Funktion der Waschmaschine auf Dauer zu erhalten, muss sie in regelmäßigen Abständen gesäubert, aber auch sachgemäß gebraucht werden. Zunächst sollten sowohl die Gummilippe als auch das Sichtfenster innen nach jedem Reinigungsgang mit einem Tuch **abgewischt** werden. Auch die Waschmittelfächer sollten Sie sauber und trocken halten. Reinigen Sie diese zu diesem Zweck in Abständen von zwei bis drei Waschgängen mit einer **Mischung aus Soda, Essig und Wasser,** um Schmutz- bzw. Kalkanhaftungen und schlechte Gerüche von vornherein zu vermeiden. Auch das Flusensieb bedarf nach jedem Waschgang einer Reinigung. Wichtig ist es auch, **nicht ausschließlich mit niedrigen Temperaturen** von 30 bis 40 °C zu waschen. Zumindest alle vier bis fünf Waschgänge sollte es auch eine 60-°C-Wäsche geben, um so vor allem Kalkrückstände und entsprechende Korrosionsschäden zu verhindern. Es ist darüber hinaus empfehlenswert, in Abständen von zwei bis drei Monaten einen Leerwaschgang bei 90 °C durchzuführen.

Die Gummilippe an der Waschmaschinentür am besten nach jedem Waschgang trocken wischen, damit sich keine hartnäckigen Schmutzablagerungen bilden.

Dübel mit Erfolg in Wand und Decke befestigen

Bei der Befestigung von schweren Gegenständen in verputzten Wänden und Decken ist die Benutzung von **Dübeln** unumgänglich. Bei nicht zu großen Gewichten und stabilem Putz genügen Dübel der Größe 6, ansonsten greift man zu den Größen 8 oder 10. Muss der Dübel tiefer im Mauerwerk selbst befestigt werden, sollte er eine größere Länge besitzen. Um besonders große Gewichte anzubringen, eignen sich sogenannte **Schwerlastanker.** Dübel und Schraube müssen in der Größe zueinanderpassen, damit der Dübel sicher im Bohrloch sitzt. Am besten greifen Sie zu **Kombi-Packungen** mit Dübeln und passenden Schrauben. Zum Bohren der Dübellöcher benötigen Sie **Steinbohrer** oder, bei dünnem Putz und

Betonmauerwerk, **Betonbohrer.** In letzterem Fall wird zumeist die Schlagbohr-Einstellung benötigt. Setzen Sie die Maschine an, beginnen Sie zügig und achten Sie auf ein waagerechtes Bohrloch. Bohren Sie nur so tief, dass der Dübel eben mit der Wandoberfläche abschließt.

Einfachen Einbruchschutz umsetzen

Der Schutz vor Einbruch oder ungebetenen Eindringlingen in die Privatsphäre spielt für viele Menschen eine wichtige Rolle – schließlich geht es hier um das eigene Sicherheitsgefühl. Nun kann aber die Planung und Installation eines umfassenden Sicherheitssystems sehr aufwendig werden. Zum Glück gibt es aber auch einige einfache und kostengünstige Maßnahmen, die wir hier vorstellen:

- **zeitgemäße Ausführung** von Schloss und Schließzylinder der Eingangstür.
- **Einbruchsicherheit** des Türblatts.
- Eingangstür mit **Spion** oder Guckfenster.
- zusätzliche **Sicherheitsvorkehrungen** (z.B. Schieberiegel).
- an der Hauswand angebrachte **Kameras** (falls Attrappen, möglichst echt aussehende Exemplare wählen).
- Scheinwerfer mit **Bewegungsmelder.**
- Fenster und Fenstertüren bei Abwesenheit **nie offen lassen,** auch nicht in Kippstellung.
- Bei mehrtägiger Abwesenheit **nie die Rollläden herunterlassen,** da dies Einbrecher eher anlockt.

Elektroarbeiten und Kabelverbindungen selber schaffen

Wichtig: Vor jeder Art von Arbeit an der Elektrik müssen immer die betreffenden **Sicherungen** herausgenommen werden. Am besten werden Elektroarbeiten daher bei **Tageslicht** erledigt oder Sie müssen für die Beleuchtung mit Verlängerungskabeln aus anderen Zimmern sorgen. Meist wird es im Haushalt darum gehen, Leuchten anzuschließen. Von größeren Elektroarbeiten in Eigenregie ist abzuraten, wenn man nicht selbst ein Fachmann auf dem Gebiet ist.

Elektroleitungen besitzen drei **Kabelstränge** in den Farben Blau, Schwarz bzw. Braun und Gelb-Grün. Letzteres ist das Erdungskabel, das nur bei alten Leuchten und Geräten fehlt. Um Kurzschlüsse und Schäden zu vermeiden, dürfen stets nur die Leitungen mit den **gleichen Farben** verbunden werden. Dies geschieht mittels einer **Lüsterklemme,** die je drei Stücke mit insgesamt sechs Auslässen besitzen sollte. Die Leitungen werden darin zusammengeführt und festgeschraubt. Gegebenenfalls müssen die Kunststoffummantelungen etwas eingekürzt werden.

Energie sparen beim Heizen

Um Heizenergie einzusparen, prüfen Sie zunächst, ob Ihre **Heizung** ordnungsgemäß **gewartet** und **richtig eingestellt** ist. Mangelnde Wartung führt zu schlechtem Funktionieren der Heizung, zu höherem Verbrauch und auf Dauer zu höheren Reparaturkosten. Ein **intakter Außentemperaturfühler** trägt wesentlich dazu bei, die Heizung richtig zu steuern. Wichtig ist außerdem, die Heizeinstellungen **nach Bedarf anzupassen.** So sollte die Heizung im Sommerhalbjahr nicht auf Winterbetrieb laufen. Überlegen Sie, ob eine eingestellte Raumtemperatur von 19 oder 20 °C genügt. Lassen Sie die Heizung in der kalten Jahreszeit nicht auf Volllast laufen, sondern drehen Sie nur dann höher, wenn Sie sich im jeweiligen Raum aufhalten. Andererseits sollte auch nicht völlig abgedreht, sondern temperiert werden. Ein richtig eingestellter **Heizmodus** mit einer automatischen Nachtabsenkung der Temperatur kann auf sinnvolle Weise Energie einsparen.

Energie sparen beim Strom

Wenn Sie Ihren Stromverbrauch senken möchten, müssen Sie eingefahrene Gewohnheiten überdenken. Viele stromsparende Maßnahmen sind leicht umzusetzen. Die folgende Auflistung liefert eine Reihe von Anregungen:

- Heizung so einstellen, dass sie **nur in Kälteperioden in Betrieb** ist.
- Alte Heizungspumpen **erneuern** lassen.
- Rechner, Fernseher etc. **bei längerer Nichtbenutzung** ausschalten/vom Netz trennen.
- **Zahl** der benötigten Haushaltsgeräte **überprüfen** (z.B. zweite Gefriertruhe, dritter Fernseher).
- **Stand-by-Funktion** von Geräten (z.B. Computer) möglichst **nicht nutzen.**
- Beim Kauf von Geräten auf den **Energieverbrauch** achten.
- **Steckerleiste** mit Schaltknopf über Nacht **ausschalten.**
- Glühbirnen und andere Leuchtmittel mit hohem Energieverbrauch **durch LEDs ersetzen.**

- **Weihnachtsbeleuchtung** auf das **Mindestmaß** reduzieren.
- Gartenbeleuchtung **auf Solarstrom umstellen.**
- Grundsätzlich **nur** diejenigen **Räume beleuchten, die benutzt werden.**

Energie sparen beim Warmwasser

Die Warmwasserbereitung besitzt großes Einsparpotenzial. Wird das Warmwasser in einem Haus zentral erzeugt, ist der **Wirkungsgrad des Heizkessels** ein wichtiger Gradmesser für Energieverluste. Leichter als der komplette Heizungsaustausch lässt sich allerdings die fachgerechte **Dämmung von Leitungsbahnen** und des **Warmwasserspeichers** umsetzen. Die eingestellte **Warmwassertemperatur** sollte nicht zu hoch sein, aber wegen der Legionellengefahr nicht unter

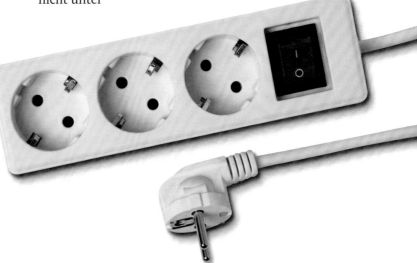

Eine ganz simple Möglichkeit, Strom zu sparen: Steckerleiste ausschalten.

60 °C liegen. Dezentral in Badezimmern oder WCs installierte **Durchlauferhitzer,** die einen hohen Wirkungsgrad haben sollten, erzeugen das Warmwasser nach Bedarf. Boiler schneiden in puncto Energieverbrauch dagegen meist schlecht ab. Eine **Nachtabschaltung** mit Zeitschaltuhr bringt hier Verbesserung. Grundsätzlich ist es wichtig, **das eigene Verhalten anzupassen,** indem man z.B. weniger heiß und kürzer duscht und Warmwasser prinzipiell nur dann laufen lässt, wenn es wirklich benötigt wird.

Heizkörperventile selbst reparieren

Wenn es im Herbst kälter wird, können Schwierigkeiten mit der Funktion der Heizkörper auftreten. Ist die Zentralheizung eingeschaltet, der Thermostat aufgedreht, aber der Heizkörper wird dennoch nicht warm, liegt es meist an einer **Fehlfunktion des Thermostatventils.** Nach längeren Ruhephasen klemmt häufig der Ventilstift. Um das Problem zu beheben, müssen Sie den Thermostat zunächst auf „5" stellen und dann den Thermostatkopf entfernen, was sich je nach Ausführung ganz leicht durch Lösen einer Rändelschraube, Abschrauben oder Lösen der Spannung mittels einer normalen Rohrzange bewerkstelligen lässt. Der Stift lässt sich nun durch leichten Druck, Herausziehen, mehrfaches Hin- und Herbewegen mit der Rohrzange sowie abschließendes

Abschmieren wieder gängig machen. Nach dem Eindrücken sollte der Stift nun von selbst wieder herauskommen. Ist dies trotz mehrmaliger Versuche nicht der Fall, liegt meist ein Defekt des Federmechanismus vor und die kleine Stopfbuchse mit dem Ventilstift muss abgeschraubt und ersetzt werden. Austretendes Wasser fängt man dabei mit einem Gefäß auf. Danach wird der Thermostatkopf wieder befestigt.

Nägel ohne Putzschäden in Wände schlagen

Einen Nagel so in eine verputzte Wand zu schlagen, dass er hält und der Putz nicht bröckelt, erfordert ungeachtet der simpel erscheinenden Aufgabe ein planvolles Vorgehen. Ein **Stahlnagel** (von etwa drei bis vier Zentimeter Länge) verkeilt sich besonders gut mit dem Putz. Der Nagel wird immer **schräg,** also von der Wand weg nach oben zeigend, **eingeschlagen.** So halten auch die daran befestigten Gegenstände besser. Je nach Zweck gibt es Stahlnägel mit speziellen Köpfen, wie sie beispielsweise **Bildernägel** aufweisen. Bevor Sie mit dem Einschlagen beginnen, sollten Sie die Einschlagstelle mit **Malerkrepp abkleben,** um Rissbildungen und das Abplatzen des Wandputzes zu verhindern. Die Einschlagstelle zeichnet man dann genau an und schlägt den Nagel mit einem mittelgroßen Hammer **zügig ein,** wobei man den Nagel immer genau im Blick behalten sollte.

Einfache Maßnahmen zum Wärmeschutz bei Fenstern

Will man den Wärmeschutz im Fensterbereich verbessern, der komplette Fensteraustausch ist aber nicht möglich oder gar nicht erwünscht, gibt es einige einfache Möglichkeiten, die Wärmeverluste zu verringern. Prüfen Sie zunächst, ob die **Fensterbeschläge richtig eingestellt** sind und Rahmen und Öffnungsflügel optimal schließen. Als Nächstes ist darauf zu achten, dass überhaupt **Dichtungen vorhanden** sind und ob diese **schadhafte Stellen** aufweisen, durch die warme Luft entweichen und kalte Luft eindringen

kann. Dann ist die Dichtung zu ersetzen – entweder durch solche, die in eine vorhandene **Nut** eingepasst werden, oder durch **Klebedichtungen.** Wenn die Konstruktion der Fenster es zulässt, kann zur Verbesserung der Dämmwirkung auch eine **zweite Dichtungsbahn** im Fensterrahmen angebracht werden. Die Farbe der Dichtungsstreifen sollte idealerweise analog zu derjenigen der Fenster gewählt werden.

Gut abgedichtete Fenster sind unabdingbar, wenn man Wärmeverluste möglichst gering halten will.

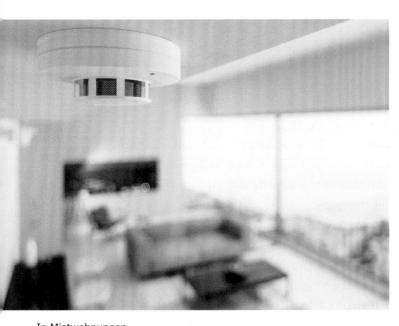

In Mietwohnungen oder bei Eigentümergemeinschaften kümmert sich meist eine Servicefirma um den Einbau und die Wartung von Rauchmeldern – Hausbesitzer müssen aber selbst Hand anlegen.

Rauchmelder einfach installieren

Auch für private Häuser und Wohnungen besteht die Pflicht, Rauchmelder in allen Schlaf- und Kinderzimmern sowie Fluren zu installieren. Teils erfolgt die Deckenmontage mit Bohrer, Dübeln und Schrauben, doch es geht auch deutlich einfacher. Rauchmelder können aufgrund ihres geringen Gewichts mittels **doppelseitigem Kleband** oder **Klettband,** das decken- und geräteseitig angebracht wird, direkt an der Decke befestigt werden. Noch besser ist es, spezielle **Magnetscheiben** zu verwenden, die im Handel im Zweierpack angeboten werden. Die eine Magnetscheibe wird an der dafür vorgesehenen Stelle an der Decke angebracht. Dabei ist es wichtig, die Platte fest anzudrücken, um einen optimalen Halt zu

gewährleisten. Nun wird die zweite Magnetscheibe auf das Gerät geklebt und der Rauchmelder mittels reiner Magnetwirkung an der Halteplatte befestigt. Muss der Rauchmelder ausgetauscht werden, kann die vorhandene Deckenhalterung weiterhin verwendet werden.

Schrauben ohne Werkzeug befestigen

Es ist sicher schon jedem mal passiert, dass er Schrauben befestigen musste, ohne Schlitz- oder Vierkantdreher zur Hand zu haben. Ist gar kein fachgerechtes Werkzeug vorhanden, kann man sich häufig mit **Geldmünzen** behelfen. Die Münze wird je nach Beschaffenheit des Schraubenkopfes ausgewählt, oft braucht man eher schmale Kupfermünzen. Alternativ können auch andere Alltagsgegenstände helfen, die steif und stabil genug sind und zum Schraubenkopf passen. Abzuraten ist jedoch vom Gebrauch von Haus- oder Autoschlüsseln, da hier immer die Gefahr besteht, sie unbrauchbar zu machen.

Einen Sonderfall stellen **Schrauben** dar, deren **Kopf als Haken oder Öse** ausgebildet ist. Diese lassen sich in Holzoberflächen zumeist ohne jegliches Werkzeug eindrehen. Dazu sollte durch festen Druck auf die Einschraubstelle der anfängliche Widerstand überwunden werden. Hat das Schraubgewinde erst einmal gegriffen, kann man relativ leicht bis zur gewünschten Tiefe weiter schrauben.

Türen gegen Zugluft abdichten

Dicht schließende Türen sind wichtig, um Geräusche, Gerüche und Kälte fernzuhalten. Dies gilt zuallererst für die Haus- bzw. Wohnungseingangstüren. An diesen sollte zunächst geprüft werden, ob die **Beschläge richtig eingestellt** sind. Dann ist zu schauen, ob Türblatt und Türrahmen überhaupt **Dichtungen aufweisen** und falls ja, ob diese noch in Ordnung sind. Weisen sie **Schadstellen** auf, sollten sie ausgetauscht werden. Meist sind zumindest im Türblatt Nuten vorhanden, in die die passenden neuen Exemplare eingefügt werden können. Ansonsten können vom Fachhandwerker natürlich neue Nuten eingefräst werden. Bedeutend weniger aufwendig ist es aber, **Klebedichtungen** zu beschaffen und selbst anzubringen. Wenn möglich, sollten gerade bei Eingangstüren auch Dichtungen in das **Türblatt** eingelegt werden. Für die Unterkante des Türblatts gibt es spezielle, zuschneidbare Abdichtungsstreifen, die angeklebt werden können, ohne das Türblatt zu demontieren.

Türen wieder leichtgängig machen

Bei Türen lassen sich störende Geräusche und Schwergängigkeit zumeist durch das Einführen von **Spezialöl** in die **Schar-** niere beheben. Alternativ kann auch normales Brat- oder Sonnenblumenöl benutzt werden. Halten Sie dabei ein Tuch unter das Scharnier und wischen Sie überschüssiges Öl ab. Bewegen Sie die Türe danach einige Male hin und her, damit sich der Schmierstoff verteilen kann. So wird die Tür wieder leichtgängig und sie macht kein Geräusch mehr.

Klemmt die Tür, kann bei Holzwerkstoffen durch das geringfügige Anpassen der Türhöhe für Abhilfe gesorgt werden. Heben Sie das Türblatt aus den Scharnieren, legen Sie es auf Arbeitsböcke und schleifen Sie die Unterkante des Türblatts mit einem groben Schleifpapier oder einer Handraspel vorsichtig so weit ab, bis die Höhe stimmt, aber kein störender Schlitz entsteht. Genauso gehen Sie vor, wenn es oben oder an den seitlichen Rändern des Türblatts klemmt.

SO KLAPPT'S AUCH

Wenn sich Türen etwa infolge der Verlegung neuer Böden nicht mehr problemlos öffnen lassen, gibt es eine arbeitssparende Methode. Sofern zwischen der Oberkante des Türblatts und dem Anschlag im Türrahmen noch ausreichend Platz ist, kann die Türe auf einfache Weise höher gesetzt werden, ohne aufwendig handwerklich tätig werden zu müssen. Heben Sie das Türblatt aus den Scharnieren, setzen Sie Beilagscheiben in der benötigten Höhe in die Scharniere ein und hängen Sie die Türe wieder ein. Fertig!

Duschköpfe und Wassersiebe entkalken

Werden Duschköpfe oder Wassersiebe längere Zeit nicht gesäubert, bilden sich Kalkablagerungen, die auf Dauer ihre Funktionsfähigkeit beeinträchtigen können. Der Wasserstrahl wird dann unregelmäßiger und dünner, oft spritzt das Wasser unschön zur Seite weg. Ein- bis zweimal pro Woche empfiehlt sich daher eine **gründliche Säuberung** mit Neutralreiniger, Seifenwasser oder umweltverträglichem, schonendem Badreiniger. Ganz verhindern kann man Kalkablagerungen an Duschköpfen und Perlatoren dennoch nicht. Etwa einmal im Monat sollten sie daher ausgebaut und **über Nacht** in einem Gemisch aus Essig (fünf bis zehn Prozent) und Wasser oder einfach für kurze Zeit **in kochendem Wasser**

eingelegt werden. Alternativ kann man in das Wasser auch einen Reiniger auf Zitronenbasis geben. Bei hartnäckigen Verkrustungen sollten die Beläge mit einer alten Zahnbürste entfernt und die Teile dann nochmals eingelegt werden.

Einfache Schritte zum barrierearmen Heim

Um dem Ziel der Barrierefreiheit möglichst nahe zu kommen, können einige wichtige Schritte unternommen werden. Zunächst sollten **Türradien** überprüft und **Hindernisse** entfernt werden. Dafür kann es nötig sein, störende Türen ganz herauszunehmen sowie beengte Durchgangs- oder, wenn ein Rollstuhl nötig ist, Durchfahrtssituationen leer zu räumen.

Möchte man neue **Bodenbeläge** verlegen lassen, muss ihre Aufbauhöhe so gewählt werden, dass gegenüber den vorhandenen Böden in den übrigen Zimmern ein möglichst **geringer Niveauunterschied** entsteht. Das heißt in der Praxis meist, dass die Altbeläge zunächst entfernt werden. Muss zur Garten- bzw. Terrassenseite eine neue Fenstertüre eingebaut werden, sollte geprüft werden, ob eine **Hebe-Schiebe-Tür** infrage kommt. Falls ja, hat diese den Vorteil, dass sie in einer bodentiefen Führungsschiene läuft und es daher keine behindernde Schwelle mehr gibt. Für Umbaumaßnahmen zum Zweck der Barrierefreiheit stehen **Fördergelder** zur Verfügung.

SO GING'S BEI MIR

Werner H. aus U. schreibt: Meine Frau Karin benötigt seit dem letzten Jahr dauerhaft eine Gehhilfe und wurde im Pflegegrad I eingestuft. Ich bin auch nicht mehr so gut auf den Beinen wie vor zehn Jahren. Darum wollten wir die Wohnung barrierefrei umgestalten. Doch die Kosten waren ein Schock. Zum Glück gibt es aber viele Fördermaßnahmen, vom günstigen KfW-Kredit bis zum Zuschuss der Pflegekasse, der allein für meine Frau 4000 Euro betrug.

Hilfe und Notarzt schnell erreichen

Auch wenn man sich noch nicht einge-
stehen möchte, dass ein Notfall eintreten
könnte, kann schnelle Hilfe lebenswichtig
sein. Sehr zu empfehlen ist grundsätzlich
das Tragen eines **Notfallknopfes** (am Arm
oder um den Hals), den man besonders in
Fällen betätigt, in denen man nicht telefonieren kann, etwa bei Stürzen im Garten. In der Regel erhält man den Not-
fallknopf über einen Kranken- oder
Pflegedienst. Dort muss es einen Verant-
wortlichen geben, der einen Haus- bzw.
Wohnungsschlüssel besitzt und bei jeder
Betätigung des Knopfes sofort nach dem
Rechten sieht, die Erstversorgung übernimmt und, wenn nötig, den Rettungsdienst verständigt. Trägt man ein Mobil-
telefon bei sich und ist man in der Lage
zur Führung eines Gesprächs, sollte man
aber am besten gleich den Rettungsdienst
mit der 112 verständigen. Versuchen Sie,
ruhig zu sprechen, nennen Sie Ihren
Namen und Ihre **Anschrift** und beantworten Sie alle Fragen.

Farben für Innenanstriche auswählen

Die Innenraumfarben haben Auswirkun-
gen nicht nur auf das Wohlgefühl, sondern auch auf die Wohngesundheit.
Entscheiden Sie sich für qualitativ hochwertige und bauphysikalisch wertvolle,
sehr gut deckende und zu verstreichende,

Ein Wechsel aus
weißen und dezent
farbigen Wänden
kann sehr anspre-
chend wirken.

SO KLAPPT'S AUCH

Zur Vorbereitung der Streicharbeiten kann man den Boden auch mit breiten Papierrollen auslegen statt mit Vlies oder Plastikfolie. Das spart erstens Zeit und Aufwand und ist zweitens eine ökologischere Variante. Fensterbänke und alle farbberührten, nicht zu streichenden Partien lassen sich ebenfalls plastikfrei mit hochwertigem Malerkrepp abkleben. Qualitätvolle Silikat-Innenraumfarbe lässt sich hervorragend verstreichen und deckt auch sehr gut. Bei bereits vor einiger Zeit gestrichenen Partien bedarf es meist nur eines Anstrichs, um eine deckende Wirkung zu erzielen.

gut wasserbeständige **Silikatfarben.** Wichtig ist ein geringer Kunststoffanteil und eine hohe Diffusionsoffenheit, also Wasserdampfdurchlässigkeit. Der etwas höhere Preis macht sich in jedem Fall bezahlt.

Bauphysikalisch empfehlenswert und wohngesund sind auch **Kalkfarben** (besonders auf Kalkputzen), die besonders schimmelresistent sind, sowie **Lehmfarben** für Lehmputze. In Mietwohnungen sind zum Teil Vorgaben des Vermieters zur Wahl der Farbe zu beachten, nicht zuletzt bei Baudenkmälern. Als **Farbtöne** eignen sich für die Hauptaufenthaltsräume neben Weiß eher gedeckte Farben wie Graugrün, Blaugrau oder Beige. Einzelne Wandbereiche können farblich abgesetzt werden.

Günstige und gute Baustoffe kennen und beschaffen

Möchte man selbst Hand anlegen, sollte man wissen, welche Baustoffe besonders empfehlenswert sind und ein gutes Preis-Leistungs-Verhältnis haben. Hierzu zählen beispielsweise **Massivhölzer,** die man in unterschiedlichsten Maßen für Zaunsäulen, Lagerhölzer von Dielenböden und Holzterrassen oder die Konstruktion von Hütten und Baumhäusern verwenden kann. Wasserfest verleimte **Fichte-Mehrschichtplatten** können bestens als alternative Beläge oder im Freien für Trennwände eingesetzt werden und lassen sich auch sehr gut endbehandeln.

OSB- oder (besser) **ESB-Platten** eignen sich nicht für Bereiche, die dem Wetter ausgesetzt sind, haben aber im Innenausbau ihren eigentlichen Einsatzzweck und übernehmen bei ausreichender Stärke auch aussteifende Funktion. Grundsätzlich sind nicht zuletzt wegen sehr guten Hitzeschutzes **Produkte aus nachwachsenden Rohstoffen** zu empfehlen, beispielsweise aus Holzweichfaser, Flachs oder Hanf.

Handwerker-Arbeitszeiten notieren und prüfen

Es kann vorkommen, dass Handwerker keine festen Angebote machen können, sondern **nach Aufwand** abrechnen. Dies sollte der Ausnahmefall sein und nur akzeptiert werden, wenn es sich um besonders komplexe oder unaufschiebbare Maßnahmen handelt, und es sollte ein **genauer Stundenlohn** festgelegt werden. Da Sie im Vorhinein nicht genau wissen können, ob die beauftragten Betriebe genau abrechnen, sollten Sie kontrollieren, ob die berechneten Arbeitsstunden auch erbracht wurden. Halten Sie die **Arbeitszeiten** mit **Datum, Ankunfts- und Abfahrtszeit,** verabredeten und tatsächlich erbrachten **Leistungen** und **Pausenzeiten** genau in einem **Bautagebuch** fest. Wenn Sie nicht selbst anwesend sein können, beauftragen Sie nach Möglichkeit jemanden mit dieser Aufgabe. Wichtig ist, dass die Aufzeichnungen **regelmäßig und lückenlos** geführt werden. Stundennachweise sollten nur nach genauer Prüfung unterschrieben werden.

SO GING'S BEI MIR

David Z. aus P. schreibt: Manchmal wird man aus Schaden klug, wenn man unerfahren ist. Als ich vor Jahren einen mir empfohlenen Sanitärhandwerker auf unsere Baustelle bestellt hatte, begann dieser sofort, die Toilettenschüssel abzumontieren. Ich habe das noch als Tatkraft interpretiert. In Wirklichkeit wollte er damit vollendete Tatsachen schaffen. Wir hatten mit seinem Betrieb folgerichtig diverse Schwierigkeiten, inklusive des Problems, den Nachweis von Ausführungsfehlern zu erbringen. So werde ich mich nie wieder überrumpeln lassen.

keine Zeit für Erkundigungen über Notwendigkeit und Kosten bleibt. Zumeist ist dann die Ausführungsqualität schlecht und die Kosten sind viel zu hoch, zudem

Die Arbeitszeiten eines Handwerkers sollte man immer im Blick behalten.

Seriöse Handwerker finden

Die sorgfältige Auswahl der Handwerker spart bares Geld und bewahrt vor bösen Überraschungen. Die Alarmglocken sollten läuten, wenn Handwerker auf dem Weg sogenannter **Haustürgeschäfte** Aufträge erschleichen wollen. Meist behaupten sie dann, es müsse dringend etwas erneuert werden und könne nur an diesem Tag kostengünstig erledigt werden. Diese Masche soll den Kunden gezielt **unter Druck setzen** und zur sofortigen Auftragsvergabe verleiten, damit ihm

wird oft wird Barzahlung verlangt. Das gesetzlich zustehende Rücktrittsrecht nützt dann meist nichts mehr. Ein seriöser Betrieb wird hingegen im Normalfall gern ein **schriftliches Angebot** abgeben und Ihre Fragen beantworten. Holen Sie immer **mindestens zwei Angebote** ein, damit Sie vergleichen können. Planen Sie gegebenenfalls lieber etwas Wartezeit ein.

Holzböden partiell selbst aufarbeiten

Holzböden gehören zu den hochwertigsten Ausstattungselementen und sollten in gutem Zustand bewahrt werden. Wenn vorhandene **Massivholzböden** stellenweise in die Jahre gekommen sind und man wieder eine neu aussehende Oberfläche haben möchte, kann man sie zumeist sehr gut aufarbeiten. Voraussetzung ist eine ausreichende **Aufbauhöhe** der Nutzschicht, also des obersten Belagsbereichs, von mindestens drei bis vier Millimeter. Am einfachsten funktioniert dies bei Bretter- und Dielenböden. Wenn es darum geht, nur kleinere Fehlstellen oder Verschmutzungen zu korrigieren, genügt ein **Handschleifgerät,** in das ein Schleifpapier mit grober, dann mit feinerer Körnung eingespannt wird. Ist ein **Exzenterschleifer** zur Hand, geht es noch leichter. Für Eckbereiche leistet ein **Deltaschleifer** gute Dienste. Nach dem Abschleifen die behandelte Partie entsprechend des übrigen Belags endbehandeln (z.B. einölen).

Kaffeemaschine und Wasserkocher reinigen und entkalken

Die Geräte fürs Kaffee- und Teekochen bzw. die Heißwasserbereitung bedürfen regelmäßiger Pflege. Nach jeder Benutzung bzw. bei Vollautomaten in den empfohlenen Abständen sollten Sie die wasser- und kaffeeberührten Teile säubern bzw. **ausbauen, unter dem Wasserstrahl abbrausen** und vor dem Wiedereinbau trocknen lassen. Regelmäßig in die Spülmaschine sollten nur Glasbehälter wie Cafetieren. Bei Vollautomaten stehen **Programme** zur Verfügung, mit denen mittels spezieller Tabs die Kaffee- und Fettablagerungen und mit Entkalkern Rückstände entfernt werden. Bei Wasserkochern wischen Sie das Gerät nach dem Abkühlen aus, um Kalkablagerungen zu verringern, und kochen **mindestens einmal pro Woche Wasser mit Entkalkerzusatz** auf. Anstelle handelsüblicher, teils umweltbelastender Entkalker können Sie Produkte auf Basis von Essigessenz oder Zitronensäure verwenden, die es ebenfalls überall zu kaufen gibt.

Laufenden Toilettenkasten reparieren

Sie drücken die Toilettenspülung, doch der Wasserfluss hört nun nicht mehr auf. Meist ist dann ein **Schwimmerventil** nicht richtig geschlossen. Vermeiden lässt sich dies bei den meisten Spülanlagen, indem man niemals ein zweites Mal spült, während das Wasser der vorhergehenden Spülung noch läuft. Ist der Defekt schon eingetreten, sollten Sie die Spülung **noch einige Male betätigen.** Oft haben sich Teile verkantet, die sich dadurch wieder lösen und richtig funktionieren können. Ist dies nicht der Fall, muss bei Unter- wie auch bei Aufputzspülkästen nach vorsichtigem Abheben des Deckels das Ventil **in seine Ursprungsposition zurückgebracht** werden. Manchmal muss man auch mittels einer Schraube die Ventileinstellung korrigieren. Führt dies nicht zum Erfolg, sind der Dichtungsring und das Zulaufventil auf ihre Funktionstüchtigkeit zu überprüfen. Sind sie stark beschädigt oder extrem abgenutzt, sollten Sie einen **Fachmann** herbeiholen, der die Teile austauscht.

Niedrige Treppen barrierefrei umgestalten

Selbst kleine Niveauunterschiede haben das Zeug zu großen Barrieren bei der alltäglichen Fortbewegung, wenn man z.B. auf einen Rollstuhl angewiesen ist. Höhenunterschiede von wenigen Stufen, wie sie für Hauseingänge oder zwischen unterschiedlichen Räumen im Einfamilienhaus typisch sind, können aber zumeist durch **Rampen** rollstuhlgerecht umgestaltet werden. Dabei kommt es darauf an, dass das Gefälle durch die Rampe bequem überwunden werden kann und dass wegen der benötigten Länge der Lauffläche im tiefer liegenden Bereich genug Platz und Bewegungsraum vorhanden ist. Achten Sie bei der Anschaffung der Rampe, deren Maße vor Ort genau abgenommen

Beim Hauseingang im Außenbereich muss eine Rampe besonders stabil und wetterfest angelegt werden.

Mit der richtigen Vorbereitung und dem passenden Handwerkszeug fällt das Streichen der Wohnung viel leichter.

werden müssen, neben **Stabilität** auf **seitliche Begrenzungen,** eine **stabile Auflagelippe** und eine **rutschfeste Oberfläche.** Hierfür können spezielle geriffelte Bleche oder Beläge sorgen. **Teleskoprampen** können auf unterschiedliche Maße und Raumverhältnisse angepasst werden. Spezielle **Klapp- oder Faltrampen** überbrücken auch Schwellen wie z.B. vor Fenstertüren.

Stolperfallen in der Wohnung vermeiden

Manche Unebenheiten in der Wohnung können zu schweren Stürzen führen. Hierzu gehören in erster Linie **Teppiche und Fußläufer.** Sie sollten sich am besten nur dort befinden, wo man nicht ständig laufen muss, an stark begangenen Stellen dagegen entfernt werden. Wo man sie gar nicht missen mag, sollten sie mit **Gitter-stopp- bzw. Antirutschmatten** unterlegt werden, was zumindest für besseren Halt sorgt. Gestalten Sie außerdem **alle Wege-führungen** zu Hause so, dass sie möglichst geradlinig von A nach B kommen und zwischen Möbeln immer ein Abstand von mindestens 1,20 m bleibt. **Treppen** sollten grundsätzlich **völlig frei gehalten** werden und nicht zum Lagern von Zeitschriften oder Ähnlichem dienen. **Haftmatten** können die Begehbarkeit verbessern. Nasse oder **rutschige Bereiche** etwa auf dem Badezimmerfußboden sollten rasch **beseitigt** und **Niveauunterschiede** etwa zwischen Bodenbelägen durch Abkleben **nivelliert** werden.

Selbst Innenanstriche vornehmen und sparen

Lässt man Anstricharbeiten von Handwerkern durchführen, kommen schnell einige Kosten auf einen zu. Man kann sie aber nach kurzer Einarbeitung auch gut selbst ausführen. Wenn man nicht mehr ganz jung ist, holt man sich für **Deckenanstriche** Unterstützung – von Verwandten oder Bekannten. Die einzelnen Bereiche können nach und nach angegangen werden, um den Aufwand zu begrenzen. Teils genügt es, nur bestimmte, abgenutzte Wandbereiche zu streichen. Dazu sollte die **Farb- bzw. RAL-Nummer** bekannt sein. Sie benötigen eine **Bohrmaschine** mit **Quirlaufsatz** zum guten Durchmischen, damit keine „Farbflecken" entstehen. **Kleben** Sie vor dem Streichen **alles ab,** was nicht bemalt werden soll. Größere Flächen streichen Sie am besten mit auf den Farbtyp abgestimmten **Farbrollen.** Verwenden Sie für Kanten und Ecken spezielle **Pinsel,** um exakt arbeiten zu können. Überschüssige Farbe muss vor dem Wandauftrag am **Abstreifgitter** entfernt werden, damit sie nicht tropft. Arbeiten Sie von oben nach unten, tragen Sie die Farbe gleichmäßig auf und warten Sie vor dem Zweitanstrich bis zur vollständigen **Durchtrocknung.**

Sparen mit gebrauchten Klassikern

Eine gelungene Inneneinrichtung entsteht durch ein geschmackvolles Ambiente mit einer stimmigen Atmosphäre. Um das zu erreichen, beginnen Sie mit ein paar schönen Stücken und machen dann im Lauf der Zeit im gleichen Stil weiter. Das Angebot von gebrauchten Klassikern insbesondere der **1950er- bis 1980er-Jahre** kann eine wahre Fundgrube sein. Die teils vorhandenen kleinen Macken sind dann charmante Spuren der Zeit. Es müssen gar nicht die teuersten Stücke der berühmtesten Designer sein. Ähnlich schönes und individuelles Design weniger bekannter Schöpfer wird in **spezialisierten Geschäften und in Online-Shops,** aber auch von vielen Privatleuten zumeist deutlich günstiger angeboten. Besonders groß ist die Auswahl bei Leuchten, Stühlen und Accessoires. Gut erhaltene Sideboards aus den 1950er- und -60er-Jahren sind mittlerweile recht rar geworden. Bei Polstermöbeln wie Sofas sollte man darauf achten, dass man sie **aufgearbeitet, d. h. frisch gepolstert,** erwirbt.

Wackelnde Tische und schiefe Regale stabilisieren

Im Haushalt nerven oft wacklige Tische und Stühle, denen mit Provisorien wie Bierfilzchen auf Dauer nicht beizukommen ist. Abhilfe schafft stattdessen ein **Abschleifen der Beine.** Wenn Sie den Tisch mit der Platte auf den Boden gelegt haben, sehen Sie genau, welche Stellen begradigt werden müssen. Verwenden Sie dazu entweder Handraspeln oder Schleifpapier mit gröberer Körnung. Stimmt die Tisch- oder Stuhlhöhe grundsätzlich nicht, sollten die betreffenden Beine gleichmäßig und **exakt abgesägt** und dazu vorher angezeichnet werden. Schief stehende Regale können teils ebenfalls durch Abschleifen oder Absägen nivelliert werden, wenn sie nicht zu schwer sind. Wenn allerdings der Boden uneben ist, gleicht man die Höhendifferenzen am besten durch das Unterschieben von **Holz- oder Metallkeilen** aus. Zusätzlich sollte für eine **Wandmontage** gesorgt werden.

Kleine Wohnung, große Wirkung

In Zeiten steigender Mieten wird es wichtiger, die Wohnfläche optimal zu nutzen. Wenn möglich, sollten getrennte **Koch-, Ess- und Wohnbereiche zusammengelegt** werden. Neben dem Platzgewinn durch entfernte Wände profitiert hiervon auch die Raumwahrnehmung. Fast immer können Schiebetüren normale, sich in den Raum hin öffnende Türen ersetzen. Küchen sollten durch Hochschränke optimal ausgenutzt werden. Betten lassen sich bei normal hohen Decken auf Emporen stellen, in die Schubladen oder Regaleinheiten integriert werden können. Auch Stock- oder Hochbetten haben einen geringen Raumbedarf und schaffen so zusätzlichen Schlaf- oder Aufenthaltsplatz. Klappbare Schreibtische und Betten machen den

Weg frei, wenn man gerade nicht arbeitet oder schläft. Mobiliar sollte filigran geformt sein, um Platz zu sparen und die Räume größer wirken zu lassen. Schlanke, am besten geschlossene Ordnungssysteme sind wichtig, um eine ruhige Wohnatmosphäre herzustellen.

Sturzgefahr beim Duschen und Baden minimieren

Bei der Nutzung von Dusche und Badewanne ist zu prüfen, ob der **Niveauunterschied** am Einstieg **baulich verringert werden** kann. Alternativ gibt es **mobile Badestufen** und Badesitze zur Vereinfachung des Ein- und Aussteigens. Wenn möglich, sollten stets **Haltegriffe,** in der Dusche am besten wandmontierte und klappbare **Sitze** vorgesehen werden. Eine **rutschfeste Duschmatte** ist selbstverständlich. Die Matte am Badezimmerboden muss ebenfalls rutschfest sein. Auf **Teppiche und Vorleger** sollte im Badezimmer komplett verzichtet werden. Der Bewegungsraum sollte von unnötiger Ausstattung befreit und besser früher als später baulich so angepasst werden, dass gute Bewegungsfreiheit gegeben ist, etwa durch Schiebe- statt Drehtüren. Auch hier der Hinweis, sich im Vorfeld der Maßnahmen nach öffentlichen **Förderprogrammen** zu erkundigen. Ein Teil der Ausstattung kann unter Umständen auch durch Leistungen im Zusammenhang mit dem Pflegegrad gedeckt sein.

Alle Matten in und vor der Dusche müssen rutschfest auf dem Boden aufliegen.

Beim Bauen sparen – durch Verzicht auf Überflüssiges

Bei jedem Bauvorhaben sollte der **Vorplanung** größtes Augenmerk geschenkt werden. Hierbei ist es von besonderer Bedeutung, seine Bedürfnisse genau zu ermitteln. Zu diesem Zweck sollten zunächst alle Mitbewohner ihre Wünsche hinsichtlich Wohnfläche, Ausstattung etc. einbringen. Im nächsten Schritt werden die Wünsche auf ihre **Machbarkeit,** ihre **Notwendigkeit** und ihre **Finanzierbarkeit überprüft.** Besitzt ein Haus oder eine Wohnung etwa einen offenen Grundriss ohne viele reine Erschließungsflächen und Trennwände, dafür aber weite Durchblicke und Sichtachsen sowie dank großer Verglasungen einen direkten Bezug von drinnen nach draußen, ist die gefühlte Wohnfläche deutlich größer als die tatsächliche. Und vielleicht tut es auch ein Schuppen im Garten anstelle eines Kellers und ein Carport statt einer Garage. Verzicht auf Fläche und teure Ausstattung seitens der Bauherren und eine gute Planung sparen bares Geld.

Den richtigen Planer für Bau und Renovierung finden

Umfangreiche Baumaßnahmen brauchen gute **Architekten,** die von der Entwurfsplanung über die Baugenehmigung, Ausführungsplanung und Ausschreibung bis zur Bauüberwachung und -abnahme alle Phasen betreuen und verantworten können. Architektenverträge werden schriftlich abgefasst und sind vor der Unterzeichnung genau zu prüfen. Die Kosten rentieren sich dann, wenn der Planer sowohl hinsichtlich seiner **Gestaltungskompetenz** als auch seiner **Fachkenntnis** und seines **Einsatzes** überzeugt. Hinweise auf solche Experten in der eigenen Region liefern Architekturbücher und Architekturzeitschriften mit entsprechenden Kontakthinweisen und gute Beispiele aus der Nachbarschaft. Manchmal halten auch Bau- oder Denkmalbehörden Listen mit Planern bereit, die immerhin Hinweise auf spezielle Sachkompetenz liefern. Meist ergibt sich schon aus dem Gespräch, ob das persönliche Verhältnis stimmt und ob Kompetenz vorhanden ist.

SO GING'S BEI MIR

Werner Z. aus K schreibt: Als meine Frau und ich unser Haus kauften, hatte ich mich nur wenig in das Bauthema eingearbeitet, und ein Naturtalent war ich auch nicht. Aber gerade bei der Renovierung boten sich eine Menge Möglichkeiten nach dem Motto „Learning by doing". Von einfachen Aufräumpflichten arbeitete ich mich schnell in schwierigere Aufgaben ein, so Innen- und Fassadenanstriche, Verputzarbeiten, das Verlegen von Dielen- und Parkettbelägen, die Erneuerung von Holzfassaden und umfangreiche Pflastererarbeiten.

Eigenleistung beim Bauen richtig einschätzen

Ein bekannter Fehler ist es, bei Baumaßnahmen seine eigenen Fähigkeiten falsch einzuschätzen. Teils werden sie **überschätzt,** um ein eigentlich zu großes und zu teuer geplantes Projekt durch Eigenleistung zu „retten". Dieser Versuch ist in den meisten Fällen zum Scheitern verurteilt und führt oft **zu großen finanziellen und privaten Problemen.** Zu bedenken ist hierbei, dass selbst handwerklich Versierte, die hohen Einsatz bringen, selten zehn Prozent oder mehr der Gesamtkosten einsparen können. Schade ist es aber auch, wenn man selbst zeitliche Möglichkeiten hätte und sich selbst nicht an **kleine Aufgaben herantraut.** Gerade diese kleinen Aufgaben, z.B.

AUFGEPASST

Da es sich bei der Planung eines Mehrgenerationenprojekts um eine komplexe Aufgabe handelt, die Fachwissen für Erschließungslösungen, barrierefreies Umbauen etc. erfordert, ist vom Vorgehen in Eigenregie abzuraten. Ein Architekt prüft, was beim dem umzuplanenden Objekt an baulichen Veränderungen bautechnisch und genehmigungsrechtlich möglich und nötig ist. Grundsätzlich kann etwa das Dachgeschoss ausgebaut, ein Geschoss aufgestockt oder eine Erweiterung im Garten geplant werden.

das Verlegen eines Dielenbodens in einem kleineren Raum, sind für Handwerker meist uninteressant und daher für den Heimwerker prädestiniert. Arbeitsaufwand und Zeitbedarf lassen sich dabei vernünftig kalkulieren und die Maßnahme an ein bis zwei Tagen abschließen.

Mehrgenerationenhaus – die Entscheidungsfindung

Wenn die Kinder aus dem Haus sind, das Heim zu groß, aufwendig zu pflegen bzw. stark renovierungsbedürftig ist, stellen viele Menschen die Überlegung an, wie sie künftig wohnen wollen. Neben **Wohngemeinschaftsmodellen** besteht hier die Möglichkeit, sich mit der Kinder- und gegebenenfalls Enkelgeneration zusammenzutun. Und das ist durchaus auch möglich, wenn man selbst keine große Familie hat. In einem sogenannten Mehrgenerationenhaus treffen Menschen verschiedenes Alters aufeinander, die sich unter Umständen vorher nicht kannten. Das ist dann eine gute Idee, wenn sich alle **menschlich gut verstehen** und wenn die beteiligten Parteien **füreinander da sein,** aber den anderen auch **ihre Privatsphäre lassen** wollen. Lassen sich diese Punkte einlösen, sollte man sich zusammensetzen, um die finanziellen Möglichkeiten zu besprechen. Am besten wird dies schriftlich fixiert, wenn die konkrete Planung ansteht, damit keine Unklarheiten und Missstimmigkeiten entstehen.

Fördermittel beim Bauen kennen und nutzen

Fördermittel dürfen nicht ausschlaggebend für die Inangriffnahme eines Bauvorhabens ein, können aber sehr wohl zur Erleichterung beitragen. Die Fördervarianten stehen unter dem **Vorbehalt** bereitgestellter Mittel und werden in relativ kurzen Abständen angepasst. Da die Fördertöpfe auch bei gesicherter Finanzausstattung der Erfahrung nach schnell leer sind, gilt es, **schnell zu handeln.** Mit dem Bau darf im Normalfall erst nach **Bewilligung** begonnen werden. Für Neubaumaßnahmen stehen insbesondere Förderungen für junge Familien und überdurchschnittlichen Energiestandard zur Verfügung. Einen meist aktuellen Überblick gibt es etwa auf der Homepage der Stiftung Warentest, die auch einen **Förderrechner** umfasst. Verlassen Sie sich aber nicht allein darauf. Wichtig sind immer die Unterstützungsinstrumente der Förderbank KfW und des Bundesamts für Wirtschaft und Ausfuhrkontrolle (BAFA), aber auch jene von Ländern, Landkreisen und Kommunen ebenso wie etwa von Energieversorgern und Landeskreditanstalten.

Energiesparmaßnahmen gehören zu den föderungswürdigen Kriterien.

Leichter renovieren mit finanzieller Unterstützung

Ebenso wie beim Neubau sollte man auch beim Umbau und der Renovierung keine Zuschüsse und Krediterleichterungen verschenken. Einiges dazu haben Sie schon auf Seite 31 gelesen. Wichtige **Förderbereiche** beim Umbau sind:

- **Energieberatung** und **Baubegleitung.**
- **Heizungsoptimierung** (z.B. neue Umwälzpumpe).
- Maßnahmen zur **energetischen Sanierung** – Komplettsanierung bzw. Einzelmaßnahmen (z.B. Fensteraustausch, Heizungstausch, Dämmmaßnahmen).
- Installation einer **Photovoltaikanlage** mit Stromspeicher.
- Installation einer **Solarthermieanlage.**
- Maßnahmen zum **altersgerechten Umbau.**
- Maßnahmen zur **barrierefreien Umgestaltung.**

Teils geben auch Pflegekassen, Rehabilitation- oder Rentenversicherungsträger u.a. Förderungen. Eine **Vorabberatung** etwa durch die lokalen Verbraucherzentralen ist grundsätzlich sehr zu empfehlen.

Haushaltsbuch für schnelle finanzielle Übersicht

Um seine Finanzen im Blick zu behalten, sollte man **alle monatlichen Ein- und Ausgaben** in einem herkömmlichen oder einem digitalen Haushaltsbuch festhalten. Wichtig ist, dass eigene Spalten für die Einnahmen wie auch die Ausgaben angelegt werden. Ausgaben, die nicht jeden Monat anfallen, müssen dabei miteinbezogen und ihr Jahreswert durch zwölf geteilt werden, um ein zuverlässiges Abbild der Situation zu erhalten. Zu den Ausgaben zählen vor allem Kosten für **Miete** bzw. **Baukredite, Lebensmittel, Kleidung** und alle Gegenstände des **täglichen Bedarfs, Versicherungsbeiträge,** Kosten für das **Auto** (neben Versicherung Kfz-Steuer, Kraftstoff/Strom, Reparaturen etc.), **Urlaubsreisen** etc. Dem werden die monatlichen **Nettoeinnahmen** gegenübergestellt. Das sich daraus ergebende Bild gibt Aufschluss darüber, ob die Ausgabenseite angepasst werden muss. Notieren Sie die Kosten auf Basis exakter Nachweise (Kassenzettel etc.), die Sie mindestens ein Jahr lang aufheben sollten.

Balkonkraftwerke installieren

Ein oder mehrere Solarmodule am eigenen Balkon zu installieren ist bei Anlagen bis 600 Watt Leistung unter vereinfachten Bedingungen möglich. In der Regel kommt diese Lösung für Wohnungen infrage. Die **Mini-PV-Anlage,** die einfach an einer Außensteckdose angeschlossen wird, kann in Eigenregie oder von einem Elektriker installiert werden. Der Wechselrichter muss aber den geltenden Normen entsprechen. Wichtig ist danach die (kostenlose) **Anmeldung beim Netzbetreiber,** den Ihnen etwa Ihr Stromanbieter nennen kann. Ein Musterbrief der Deutschen Gesellschaft für Sonnenenergie hilft dabei (www.dgs.de/fileadmin/files/DGS_SolarRebell/1-2_Checkliste-Musterbrief.pdf). Und innerhalb eines Monats ab Inbetriebnahme muss die Anlage über den Online-Service der Bundesnetzagentur im **Marktstammdatenregister** angemeldet werden. Gegebenenfalls müssen alte Stromzähler durch den Netzbetreiber ausgetauscht werden.

Strom durch eine Photovoltaikanlage selbst erzeugen

Seinen eigenen Strom produzieren und damit sparen – wer möchte das nicht? Der Hauptvorteil einer Photovoltaikanlage am Haus liegt heute auf dem **Eigenverbrauch,** eingespeist wird nur der nicht überschüssig produzierte Anteil. Daher ist auch der Einbau eines **Batteriespeichers** unabdingbar. Ziehen Sie als Erstes einen Energieberater hinzu, um die Voraussetzungen zu klären. Diese sind insbesondere die für eine PV-Anlage nutzbare Dach- bzw. Fassadenfläche und die zu erwartenden Erträge. So ist etwa ein nach Norden orientiertes, steiles Dach zumeist nicht geeignet, während nach Süden weisende Flächen die höchsten Erträge liefern. Aber auch Dächer mit West- und Ostausrichtung sind geeignet, da sie meist über das Jahr gleichmäßige Erträge liefern. Wandflächen bringen geringere Erträge, sind aber in schneereichen Gebieten empfehlenswert. Auf flach geneigten Dächern müssen die Module in der Regel **aufgeständert** werden. Gestalterisch hochwertig sind dachintegrierte Lösungen.

Mit einer Photovoltaikanlage auf dem Dach machen Sonnentage gleich noch mehr Freude.

IM GARTEN

Sie haben einen eigenen Garten? Sicher fragen Bekannte das immer mal wieder ein wenig neidisch. Ja, man kann sich glücklich schätzen, wenn man eine solche grüne Oase sein Eigen nennt. Allerdings macht ein Garten auch Arbeit: Neue Projekte und die regelmäßige Pflege verlangen das ganze Jahr hindurch Aufmerksamkeit. Doch was immer auch zu tun ist – mit unseren Tipps klappt es ganz leicht.

Rasen ansäen

Wer möchte nicht einen schönen Rasenteppich ums Haus liegen haben? Feinkrümeliger, nährstoffreicher und gut wasserdurchlässiger Humus braucht dafür im Normalfall keine kostspieligen Düngergaben. Bei lehmigem Untergrund sollten Sie allerdings mittels Quarzsand für eine bessere Durchlüftung und Durchwurzelbarkeit sorgen.

- Kaufen Sie normalen, frischen **Zierrasen,** für dauerschattige Bereiche Schattenrasen. Im Hinblick auf heißer werdende Sommer empfiehlt sich der Einsatz von **Mager-** bzw. **Trockenrasen.**
- Beim Herstellen der **Einsaatfläche,** am besten mit einem Holzrechen, wird die Erde feinkrümelig gemacht, nach Bedarf eingeebnet und Kies entfernt.
- Bei Flächen bis etwa 50 m² können Sie **von Hand säen,** wobei Sie die Saat gemäß Packungsanleitung gleichmäßig auswerfen sollten. Ansonsten empfiehlt sich die Verwendung eines einfachen **Säwagens,** der von Nachbarschaftsverbünden oft kostenfrei geliehen werden kann.
- Bringen Sie die **Ansaat** mit dem **Rechen** in die Erde; rücken Sie die Erde mit einer breiten Schaufel an, sodass die Samen gut anwachsen. Eine Walze ist nur bei größeren Flächen notwendig.
- **Gießen** Sie die **Ansaat** zum Abschluss vorsichtig an, ohne dass Samen fortgespült werden. Bei kleinen Flächen genügt eine Gießkanne mit Brauseaufsatz.

Rasen mähen leicht gemacht

Damit die Rasenpflege nicht zur Belastung wird, sollten Sie einige Tipps berücksichtigen. Beispielsweise ist das allwöchentliche Mähen nicht nur ein **unnötiger Arbeitsaufwand und Energieverbrauch,** sondern kann dem Wachstum sogar schaden. Denn kurzer Rasen trocknet schneller aus und erfordert häufigeres Gießen, zieht also wiederum mehr Arbeitsaufwand und höhere Kosten nach sich. Daher gilt: lieber nur alle zwei bis drei Wochen mähen, und dies auch nur an den Stellen, die oft begangen oder benutzt werden. Auf den übrigen Stellen können z.B. pflegeleichte **Trockenrasenflächen** geschaffen werden. Für das Mähen kleiner Flächen braucht es auch keinen großen Motormäher, das geht mit einem Handmäher mit einfachem

SO KLAPPT'S AUCH

Wer den Arbeitsaufwand weiter verringern möchten kann – zumindest wenn die Mehrkosten keine Rolle spielen – bei kleinen Flächen auf sogenannte Rasen-Pads (ein Art Instant-Rasen) zurückgreifen. Sie sind im Fachhandel erhältlich und bestehen aus jeweils einem Stück Humus mit Rasensaat und einer bedarfsgerechten Düngergabe. Bei größeren Flächen bietet sich Rollrasen an. Natürlich muss auch bei diesen beiden Varianten der Boden vorbereitet, feinkrümelig und von Steinen befreit sein.

Walzmähwerk gut von der Hand. Möchte man keine Muskelkraft investieren, genügt für Flächen bis 100 m² ein kleiner Elektromäher mit unter 40 cm Schnittbreite. Empfehlenswert sind die vergleichsweise günstigen und robusten Eigenmodelle von Baumärkten. Am besten nimmt man einen **Akkumäher,** der keinen Kraftstoff verbraucht, keinen Gestank erzeugt und keine störenden Kabel benötigt.

Rasenkanten sinnvoll gestalten und pflegen

Die einfachste Art der Rasenkante lässt sich mit dem Spaten herstellen.

Klare Grenzen zwischen Rasen und angrenzenden Beet- oder Wegeflächen machen einen gepflegten Eindruck. Sie können einfach mit einem normalen **Spaten**

(mit überlappenden Einstichen) hergestellt werden. Die entstehende, etwa 25 cm tiefe Erdkuhle verursacht allerdings einigen Aufwand, weil man den sich immer wieder einstellenden ungewollten Bewuchs im Zaum halten muss. Eine pflegeleichte, einfach verlegbare und zugleich stilvolle sowie langlebige Alternative bildet die Begrenzung mit **Metallbahnen,** am besten Edelstahl oder Zinkblech, die bei richtiger Stärke je nach Form der Rasenkante gebogen werden können. Die Metallstreifen sollten auf der Oberseite abgekantet oder so bearbeitet sein, dass keine Verletzungsgefahr besteht. Füllen Sie die Kuhle etwa fünf Zentimeter hoch mit **Feinkies** oder grobem Splitt, verdichten Sie diese Schicht und setzen Sie die Metallbahnen so, dass sie etwa fünf Zentimeter über Bodenniveau herausragen. Mit einem Gummihammer kann man sie leicht einklopfen. Abschließend verfüllt man zu beiden Seiten zuerst mit Kies, dann mit Erde. Säen Sie die dem Rasen zugewandte Seite nun ein, so können Sie später bis zur Rasenkante exakt mähen.

Rasenansaat gießen und ihr Wachstum fördern

Für eine optimale **Keimung** der Rasenansaat sind die ersten Tage und Wochen entscheidend. Dazu müssen Sie den Boden stets feucht halten. Bei trockener Witterung ist es nötig, **zwei- bis dreimal** am Tag zu **gießen.** Außer bei punktueller

Nachsaat ist dafür ein Rasensprenger bestens geeignet – er spart Arbeit und sorgt für eine gleichmäßige Bewässerung. Körnerfresser sollten möglichst (z.B. durch Klatschen) ferngehalten werden. Nach etwa vier bis zehn Tagen gehen die Rasensamen auf, gießen Sie aber (außer in Regenperioden) regelmäßig weiter. Haben die Grashalme eine Länge von etwa zehn Zentimeter erreicht, ist es Zeit für das erste Mähen. Verwenden Sie hierfür eine **mittlere Höheneinstellung des Mähwerks** und mähen Sie bei feuchtem Boden, damit keine Erde abgetragen wird. Betreten sollte man den jungen Rasen einige Monate lang möglichst wenig. Die ersten Schnitte können auch mit dem Mähroboter erfolgen, den man aber nicht ständig mähen lassen sollte. Schwächen haben diese Geräte bei verwinkelten oder steilen Grundstücken und der Gefährdung von Kleintieren. Zusätzliches Düngen ist in dieser Zeit nicht notwendig.

Den Rasen pflegen

Ein gepflegter Rasen braucht nicht nur genügend Wasser, er muss auch in regelmäßigen Abständen **mit Nährstoffen versorgt** werden. Setzen Sie hier auf **ökologische Produkte,** die die Nährstoffe über einen längeren Zeitraum verfügbar machen. Empfehlenswert sind z.B. Urgesteinsmehl und Produkte mit Bentonit, aber auch das Ausbringen von **Kaffeesatz** leistet gute Dienste. Wenn man von Zeit

Die Messer oder Stifte des Vertikutierers sollten den Boden gerade berühren, aber nicht umgraben.

zu Zeit ohne Fangkorb mäht, dient der **Grasschnitt** als Dünger. Kommen für Sie tierische Produkte infrage, können Sie rein organische Dünger verwenden.

Nach dem zweiten Mähen im Frühjahr sollte der Rasen **vertikutiert,** also aufgelockert und so besser durchlüftet werden. Dabei werden auch **Moos** und andere **unerwünschte Pflanzen entfernt.** Für kleine Flächen genügt ein Eisenrechen mit engen Zinken oder ein spezieller Vertikutierrechen, ansonsten benötigt man einen Elektrovertikutierer. Gehen Sie die Fläche zweimal Streifen für Streifen ab, und zwar so, dass ein Karomuster entsteht.

Sparen und Natur fördern: Wiese statt Rasen

Wenn Sie zumindest einige Partien Rasenfläche zu Wiese umwandeln, werden Sie sich übers Jahr viel Arbeit sparen und können sich stattdessen an Blüten und Bienen erfreuen. Schnell geht es mit der Blütenwiese, wenn Sie punktuell auf offene, mit lockerem Humus bedeckte Stellen **Blütenwiesensamenmischungen** aussäen, an anderen Stellen **robuste, im Container erhältliche Stauden** wie Wiesenstorchschnabel, Wiesensalbei und Margerite einpflanzen. Sie müssen gut ein- und weitergegossen werden.

Dann braucht eine Wiese aber nur noch zweimal im Jahr mit hoher Mähwerkseinstellung gemäht zu werden, wobei Blütenstauden ausgespart werden können. Noch besser, nerven- und energiesparender geht es mit der **Handsense.** Wer mit diesem traditionellen Werkzeug nicht (oder nicht mehr) ganz vertraut ist, kann den Umgang auf Tageskursen in kurzer Zeit (wieder)

Was gibt es Schöneres als ein Blütenmeer im eigenen Garten – aber auch die „Natur" will gut geplant sein.

erlernen und wird dann überrascht sein, wie einfach das Mähen „nach alter Väter Sitte" von der Hand geht. Handsensen sind zudem günstiger in der Anschaffung als Motorsensen und bergen geringeres Unfallpotenzial.

Blütenteppiche schaffen mit Wildblumen und -stauden

Was gibt es Schöneres als einen blühenden Garten? Statt Wildblumenmischungen können Sie auch fertig **kultivierte Stauden** kaufen: Sie machen länger Freude und sind robust genug, sich auch in Konkurrenz zu anderen Pflanzen durchzusetzen. Am sichersten ist es, dafür **Stauden**

im **Container** zu kaufen, da diese bei guter Qualität meist problemlos anwachsen. Empfehlenswert sind für normale Wiesen etwa Wiesenstorchschnabel, Wiesensalbei, Wiesenmargerite, Schafgarbe und Johanniskraut. Für **Spezialstandorte** wie Steingärten, Trockenmauern und Trockenrasen eignen sich Pflanzen wie Steinbrech, niedrige Glockenblumen, Pfingstnelke, Wolfsmilch und Blauschwingel. Blühende Klassiker für Feuchtbereiche sind Sibirische Wieseniris, Blutweiderich, Sumpfdotterblume und Mädesüß. Achten Sie beim Einpflanzen darauf, dass die Pflanzgruben groß genug und die Wurzelbereiche nicht beschädigt sind, dass sie gut mit Substrat bedeckt sind und eingegossen werden.

Richtig gießen bei Neuanlagen oder Trockenheit

Wasser ist Leben – das gilt gerade für Gartenpflanzen. Gegossen werden sollte **je nach den Ansprüchen der Pflanze. Neuanlagen** brauchen grundsätzlich ein **intensives Einwässern** bei der Pflanzung und in den Wochen danach. Bei Bäumen und Sträuchern wird dafür ein sogenannter **Gießrand** aus Erde bzw. Substrat um die Pflanze angehäufelt, der das Abfließen des Wassers verhindert. Je älter Pflanzen werden und je besser sie eingewurzelt sind, desto weniger zusätzliches Wasser brauchen sie. Bei mehrwöchiger **starker Trockenheit** sollte aber dennoch gut

gewässert werden. Grundsätzlich ist es immer **besser, seltener und dafür mehr zu gießen,** damit die Erde und der Wurzelbereich nicht nur oberflächlich benetzt werden. Dies gilt insbesondere für Gefäßpflanzen, da selbst normalerweise trockenheitsverträgliche Gewächse im Topf schnell verdörren können.

Gießwasser kostenlos bereitstellen

Nicht nur zur Ressourcenschonung, sondern auch aus finanziellen Gründen lohnt es sich, **Regenwasser zu sammeln.** Bei kleinen Gärten genügt ein **Schaff oder Fass,** beispielsweise aus verzinktem Metall oder aus Holz, mit 100–150 l Fassungsvermögen. Handelt es sich um einen

AUFGEPASST

Ebenso schlecht wie zu wenig Wasser ist ein Zuviel. Dies gilt im Grunde für alle Gewächse außer solchen, die auf Feuchtbereiche spezialisiert sind. Bei allen anderen darf keine Staunässe entstehen, da diese die Durchlüftung der Erde bzw. des Substrats und die Nährstoffaufnahme behindert und die Entstehung von Wurzelfäulnis begünstigt. Bei Gefäßpflanzen sollten Sie deshalb am besten ganz auf Untersetzer verzichten. Sind sie zum Schutz empfindlicher Beläge notwendig, müssen sie regelmäßig geleert werden.

SO KLAPPT'S AUCH

Sind Sie Eigentümer eines älteren Hauses mit Garten? Dann ist dort vielleicht ein Handziehbrunnen aus früheren Tagen vorhanden. Ist er noch funktionsfähig, kann er einen wichtigen Beitrag zur Bereitstellung von Gießwasser leisten. Ökologisch und finanziell wenig sinnvoll ist hingegen der Anschluss an eine elektrische Pumpe. Das Schlagen neuer Brunnen wird wegen der möglichen Grundwasserproblematik teilweise nicht mehr so einfach zugelassen. Erkundigen Sie sich im Vorfeld, bevor Sie einen Fachbetrieb beauftragen.

größeren Garten oder soll auch der Rasen bewässert werden, ist eine **Regenwasserzisterne** mit einem Volumen von einigen Tausend Litern zu empfehlen. Am sinnvollsten wird die Zisterne unterirdisch installiert, denn dann bleibt das Wasser kühl und der Garten optisch unbeeinträchtigt. Lässt man sich eine Zisterne einbauen, muss man allerdings je nach Größe und Volumen mit Kosten im deutlichen vierstelligen Bereich rechnen. Die Zisterne wird am besten unmittelbar **bei einem Regenfallrohr aufgestellt,** um die Länge der Leitungsbahnen möglichst gering zu halten. Schaff oder Fass sollten ohnehin direkt beim Fallrohr stehen, in das eine Klappe zur Ableitung des Regenwassers eingebaut wird. Sinnvoll ist es, das bei Starkregen überlaufende Wasser in ein Becken oder einen Teich einzuleiten.

Holzterrassen reparieren und pflegen

Terrassen aus Massivholzdielen kann man sehr gut selbst reparieren und pflegen. Meist werden sie mittels Holzschrauben auf Lagerhölzern befestigt. Die Haltbarkeit ist am besten, wenn **unbehandeltes Holz** verwendet wird. Falsche Anstriche mit zu geringer Feuchtigkeitsdurchlässigkeit schützen das Holz nicht nur nicht, sondern können sogar die beschleunigte Zerstörung der Dielen bewirken. Ohne Anstrich bildet sich durch **das natürliche Vergrauen** hingegen im Lauf der Zeit eine natürliche Schutzschicht. Entsteht ein unerwünschter Belag, lässt sich dieser mit einem Besen und einer **Seifenlauge** leicht entfernen. Wer eine Vergrauung aus optischen Gründen nicht wünscht, kann für die Oberflächenbehandlung ein **Öl** oder eine **Lasur** mit hoher Diffusionsoffenheit verwenden. Wird ein Teil der Dielen marode, können Sie die Verschraubungen lösen und neue Dielen identischer Abmessung einfügen. Falls nötig, setzt man in die Lagerhölzer neue Schraublöcher.

Terrassen- und Wegeplatten richtig befestigen

Plattenbeläge im Außenbereich sind meist auf Betonplatten oder zementbasierten Untergründen verklebt oder vermörtelt. Mit der Zeit können sie Schaden nehmen, insbesondere wenn sie nicht sehr sorgfältig angelegt worden sind. Die häufigste Folge sind **Frostsprengungen** durch eingedrungene Feuchtigkeit. Erneuern Sie **schadhafte Bereiche** und ersetzen Sie sie durch intakte Platten. Voraussetzung dafür ist allerdings, dass Sie noch identische Platten besitzen oder welche beziehen können. Neben den Platten müssen auch die Reste des Mörtels bzw. des Fliesenklebers sowie des schadhaften Estrichs entfernt werden. Diese Fehlstellen sollte man dann von Staub befreien und mit frosthartem **Fließestrich** oder einer geeigneten Ausgleichsmasse ausfüllen. Bringen Sie nach dem Austrocknen mit einer **Zahnkelle** das Bett mit dem **Fliesenkleber** auf und legen Sie die Fliesen ein. Zum Schluss bringt man eine für den Außenbereich geeignete **Fugenmasse** auf.

Kleine Bereiche pflastern

Das Pflastern kleiner Flächen (z.B. eines Grillplatzes) kann man selbst ausführen.

- Dazu muss man den zu pflasternden Bereich **genau ausmessen.**
- Für **Frostsicherheit** sollte der Aushub mindestens 60 cm tief sein.
- Dann verfüllt man die Grube mit einer 30 cm starken **Frostschutzschicht** aus grobem Kies oder Schotter und verdichtet sie mit einem Stößel. Dasselbe macht man mit der darauffolgenden, etwa 20 cm hohen Tragschicht aus mittelgrobem Kies.

Terrasse und Wege kann man selbst verlegen, oft empfiehlt es sich aber, einen Fachmann hinzuzuziehen.

- Den Abschluss bildet eine etwa 10 cm starke **Bettungsschicht,** am besten aus Pflastersplitt. Sie muss so eingeebnet werden, dass, nachdem die Platten verlegt und eingeklopft sind, das gewünschte Endniveau erreicht wird. Am einfachsten gelingt das mit Pflastersteinen mit unebener Oberfläche.
- Abschließend wird **Quarzsand** über die Fläche verteilt, in die Fugen eingekehrt und eingewässert. Diesen Vorgang muss man ein paarmal wiederholen. Verwenden Sie große Bachkiesel oder senkrecht gestellte Klinker als **Randbefestigung.**

Terrassenplatten reinigen

Die Zeiten, da man auf dem eigenen Grundstück bedenkenlos Chemie eingesetzt hat, sind lange vorbei. So gibt es auch für Terrassenplatten schonende und **umweltverträgliche Reinigungsmethoden.** Zunächst werden Ablagerungen in den Fugen mit einem **Fugenkratzer** entfernt. Erleichtern Sie sich die Arbeit durch ein System mit Verlängerungsstiel. Anschließend setzen Sie ein **Gemisch aus Wasser und Schmierseife** an, bringen es auf dem Belag auf und lassen es etwa 30 Minuten einwirken, ehe Sie es mit einem geeigneten Schrubber oder Besen, der die Oberflächen der Platten nicht schädigt, so lange abbürsten, bis die Beläge verschwunden sind. Am Ende spült man alles mit klarem Wasser ab. Wenn vorhanden, können Sie zur Arbeitsersparnis auch einen **Hochdruckreiniger** einsetzen. Achten Sie hier aber auf einen ausreichenden Abstand zur Hausfassade und zu Fenstern, damit diese nicht durch Spritzer verschmutzt werden.

AUFGEPASST

Fördern Sie das Bodenleben und das Mikroklima und gewährleisten Sie einen optimalen Wasserabfluss, indem Sie versiegelte Flächen vermeiden, von denen das Niederschlagswasser zu schnell ablaufen würde. Daher sollten Sie die Fugen von Pflasterflächen immer versickerungsfähig ausführen, was bedeutet, sie nicht mit zementhaltigen Gemischen, Beton oder chemischen Fugenmassen zu verschließen. In breiteren Fugen können Sie sogar robustes, schön blühendes Sternmoos ansiedeln.

Trittplatten verlegen

Trittplatten ermöglichen es auf elegante Weise, von einem zum anderen Punkt im Garten zu kommen, dabei aber die Rasenfläche nicht zu stören.

- Zunächst müssen die Abstände zwischen den Platten an die normale **Durchschnittsschrittlänge** der Hausbewohner angepasst werden, damit sie auch bequem zu begehen sind.
- Wählen Sie solche Platten aus, deren Größe und Oberfläche geeignet ist, um gut mit zwei Füßen darauf zu stehen.
- Die Rasenstücke sollten auf allen Seiten der Platten etwa drei Zentimeter größer abgestochen werden. Eine **Aushubtiefe von 30–40 cm** reicht aus.
- Unten wird **mittelgrober Kies** eingefüllt und verdichtet, darauf kommt eine 5–10 cm hohe Schicht aus **Pflastersplitt oder Quarzsand.** Die Platte wird behutsam angeklopft. Ihre Oberkante sollte mit dem Boden abschließen.
- Die Fugen zwischen Platten und Rasen werden mit einem Gemisch aus **ein Drittel Quarzsand und zwei Dritteln feinkrümeliger Gartenerde** verfüllt und mit Rasensamen angesät.

Den Zaun selbst reparieren

Wenn Holzstaketenzäune alt werden oder fehlerhaft ausführt worden sind, fallen irgendwann Reparaturen an. Verfaulte

Holzteile müssen zumeist ganz ausgetauscht werden. Gut, wenn man beim Zaunbau von vornherein 10–15 **Ersatzstaketen** für den Reparaturfall mehr angeschafft hatte als notwendig. Blättert nur die Farbe ab und ist das Holz intakt, greift man am besten zum **Schleifgerät.** Achten Sie darauf, dass das Gerät in die Zwischenräume zwischen den Staketen kommt und tragen Sie eine **Atemschutzmaske.** Soll der Zaun nach dem Abschleifen **lasiert** oder **geölt** werden oder **natürlich vergrauen,** muss man die Oberfläche nicht nur anschleifen, sondern die **Farbe rückstandsfrei entfernen.** Lösen sich Staketen von den Bandstangen, weil Nägel oder Schrauben verrosten, sollte man sie bei der Neubefestigung mit **Edelstahlschrauben** dauerhafter anbringen.

Holzoberflächen im Garten fachgerecht behandeln

Eine einfache und arbeitssparende Lösung für die meisten Holzoberflächen besteht darin, sie **natürlich vergrauen zu lassen,** was heißt, dass man auf jegliche Endbehandlung verzichtet. Auf diese Weise bilden die Hölzer mit der Zeit eine natürliche **Schutzschicht,** die selbst Weichhölzer wie Fichte Jahrzehnte im Freien überstehen lässt – solange für einen guten Wasserabzug gesorgt ist und eine gute Materialqualität vorliegt.

Wer Terrassendielen, Fassaden und Gartenmobiliar lieber farbig streichen oder ölen möchte, sollte bei der Produktauswahl darauf achten, dass eine hohe **Diffusionsoffenheit** gewährleistet ist. Gleich, ob Anstriche oder Öle, kann mangelnde Feuchtigkeitsdurchlässigkeit schnell zur Schädigung von Holzteilen führen. Bedenken Sie, dass sowohl das Ölen als auch das Anstreichen regelmäßig wiederholt werden müssen, also auf lange Sicht den Aufwand deutlich erhöhen.

Die besten Balkongewächse kennen und kultivieren

Bei Balkonpflanzen sollte man sich für nicht nur attraktive, sondern auch robuste Gewächse entscheiden. Um Aufwand zu sparen, wählt man am besten **Stauden** und **kleine Gehölze,** die auch im nächsten Jahr wieder Freude machen. In unseren Breiten einjährige Pflanzen wie

Mit dem ebenso schönen wie pflegeleichten Lavendel holt man sich den Sommer am Mittelmeer auf den Balkon.

Geranien und Petunien passen eher zum Bauernhaus. Die folgenden mehrjährigen Gewächse blühen über viele Wochen:

- Lavendel
- Bartblume
- Blauraute
- Fingerstrauch
- Frauenmantel
- Herbstanemone (*Anemone hupehensis* und Sorten)
- Niedrige Glockenblume
- Spornblume
- Kaukasus-Storchschnabel
- Staudenwicke (für Rankgerüste)

Die Pflanzen brauchen ein ausreichend **großes Gefäß** (mindestens um ein Drittel größer als der Container bzw. Wurzelballen) mit **gutem, torffreien Substrat** und müssen regelmäßig gegossen und gedüngt werden. **Winterschutz** in Form von Vlies für Pflanze und Wurzelbereich ist immer empfehlenswert.

Den Balkon zum kleinen Paradies machen

Auch auf kleiner Fläche lässt sich viel gestalten. So kann man „in die Höhe gehen", indem man in Pflanzkästen **Kletterpflanzen** mit filigranen Rankgerüsten platziert. Am eigenen Haus können beispielsweise Edelstahlseile oder verzinkte Spanndrähte an der Wand befestigt werden, die sowohl unauffällig als auch langlebig sind. Daran können – nach dem Beispiel andalusischer Innenhöfe –

Blütenpflanzen in Töpfen aufgehängt werden, sodass der Eindruck einer kleinen blühenden Wand entsteht. Wichtig ist grundsätzlich, die Gefäße so zu wählen, dass der Platz optimal genutzt wird. Gut eignen sich in dieser Hinsicht schmale, rechteckige Formen. Entscheiden Sie sich im Zweifelsfall für höhere Gefäße mit kleiner Grundfläche. Balkonkästen sparen Stellfläche am Boden. Wählen Sie filigranes Mobiliar, damit mehr Personen Platz finden. **Klappmöbel** sind praktisch, da sie bei Bedarf entfernt und im Winter gut im Keller verstaut werden können.

Gehölze mit Bedacht auswählen

Am schönsten Baum oder Strauch wird man keine dauerhafte Freude haben, wenn er schwächelt oder ganz anders wächst, als man es sich erwünscht. Daher sollte man vor dem Kauf darauf achten, dass **die Ansprüche der Pflanze** hinsichtlich des Nährstoffgehalts des Bodens, der Bodenfeuchte, des ph-Werts und der Besonnung **zum eigenen Garten** und dem dort **vorgesehenen Standort passen.** Auch der Wuchs ist eine entscheidende Komponente. Zwei in der Baumschule gleich große Gehölze können völlig unterschiedliche **Wuchsentwicklungen** nehmen. Grundsätzlich sind für Hausgärten Gehölze mit einer endgültigen Höhe nicht über fünf und einer Breite von bis zu vier Metern geeignet. Die Wuchsentwicklung sollten Sie schon bei der Standortwahl berücksichtigen, damit nicht nach einigen Jahren beispielsweise Wege und Zufahrten verengt werden oder Bäume mehr Schatten werfen, als es Ihnen lieb ist. Im Bereich von Wegen entscheidet man sich am besten für Bäume, deren Krone in Überkopfhöhe ansetzt oder aber für schmale Wuchsformen.

Schutz- und Nährgehölze kennen und einsetzen

Immer mehr Flächen werden versiegelt, der natürliche Lebensraum vieler Tiere nimmt ab und die Artenvielfalt verringert sich. Gärten können Tierarten einen teilweisen **Ersatz für** zurückgehende **natürliche Grünräume** schaffen. So sind Gehölze, die **Schutz, Brutmöglichkeiten und Nahrung** bieten, im Hausgarten sehr wünschenswert. Wichtige Blütengehölze für Insekten sind Lavendel, Gewürzsalbei, Blauraute, Schmetterlingsstrauch, Hibiskus, Rosen (besonders ungefüllte Arten/ Sorten), Apfelbaum, Kirsche und Robinie. Unterschlupf, Nistmöglichkeit und Nahrung in Form von Beeren und Früchten bieten Wildrosenarten wie die Hundsrose oder Weinrose, Kornelkirsche, Liguster, die Gemeine Heckenkirsche, Roter Hartriegel, Haselnuss und Weißdorn und (bei ausreichend Platz) Eberesche und Walnuss. Bei Schutz- und Nährgehölzen empfiehlt es sich, möglichst kleine Gehölzstrukturen

mit jeweils mehreren Pflanzen anzulegen, die besonders guten Schutz bieten.

Bäume und Sträucher richtig pflanzen

Für das optimale Wachstum Ihrer Bäume und Sträucher hat die Pflanzung große Bedeutung. Die **besten Pflanzzeiten** sind das Frühjahr von **April bis Mai** und der Herbst von **Ende September bis November**. Der Boden darf nicht gefroren und sollte im Idealfall auch nicht zu kalt sein. Nur **Containerware** kann auch im **Sommer** gepflanzt werden. Immer sollte das Pflanzloch das mindestens doppelte Volumen des Ballens aufweisen. Lockern Sie den Grubenboden auf und füllen Sie danach gute Pflanzerde ein. Nun stellen Sie das Gehölz ein und füllen die Pflanzgrube vollends auf. Sie können auch ein Gemisch aus Gartenerde und eigenem Kompost verwenden.

Hibiskusblüten bieten vielen Insekten wie z. B. Schmetterlingen Nahrung.

AUFGEPASST

Wenn Sie die Spitzen von Ästen und Zweigen schneiden, können Sie deren Wuchswinkel mit der Art des Schnitts beeinflussen. Wachsen Zweige in zu flachem Winkel, lässt man die Knospe auf der Zweigoberseite stehen, ansonsten diejenige auf der Unterseite. Damit weder die Knospe verletzt wird noch zu viel stehen bleibt und sich Fäulnis bildet, muss man im Abstand von etwa fünf Millimetern schneiden. Die Schnittstellen sollten plan und ohne Einrisse sein und nicht mit Wundverschlussmitteln behandelt werden.

Pflanzen wie z.B. Lavendel und Gewürzsalbei kommen mit ärmerer Erde aus, der Sie etwas Quarzsand hinzufügen. Die Erde muss die Wurzeln vollständig ein bis zwei Zentimeter tief bedecken. Ballenlose Gehölze werden etwas hochgezogen, damit sich das Substrat im Wurzelbereich verteilt. Zuletzt **treten Sie die Erde vorsichtig fest** und **gießen** die Pflanze ein.

Blütenstauden und Gräser perfekt kombinieren

Grasflächen passen sehr gut zu hochwertiger Architektur und vermitteln gleichzeitig einen besonders natürlichen Eindruck. Daher können auch reine Gräsergärten attraktiv sein. Für Menschen, die Gräser, aber auch Farbe lieben, kommt es aller-

dings auf die **geeignetste Kombination** beider Welten an. Da die besten **Gartengräser** nährstoffarme, zeitweise austrocknende Böden vertragen oder sogar lieben, sollten sie mit **Blütenstauden** vergesellschaftet werden, die ähnliche Ansprüche stellen. Am besten ist es, auf größeren Flächen Gräser anzupflanzen, um den Eindruck einer Wiese nachzuempfinden, und mit Gruppen von Blütenstauden einer Art und Farbe zu kombinieren. Empfehlenswerte Gräser sind etwa Atlasschwingel, Blauschwingel, Blaustrandhafer, Silberährengras, Wimperperlgras und Silberfahnengras. Als Stauden kommen Silbergarbe, Junkerlilie, Goldhaaraster, Spornblume, Edeldistel, Walzenwolfsmilch, Schleierkraut, Meerlavendel, Heiligenblume und Wiesensalbei infrage.

Apfelbäume richtig schneiden

Im Idealfall wird ein Apfelbaum jährlich geschnitten. Der **Hauptschnitt** erfolgt im Spätwinter (Februar–März) bei Plustemperaturen. Im Sommer können nicht fruchttragende Triebe ausgelichtet werden. Als Ausrüstung brauchen Sie eine hochwertige **Gartenschere,** eine **Astschere** (gegebenenfalls mit Teleskoparm) und eine **Bügelsäge.** Vor Beginn der Arbeiten müssen Sie den Hauptstamm sowie die davon abzweigenden Leitäste verorten. Bei älteren Bäumen ist es meist möglich, mehrere Etagen mit Leitästen (je Etage drei oder vier) zu bilden. Die Spitzen der

Leitäste sollten im Idealfall einen Winkel von 45° einnehmen und zueinander in der sogenannten **Saftwaage**, also in etwa gleicher Höhe stehen, um gleichmäßiges Wachstum zu erreichen. Auch die Seitenzweige sollten im 45°-Winkel stehen. Die **„Wasserschosse"** – lange, senkrechte Triebe mit meist geringem Blüten- und Fruchtansatz – sollten zu etwa zwei Dritteln entfernt werden, ebenso altes Holz.

Beerensträucher – Freude für Jung und Alt

Kinder lieben die leckeren Früchte von Beerensträuchern. Daher bieten sie eine gute Möglichkeit, den Nachwuchs an die Schönheiten des Gartens heranzuführen.

- Am besten eignet sich die bei allen beliebte **Himbeere.** Die Himbeere ist ein Halbstrauch, dessen Ruten im zweiten Jahr Früchte tragen, danach absterben und entfernt werden. Jedes Jahr werden neue Ruten ausgebildet.
- Die geschmacklich etwas herbere **Brombeere** sollte ausschließlich als Zuchtform gepflanzt werden, da wilde Exemplare zahlreiche Bodenausläufer bilden und zur Plage werden können. Die Brombeere eignet sich zur Kultivierung am Rankgerüst und bildet mit ihren weißrosa Blüten durchaus eine Zierde im Garten. Von Zeit zu Zeit sind abgestorbene Triebe herauszunehmen.
- Verbreitet sind auch Rote Johannisbeere, Schwarze Johannisbeere, Stachelbeere

und, eine Kreuzung der beiden letzteren, die Jostabeere. Bei diesen Sträuchern sollte man etwa alle vier bis fünf Jahre einen **Erneuerungsschnitt** durchführen und Altholz entfernen.

Bei der „Ernte" an einem Himbeerstrauch helfen auch Kinder gern mit.

Kräuter, Gemüse und Salat selbst kultivieren

Spezialisten ziehen Nutzpflanzen aus Samen, aber leichter geht es mit dem Kauf von fertigen Pflanzen im Topf, wie es vor allem bei Kräutern wie Petersilie, Basilikum und Minze üblich ist. Bei Gemüse und Salat empfiehlt sich der Kauf von Jungpflanzen, die dann **in Töpfen, Kästen oder Beeten** weiter **kultiviert** werden. **Hochbeete** oder **höher platzierte Stellagen für Töpfe** halten Schädlinge wie

Schnecken ab. Wichtig für Nutzpflanzen ist ein humoses, gut mit Nährstoffen versorgtes Substrat auf Basis von torffreier Komposterde. Beim **regelmäßigen Gießen** sollte man darauf achten, wenig Wasser auf die Blätter zu bringen, um eine Fäulnisbildung zu vermeiden. Gegen Schnecken hilft oft das Ausstreuen von reichlich Quarzsand. Auch die Zwischenpflanzung mit Ringelblumen oder Studentenblume kann Schädlinge fernhalten.

Dauerhafte Freude durch immergrüne Gehölze

Frischgrüner Austrieb und Laubfärbung haben ihre Reize, aber immergrüne Gehölze erfreuen das Auge ganzjährig mit grünem Blatt- oder Nadelkleid und sorgen für **dauerhaften Sichtschutz.** Für den Hausgarten eignen sich unter den Sträuchern am besten der Kirschlorbeer und der Liguster. Die Stechpalme besitzt attraktive rote Früchte, wächst allerdings recht langsam und ist etwas frostempfindlich. Buchsbaum ist sowohl in seiner Wildform als auch in seinen kleiner wachsenden Zuchtformen wertvoll, in den letzten Jahren aber vom Buchsbaumzünsler befallen und sollte daher vorerst nicht mehr gepflanzt werden. Für niedrig wachsenden Buchs sind Mahonien und Kletter-Spindelstrauch eine gute Alternative. Wertvolle immergrüne Kletterpflanzen sind der Efeu und das Geißblatt, beide sind allerdings (ebenso wie Kirschlorbeer, Liguster und der Kletter-Spindelstrauch) ganz oder in Teilen giftig.

SO KLAPPT'S AUCH

Wenn man anstelle von geraden, geschnittenen Hecken lieber organische Abgrenzungen mag und genug Platz hat, sollte man sich für lockere Heckenstrukturen aus versetzt gepflanzten Sträuchern entscheiden, die keinen Formschnitt brauchen. Geeignete Gehölze sind etwa die Vielblütige Rose, die Hundsrose, die Weinrose, die Kupferfelsenbirne, die Kornelkirsche, das Pfaffenhütchen, die Heckenkirsche und zur Vorpflanzung die Zierquitte und Gemeine Berberitze. Die Abstände zwischen den Pflanzen können recht gering ausfallen.

Organische Grenzen schaffen durch Hecken

Abgrenzungen mit Pflanzen halten Lärm und Staub ab und sorgen für Sichtschutz. Ein einfacher, kostengünstiger **Maschendraht- oder Rollstaketenzaun** hält ungebetene Besucher wie fremde Hunde fern, während **Gehölze natürliche und organische Grenzen** zum Nachbarn oder zum öffentlichen Raum bilden. Für geschnittene Hecken ist immergrüner Liguster sehr empfehlenswert. Besonders günstig ist er als ballenlose Ware. Für Höhen über zwei Metern nehmen Sie am besten

Hainbuche, Rotbuche oder Weißdorn. Diese Gehölze sind sommergrün, aber sehr attraktiv und schnittverträglich. Vor dem Pflanzen muss ein langer Graben ausgehoben werden, der den Wurzeln ausreichend Platz bietet, der Erdaushub kann seitlich angehäufelt werden. Stellen Sie je laufendem Meter vier bis fünf Pflanzen in den Graben und schneiden Sie vorhandene Ballentücher auf. Mischen Sie der Aushuberde gut nährstoffversorgtes Pflanzsubstrat bei und füllen Sie sie in den Graben. Zum Schluss werden die Wurzelbereiche mit Erde bedeckt, festgetreten und die Pflanzen angegossen.

Wachstum fördern mit Hochbeeten

Hochbeete sind praktisch (da man sich weniger bücken muss), halten Schädlinge wie Schnecken gut ab und fördern das Wachstum. Attraktive Angebote im Handel gibt es **aus Holz, Metall und Stein.** Damit eine Hochbeetkonstruktion aus Holz lange hält, sollte sie mit Folie ausgeschlagen werden. Wichtig ist ein **Wasserablauf im Boden.** Versuchen Sie den Standort des Hochbeets so zu wählen, dass die Wege zum Haus und in die Küche möglichst kurz ausfallen. Hochbeete zum Anbau von Gemüse und Salat haben idealerweise eine **Höhe von mindestens einem Meter** und werden zuunterst mit grobem Astschnitt, dann mit Gartenhäcksel und kompostierbaren Grünabfällen

und ganz oben mit Gartenerde und Substrat befüllt. Kranke Pflanzenteile und solche mit hohem Gerbstoffanteil sind als Füllung aber ungeeignet. Für Hochbeete mit kleinerem Volumen, die eher für Zierpflanzen und Kräuter bestimmt sind, sollte man gute, torffreie Gartenerde oder spezielle Hochbeeterde verwenden.

Pflanzen in Gefäßen richtig kultivieren

Auf Terrassen, Dachterrassen und Balkonen sind Gefäßpflanzen das dominierende Grün. Da die Wurzeln hier nicht im Erdboden geschützt sind und sich weniger ausbreiten können, sind spezielle Maßnahmen nötig. Das Gefäß, das unbedingt einen **Wasserabfluss im Boden** benötigt,

AUFGEPASST

Frostempfindliche Gewächse wie Zitruspflanzen, Oleander und Oliven verbringen den Winter am besten im Innenraum. Je nach Pflanze wird ein heller oder dunkler Standort bevorzugt, die Temperaturen sollten aber nicht über 15 °C liegen. Ansonsten muss ein alternativer geschützter Platz gesucht und die Pflanze komplett mit Schutzvlies (nicht Folie!) umhüllt werden. Insbesondere Gefäße aus Ton müssen auf eine frostfreie Unterlage gestellt werden, damit es nicht zu Frostbruch kommt.

muss beim Einpflanzen mindestens das doppelte, besser das dreifache Volumen haben wie der Wurzelballen bzw. Container. Die unterste Schicht bildet **feiner Kies oder Splitt,** darüber folgt eine Schicht **Substrat,** der man zur Förderung der Durchlüftung und Durchwurzelung etwas **Quarzsand** beigeben kann. Nun stellen Sie die Pflanze ein, füllen an allen Seiten Substrat auf, sodass der Wurzelbereich gut bedeckt ist, drücken die Erde an und gießen die Pflanze ein. Wässern sollte man im Abstand einiger Tage, dann aber intensiv. Achten Sie darauf, dass keine Wurzeln frei liegen. Alle zwei bis drei Jahre, jedoch immer bei durchwurzeltem Gefäß sollten Sie die Pflanze in einen größeren Behälter **umpflanzen.**

Mit einem atmungsaktiven Vlies kann man empfindliche Pflanzen in der kalten Jahreszeit vor Frostschäden schützen.

Empfindliche Pflanzen durch den Winter bringen

Das Klima wird zwar insgesamt milder, aber das Wetter bleibt unberechenbar und je nach Region gibt es immer noch Kältespitzen, die Pflanzen erfrieren lassen können. Daher ist Winterschutz durchaus auch bei einigen Freilandpflanzen ratsam. Der richtige Zeitpunkt für die Schutzmaßnahmen liegt wenige Tage **vor dem Eintreten der ersten Fröste.** Man muss also auf die Wettervorhersage achten und bei angekündigter Kälte schnell handeln.

Bei Gehölzen wie Rosen, Strauchpfingstrosen und Gartenhortensien, noch mehr aber bei ausgepflanzten mediterranen

Gewächsen wie Feigen und Olivenbäumen ist es wichtig, am Boden normale Gartenerde etwa 30–40 cm hoch **anzuhäufeln.** Man darf hierzu kein stark nährstoffhaltiges Substrat verwenden, da dies zu unerwünschter oberirdischer Wurzelbildung führen könnte. Neben dem Anhäufeln empfiehlt sich bei besonders empfindlichen Gehölzen das **„Einpacken"** aller Triebe mit speziellem **Kälteschutzvlies.** Verwenden Sie keine normalen Kunststofffolien, da die Pflanzen darunter noch eher erfrieren. Ab April kann bei Gehölzen und Stauden das Vlies wieder entfernt und die Erde abgehäufelt werden.

Gartenerde selbst herstellen und so sparen

Fertiges Substrat ist teuer. Andererseits fällt im Garten meist genug organischer „Abfall" an, der sich perfekt **kompostieren** lässt. Legen Sie dazu an einem schattigen bis halbschattigen Ort auf einer Unterlage von Zweigen einen oder am besten zwei Komposthaufen nebeneinander an. Einen nutzen Sie für die frischen Küchen- und Gartenabfälle wie den Strauchschnitt, den anderen für den fertigen Kompost. Nach sechs bis acht Wochen wird der frische Kompost umgesetzt, also von oben beginnend daneben neu aufgeschichtet, und ist bald danach verwendungsfertig. Komposthaufen sollten Maße von etwa 100 × 100 × 100 cm aufweisen. Nicht auf den Kompost dürfen tierische Abfälle,

gekochte Nahrungsreste, Zitrusfrüchte, kranke oder gerbstoffhaltige Pflanzenteile (etwa Nadelholzrinde, Eichenblätter), Nadeln sowie Moos. Auch Grasschnitt sollten Sie nur zerkleinert und in kleinen Mengen einbringen. Grassoden müssen umgedreht auf den Kompost geschichtet und mit Erde bedeckt werden.

Pflanzenschnitt einsetzen – aber richtig!

Für das Wachsen und Gedeihen im eigenen Garten ist es von größter Wichtigkeit, ein **gesundes Bodenleben** herzustellen. Auch ohne größeren Arbeitseinsatz und auf vollkommen natürliche, umweltschonende Weise gelingt dies, indem Sie den **Schnitt** gesunder Stauden und zerkleinerter Zweige einfach auf der (unkrautfreien) Beetfläche **in einer Höhe von etwa zwei bis drei Zentimetern** verteilen. Reicht der Bestand im Beet nicht aus, können Sie weitere Blätter und Zweige dazunehmen. Danach sollten Sie weder durch Umgraben noch durch Hacken in den Boden eingreifen. Schon bald werden Sie sehen, wie gut sich auch zuvor kränkelnde und anfällige Pflanzen entwickeln. Durch den Pflanzenmulch verbessern sich das Bodenleben, die **Durchlüftung,** die **Lockerheit** und letztlich die **Fruchtbarkeit.** Außerdem verhindert diese Maßnahme auch noch weitgehend das Aufkommen von Unkraut. Und all diese Vorteile haben Sie, ohne sich den Rücken krumm zu machen.

Bodenleben fördern durch Rindenmulch & Co.

Zur Erhaltung oder Wiederherstellung der Bodengesundheit sollten Sie so wenig wie möglich mit Gartengeräten in den Boden eingreifen. Abgesehen von bestimmten Gehölzen wie Rosen, die offenen Boden lieben, mögen Pflanzen eine **Mulchauflage,** die man, wenn man den Aufwand scheut, nicht, wie im Tipp zuvor beschrieben, selbst herstellen muss. So können Sie einfach **Rindenmulch** ausbringen, der allerdings vorbehandelt sein muss, damit er nicht zu viele Gerbstoffe enthält. Kaufen Sie abgepackte Säcke aus dem Gartenmarkt, damit sind Sie in der Regel auf der sicheren Seite. Der Mulch sollte in einer vier bis fünf Zentimeter dicken Schicht aufgebracht werden. Er fördert durch die allmähliche Zersetzung seiner Bestandteile nicht nur das Bodenleben, sondern verhindert auch das Auflaufen von Unkraut und sieht auf der Beetfläche zudem gepflegt aus. Die Alternative ist eine (dann dünnere) **Mulchschicht aus Kies,** aber ohne absperrende Folienunterlage.

Pflanzenschutz ohne Chemie

Statt Umgraben, Mineraldünger oder gar Chemie braucht Ihr Garten viel Achtsamkeit. Behalten Sie Ihre Pflanzen und Beete immer im Auge und **reagieren** sie dann, **wenn es nötig wird. Kranke Blätter,** etwa bei Rosen oder Phlox, sollten stets gleich entfernt und (nicht im Kompost) entsorgt werden. Auch zu **starker Nadelfall** kann das Bodenleben der umliegenden Beete schädigen, sammeln Sie daher die Nadeln immer regelmäßig ab. Sobald sich an den Rosenknospen erste **Läuse** zeigen, kann man sie bequem mit dem Handschuh abstreifen. Den Rest regelt die Natur in Form von Insekten oder Vögeln im intakten Garten von selbst.

Die Widerstandsfähigkeit einer Pflanze wird aber vor allem sehr stark durch die Wahl des richtigen Standorts, also den Ansprüchen angemessene Besonnung, Boden- und Luftfeuchtigkeit, ph-Wert, Nährstoffversorgung und durch ein intaktes Bodenleben bestimmt. Stimmen diese Faktoren, erübrigen sich weitere Maßnahmen zumeist schon.

SO GING'S BEI MIR

Willi M. aus W. schreibt: Als doch einmal zu starker Schädlingsbefall auftrat, habe ich einen natürlichen „Cocktail" angemischt, der gegen Blattläuse und andere Schädlinge wirkt. Hierzu habe ich je fünf bis sechs Zwiebeln und Knoblauchzehen zusammen mit etwa fünf Litern Wasser aufgekocht. Das Gemisch habe ich abgedeckt ein bis zwei Tage stehen gelassen, um es dann mit der Handspritze auf die Blattober- und -unterseiten auszubringen. Dies habe ich noch einige Male wiederholt. Bald waren die Rosen läusefrei.

Vögel über das Jahr füttern

Die ganzjährige Fütterung von Vögeln wird heute von den meisten Experten und Ornithologen empfohlen – nicht zuletzt wegen des starken Rückgangs von Vogelpopulationen, auch im Hausgarten.

Verzichten sollte man dabei auf Meisenknödel in Netzen, die, wenn sie auf den Boden fallen, nicht nur die Umwelt belasten, sondern auch eine Gefahr für Kleintiere sein können. Viel geeigneter sind Futterstationen wie Metallspiralen, die aufgehängt werden und jeweils mehrere Meisenknödel (ohne Netz) aufnehmen können. Ein **Futterhaus** zieht je nach Standort des Gartens unterschiedlichste Vögel an. Es sollte in etwa **zwei Metern Höhe** hängend oder auf einem Pflock montiert und vor Katzen sicher sein. Sträucher in der Nähe sind willkommen, um anzufliegen, und bieten Schutz beim Fressen. Das Dach des Vogelhäuschens sollte das Futter vor Feuchtigkeit schützen, aber unter der Traufe und auf den beiden Schmalseiten die Möglichkeit zum Ein- und Ausfliegen lassen.

Nisthilfen bereitstellen

Um für Nistmöglichkeiten im eigenen Garten zu sorgen, sollten Sie einerseits Altbäume bewusst erhalten, andererseits aber auch vogelartspezifische Nistgelegenheiten bereitstellen. **Nistkobel** können daher sowohl hinsichtlich der Form, der Größe des Einfluglochs als auch des Aufhängeorts an regional vorkommende Vogelarten und deren Ansprüche angepasst sein. Möchte man **selbst** eine Nisthilfe für Vögel **bauen,** kann man bei Natur- und Vogelschutzverbänden spezielle Bauanleitungen finden. Grundsätzlich

Mit einem Vogelhaus holt man sich viel Freude in den Garten.

Mit dem richtigen Futter kann man einem geschwächten Igel nach dem Winterschlaf „auf die Sprünge" helfen.

Unterschlupf und auch die Möglichkeit, Winterschlaf zu halten. Dabei gilt stets die Devise „Bitte nicht stören", denn Igel sind keine Haustiere. Füttern Sie sie nur dann, wenn es im Frühjahr oder Herbst sehr kalt oder ein Jungtier im Spätherbst noch sehr klein ist. Der Nachwuchs sollte dann etwa 600, ein erwachsener Igel 1000 g wiegen. Geschwächte Tiere dürfen nur **so lange wie notwendig gefüttert** werden, da sie sich sonst daran gewöhnen und ihr Winterquartier nicht rechtzeitig aufsuchen. Für Igel eignen sich **Katzenfutter** (vermischt mit einigen Löffeln Weizenkleie oder Haferflocken), **gekochtes Ei** und **ungewürztes, angebratenes Hackfleisch.** Nehmen Sie kein Fertigfutter, vor allem kein Obst und keine Milch (Laktoseintoleranz)! In heißen Sommern hilft eine Schale mit **lauwarmem Wasser.**

muss jeder Nistkasten mindestens zwei, besser drei Meter vom Erdboden entfernt sein. Das Einflugloch sollte witterungsgeschützt, das Innere des Kastens für besseren Halt aufgeraut sein und der Kastenboden zum Schutz vor Nesträubern mindestens 15 cm unterhalb des Einflugloches liegen. Sinnvoll sind auch **Insektenhotels,** die Nutzinsekten wie Ohrenkäfern Unterschlupf bieten.

Igel schützen und füttern

Mögen Sie Igel? Um die kleinen Säugetiere zu unterstützen, sollten Sie ihnen weitgehend **naturbelassene Stellen mit Haufen aus Strauchschnitt und Laub** zur Verfügung stellen. Igel finden hier

Gesundes Pflanzenwachstum durch angepasste Düngung

Mehr Düngen hilft nicht mehr, ja es kann sogar schaden. Man sollte also immer genau die Gebrauchsanleitung beachten, um nicht falsch zu dosieren, was vor allem bei Gefäßpflanzen wichtig ist.

- Der Dünger darf nur auf den Boden, **nicht auf Blätter und Triebe** gelangen.
- Verwenden Sie nur **organischen Dünger,** der für das Bodenleben besser verträglich ist und zumeist längerfristig wirkt. Auch hier ist zu beachten, ob und welchen Dünger eine Pflanze verträgt.

- Eine Reihe von mediterranen Gewächsen wie etwa Lavendel und Gewürzsalbei sollte am besten gar nicht gedüngt werden, ihnen genügt ein durchlässiger, warmer Boden mit eher alkalischem ph-Wert und einem Anteil Quarzsand.
- Andere Pflanzen wie Rhododendren und Azaleen brauchen dem gegenüber einen ph-Wert im sauren Bereich und gut nährstoffversorgte, humose Böden. Spezielle Nährstoffansprüche haben z.B. auch Zitrusgewächse, Tomaten und andere Kulturpflanzen.

Natur fördern, Erlebnisräume schaffen durch „wilde Ecken"

„Wilde Ecken" sind nicht nur als Heimstatt für Tiere wichtig, sondern erfreuen auch das Auge und führen Kinder und Enkel an ein Stück Natur heran. Solche Plätze können einfach nur aus einer **Gruppe von Sträuchern** bestehen, zwischen denen das Laub liegen bleiben kann, sich auch einmal eine Pfütze bildet und wo man wunderbar eine „grüne Höhle" bauen kann. **Altholz, Hanfseile und Stöcke** sind wichtige Ausrüstungsgegenstände. Die verwendeten Sträucher sollten keine Dornen oder Stacheln haben. Immergrüner Schneeball scheidet wegen seiner juckenden Blatthärchen ebenso aus. Jedoch macht es Freude, wenn am Rand des wilden Ecks Beerensträucher und Obstbäume vorhanden sind – von Letzteren kann man nicht nur Früchte pflücken,

sondern man kann auch prima auf ihnen klettern. Neben dem Umweltgesichtspunkt spricht daher auch die Freude der Kinder für den **Erhalt alter Laubbäume.**

Ohne Vorkenntnisse ein tolles Gartenhaus bauen

Zunächst sollten Sie beim Bauamt nachfragen, ob das Gartenhaus einer **Baugenehmigung** bedarf. Wenn dies geklärt ist, ist der Herstellungsprozess für Gartenhaus, Geräteschuppen oder Refugium für Kinder immer recht ähnlich. Ersparen Sie sich viel Arbeit und Kosten, indem Sie das Haus auf eingeschlagene oder geschraubte **Punktfundamente** stellen, in deren Stahlschuhen die Pfosten der Holzkonstruktion montiert werden. Beim „Hoch-Haus" für Kinder müssen höhere Stützen verwendet werden, da der Boden hier mindestens

AUFGEPASST

Ein erhöhtes Spielhaus sollte in seiner Konstruktion und Höhe auf das Alter und die Fähigkeiten der Kinder abgestimmt sein. Idealerweise beginnt man mit einem kleinen Exemplar mit geringer Höhe, später folgt dann ein baumhausartiges Domizil in größerer Höhe. Stabile Treppen oder Leitern, Sicherungsseile und eine je nach Alter weiche Unterlage sorgen für grundlegende Sicherheit.

ein bis zwei Meter über dem Terrain liegt. Innen werden die Seitenwände aus aussteifenden ESB- oder OSB-Platten gefertigt, die Fassaden aus wasserfest verleimten Fichte-Mehrschichtplatten. Das vorgesehene Pultdach sollte an allen Seiten einen Überstand von mindestens 50 cm haben, um vor unangenehmer Witterung zu schützen. Die Spitzen der Dachstützen werden schräg angesägt, um eine Mehrschichtplatte aus Fichte aufzubringen, die abschließend mit Naturkautschukfolie abgedichtet wird.

Ein Sandkasten für Kinder

Ein Sandkasten darf nicht zu klein sein und sollte Innenmaße von mindestens zwei mal zwei Metern aufweisen, damit

SO KLAPPT'S AUCH

Wer ohne Teichfolie auskommen möchte, kann den Teich auch mit Lehm abdichten. Allerdings erfordert dies sehr genaues Arbeiten und in der Folge eine vorsichtige Behandlung des Teichbodens. Es muss immer mit einer mindestens 50 cm dicken Lehmschicht gearbeitet werden. Der Lehm wird eingenässt, in mehreren Schichten aufgebracht und jeweils vorsichtig festgestampft. Er darf danach nicht mehr austrocknen. Als Unterlage empfiehlt sich ein flexibles Spezial-Schutzgitter.

mehrere Kinder darin unbeschwert spielen können. Stechen Sie die Fläche zunächst an allen Seiten um etwa 40 cm größer ab als die Innenmaße, und zwar bis auf etwa 60 cm Tiefe. Die Sohle und die Seitenwände der Grube werden nun mit einem **wasser- und luftdurchlässigen Spezialvlies** ausgelegt, um eine spätere Vermischung von Sand und Erde zu vermeiden. Das Vlies sollte so zugeschnitten werden, dass es überall um ungefähr 50 cm über den Rand gezogen werden kann. Nach dem Einfüllen des Spielsands wird das Vlies im Detail an den Untergrund angepasst. Im Anschluss können Sie auf allen Seiten **schwere Balken aus Altholz** platzieren, die als Sitzbänke oder Ablageflächen für die spielenden Kinder dienen können. Bei unbefestigtem Untergrund sollten Sie für die Bänke zunächst eine **stabile Unterlage aus Kies und Splitt** schaffen. Als Sitzauflagen können Sie beispielsweise Bretter aufschrauben und die Unterseite der Balken sollten Sie zum Schutz vor Nässe mit einer **dicken Gummi- oder Kunststoffbahn** versehen.

Einen Gartenteich selbst anlegen und bepflanzen

Wasser im Garten erfreut nicht nur die Sinne, sondern wirkt sich auch positiv auf Flora und Fauna aus. Die Teichgröße hängt dabei vom Platzangebot und von den eigenen Wünschen ab. Der Teich gehört an eine **sonnige Stelle.** Er sollte einen **Tiefenbereich** (etwa 50–100 cm Wassertiefe), eine **Flachwasserzone** (20–50 cm) und eine **Sumpfzone** (0–20 cm) besitzen. Jede Zone sollte ungefähr 50 cm breit sein. Achten Sie beim Ausheben des Erdreichs darauf, dass spitze Steine entfernt werden. Legen Sie danach ein weiches **Vlies** unter und passen es der ausgehobenen Form an. Anschließend wird die **Spezial-Teichfolie aus EPDM-Material** so aufgelegt, dass sich möglichst wenige Falten bilden. Große Steine verhindern auf jeder Ebene das Abrutschen des Spezialsubstrats. Schließen Sie die Sumpfzone nach außen mit einer Kapillarsperre ab, um Wasserverluste zu vermeiden. Im Tiefenbereich können Sie z.B. Seerosen pflanzen, in der Flachwasserzone und Sumpfzone Gewächse wie Blutweiderich, Mädesüß, Sumpfschwertlilie, Froschlöffel und Sumpfdotterblume.

Wasser im Garten – aber kindersicher!

Alle Kinder spielen gern mit Wasser und lernen so den Umgang mit diesem natürlichen Element. Es ist aber von größter Wichtigkeit, dass daraus keine Gefährdung entsteht – schließlich können Kinder nicht in jedem Moment beaufsichtigt werden. Hervorgehobene Bedeutung hat die Sicherung offener Wasserstellen im Garten. Insbesondere bei Kleinkindern, die ins Wasser stürzen, tritt oft eine Körperstarre und damit die erhöhte Gefahr des Ertrinkungstods ein. Das kann im Extremfall bereits bei Wasserlachen vorkommen. Bestehende Teiche sollten daher durch ein **stabiles Gitter** geschützt werden, dessen Oberfläche deutlich über dem höchstmöglichen Wasserstand liegt. Eine Alternative für größere Wasserflächen

Eine natürlich wirkende Bepflanzung des Teichrandes ist pflegeleicht und sieht auch noch schön aus.

SO KLAPPT'S AUCH

Kinder lieben es, mit Wasser zu spielen. Diesen natürlichen Drang kann man auch im eigenen Garten fördern. Perfekt ist es natürlich mit laufendem Wasser, etwa aus dem eigenen Ziehbrunnen. Alte, rostfreie Zinkwannen eignen sich als Spieloase zum Planschen und Boote-fahren-lassen. Achten Sie darauf, dass die Behältnisse altersgerecht sind und keine Ertrinkungsgefahr besteht. Sie können auch Wasserspielgeräte selbst bauen. Anregungen finden sich auf vielen Wasserspielplätzen.

Gehölze wie Fingerstrauch, Glanzrose, Kartoffelrose, Bibernellrose und Schmetterlingsflieder. Nach der Bodenvorbereitung und vor der Pflanzung können Sie **an steilen Hängen Sisalmatten** auslegen. Sie halten den Boden so lange fest, bis die Pflanzen eingewurzelt sind, und zersetzen sich dann nach einiger Zeit von selbst. An den Stellen, wo Sträucher gepflanzt werden sollen, lassen sich einfach Kreuze darin ausschneiden. **An flacheren Hängen** genügt es, **Rindenmulch** aufzubringen, der ebenfalls das Abspülen des Erdreichs verhindert.

sind **Umzäunungen,** die nicht überklettert werden können. Allerdings muss das Türchen der Umzäunung in Zeiten, in denen kein Erwachsener anwesend ist, immer verschlossen sein. Für eventuelle Becken oder Brunnen im Garten sind entsprechende **Abdeckungen** notwendig.

Hangbereiche auf einfache Weise befestigen

Hangbereiche im Garten lassen sich einfach und ohne aufwendige Geländemodellierung durch **Bepflanzung** befestigen. Gut geeignet sind Stauden, die sich schnell ausbreiten, wie Steinsame, Pfingstnelke, Storchschnabel, Goldfelberich und Herbstanemone, Bodendecker wie Efeu, Johanniskraut und Ysander und vor allem

Klettergerüste bauen für blühende Wände

Ein Rankgerüst können Sie ohne Probleme selbst bauen. **Messen** Sie dazu zunächst aus, **wie groß das Gerüst sein muss.** Dies hängt von dem zur Verfügung stehenden Platz und dem Wuchs der geplanten Kletterpflanze ab. Für die meisten Kletterrosen reicht eine Gerüstgröße von zwei mal zwei Metern völlig aus, bei Spalierobst darf es etwas größer sein. Besorgen Sie sich für die Konstruktion einfache, unbehandelte **Dachlatten.** Lattung und Konterlattung, die um 90° versetzt kreuzweise mit der ersten Lattungsebene verschraubt wird, sollten einen Zwischenraum von mindestens 40 cm besitzen, damit die Zweige ausreichend Platz haben. Edelstahlschrauben garantieren eine lange Lebensdauer der

Konstruktion. Das Holzgerüst wird abschließend mit **vier U-förmigen Edelstahlwinkeln** versehen, die einen Wandabstand von 10–15 cm herstellen sollten. Das Gerüst kann naturbelassen, lasiert oder deckend gestrichen werden, Sie sollten aber in jedem Fall hoch diffusionsoffene Farbe verwenden.

Sitzplätze unter Lauben und Pergolen schaffen

Umgrünte Sitzplätze sind ideale Aufenthaltsorte zum Entspannen im eigenen kleinen Naturparadies. Pergolen, die als Holzkonstruktion ähnlich wie Gartenhäuser selbst gefertigt werden können, bieten dem Gartenbesitzer Schatten und Kletterpflanzen wie beispielsweise Echtem Wein und Kletterrosen Halt.

Mit **Rankgerüsten** zwischen den Pergolastützen können regelrechte Gartenzimmer entstehen. Schöne Pflanzen für die Pergola sind auch der stark wachsende Hopfen und die Staudenwicke. Als **Bodenbelag** empfiehlt sich ein robustes Material wie **Granit** oder **Feldsteine.** Soll der Entspannungsplatz **witterungsgeschützt** sein, bietet sich eine überdachte Laube an. Ein Flach- oder Pultdach über einem quadratischen oder rechteckigen Grundriss kann man gut selber bauen, während fünf- oder sechseckige Versionen schon recht große Anforderungen stellen, insbesondere hinsichtlich der Dachkonstruktion. Als Dachdeckungsmaterial kann

Bitumenpappe verwendet werden. Bei einem Dachüberstand ab 50 cm lässt sich auf Regenrinnen verzichten.

Eine Oase im Grünen zum Lesen oder einfach zum Genießen.

SO GING'S BEI MIR

Horst H. aus B. schreibt: Ich wollte eine Wand begrünen, mir aber Aufwand sparen und eine filigrane, unauffällige Rankhilfe schaffen. Ich bohrte dazu mehrere Löcher in die Wand, montierte Edelstahl-Ösenschrauben in die 8er-Dübel und zog einen Edelstahldraht durch die Ösen. Durch Drahtspanner erreichte ich, dass das „Gerüst" nicht nur wohltuend unauffällig ist, sondern auch perfekt aussieht. Die Technik lässt sich für beliebig große Wände und für unterschiedlichste Osenabstände adaptieren.

Vorgärten einladend gestalten

Den Vorgarten attraktiv zu gestalten ist insbesondere bei Reihen- und Doppelhausgärten eine herausfordernde Aufgabe, da nur recht wenig Platz zur Verfügung steht. Hier ist weniger mehr, denn zu viele unterschiedliche Pflanzen und Gestaltungselemente wirken in der Zusammenschau eher beliebig. Setzen Sie lieber auf **geradlinige Formen** und **ausgesuchte Stauden und Gehölze.** Achten Sie dabei darauf, dass die gewählten Stauden nicht wuchern und die Gehölze nicht zu wüchsig sind. Zugangswege kann man so anlegen, dass sie Symmetrien verstärken. So lassen sich beidseits des Weges niedrige Hecken mit Liguster, Fingerkraut oder Lavendel schaffen. Kleinkronige Bäume wie Kugelrobinie und Rotdorn oder

Wer nicht viel Platz im Garten hat, muss entscheiden, wo seine Schwerpunkte liegen.

schlanke Säulenformen wie Säulenwacholder oder Säuleneibe (beide immergrün) passen gut an den Hauseingang. Auch die Gestaltung mit einem kleinen Wasserbecken bietet sich an, das beispielsweise mit Dreimasterblume, Trollblume und Wiesenraute umpflanzt werden kann.

Kleine Gärten geschickt bepflanzen und nutzen

In einem kleinen Garten muss man genau überlegen, welche Funktion (**Nutzgarten, Entspannungsoase, Blütenmeer** etc.) er in erster Linie erfüllen soll. Daraus ergibt sich, wie groß die Pflanzen sein dürfen und wo genau sie stehen sollen. Steht der Entspannungsaspekt im Vordergrund, braucht man eine groß bemessene Terrasse. Beetflächen müssen zur Arbeits-

erleichterung klein sein. Die Schaffung von Sichtachsen (etwa mit Durchblicken zwischen Gehölzen) und Blickfängen wie Skulpturen suggeriert optisch Weite. Auch organisch geschwungene Wege lassen den Garten vielgestaltig und dadurch größer wirken. Setzen sie wenige unterschiedliche Pflanzen ein, dafür aber in größerer Zahl. Verwenden Sie bevorzugt zurückhaltend wachsende, als Solitär attraktive Gehölze wie Zierliche Deutzie, Fingerstrauch und Zierquitte, als Bäume nur Varianten mit kleiner Krone wie die Kugelrobinie. Kletterpflanzen, die senkrechte Flächen begrünen, sind wegen ihres geringen Platzbedarfs sehr wertvoll.

Trockenheitsverträgliche Pflanzen im Garten

In Zeiten des Klimawandels ist es sinnvoll, trockenheitsverträgliche Pflanzen auszuwählen. Geeignete Stauden sind etwa Lavendel, Gewürzsalbei und viele andere Salbeiarten, Heiligenblume, Meerlavendel, Blutstorchschnabel, Walzenwolfsmilch, Edeldistel, Goldhaaraster, Wollziest, Fetthenne und Königskerze. Das zuverlässig bodendeckende Sternmoos eignet sich besonders gut für die **extensive Dachbegrünung.** Trockenheitsverträgliche Gehölze sind Fingerstrauch, Schmetterlingsflieder, Ölweide, Steinweichsel, Traubenkirsche und Robinie. Wegen des milderen Klimas kommen zunehmend auch mediterrane Gehölze wie Olivenbaum und Feige infrage, diese jedoch mit **Winterschutz.** Die meisten trockenverträglichen Pflanzen benötigen wenig Dünger und lieben durchlässige, gut durchlüftete Böden mit gutem Wasserabzug. Eine **Abdeckung mit Kies oder Schotter** wirkt sich insbesondere bei langen Trockenperioden zusätzlich positiv auf den Erhalt der Bodenfeuchtigkeit aus.

Nachbarstreit vermeiden

Streit mit den Nachbarn aufgrund von Gartenangelegenheiten ist unschön und schmälert die Freude an der Natur. Suchen Sie bei allem, was vorfällt, stets das freundliche Gespräch mit den Nachbarn, fast immer lassen sich so Unstimmigkeiten vermeiden. Ein Streitklassiker sind **über Grundstücksgrenzen hängende Zweige.** Diese sollten Sie nur im Ausnahmefall und nur nach gemeinsamer Absprache selbst zurückschneiden, denn meist wird der Nachbar das auf seinem Grundstück gern übernehmen. Möchten Sie **Kleingebäude,** etwa ein Gartenhaus, errichten, erkundigen Sie sich – wie bei allen anderen baulichen Maßnahmen – zunächst bei der zuständigen Baubehörde, ob das Vorhaben genehmigt werden muss. Wichtig sind stets die Einhaltung der Mindestabstände zur Grundstücksgrenze sowie bei Anpflanzungen an der Grenze (etwa Hecken) die Beachtung zulässiger Höhen. Die Vorgaben unterscheiden sich je nach Bundesland bzw. Region.

FREIZEIT & HOBBY

Zum Glück besteht der Alltag
nicht nur aus Arbeit, sondern
ebenso aus Freizeit. Aber auch
hier gibt es Dinge, die uns
leichtfallen, und andere, für
die wir noch eine geniale
Lösung brauchen könnten. Ich
mag Sport, aber kein Fitnessstudio? Ich bastele, aber die
Schere ist nicht scharf? Und wo
liegen wieder die Glasmurmeln
für meine Handwerksarbeit?
Lesen Sie, wie es bei Hobby
und Freizeit noch besser geht.

Fit werden ohne Geräte

Wie oft liest man in Zeitschriften, dass man sich fit halten soll. Insbesondere älteren Menschen wird das immer wieder ans Herz gelegt. Aber ein Fitnessstudio besuchen? Wo sonst nur junge Leute sind und ständig Musik läuft? Das ist nicht jedermanns Geschmack. Lassen Sie sich aber deswegen nicht davon abhalten, etwas für Ihre Fitness zu tun. Denn das geht auch ganz einfach zu Hause oder in der näheren Umgebung.

- **Reservieren Sie zwei bis drei feste Termine** in der Woche, an denen Sie sich sportlich betätigen wollen. Richten Sie z.B. eine regelmäßige Erinnerung im Kalender Ihres Smartphones oder Computers ein. Legen Sie die **Termine sinnvoll** fest: An welchem Tag trifft sich die Nordic-Walking-Gruppe? Wann läuft Ihre Lieblingsserie im Fernsehen, zu der Sie Krafttraining machen können?
- Überlegen Sie: Was fehlt Ihrem Körper besonders? Sind Sie lieber allein oder zusammen mit anderen aktiv? Suchen Sie nach **Sport- oder Bewegungsarten, die Mängel ausgleichen, Ihnen aber zugleich Spaß machen** – so bleiben Sie länger am Ball.
- Viele Übungen lassen sich auch vor dem Fernseher durchführen, etwa Wandsitzen, Unterarmstütz, Dehnungen oder – bei hohen Decken – sogar Seilspringen: **Integrieren Sie Ihre Fitness in den Alltag.**

- Wer sich **gesund ernährt** und Genussmittel wie Tabak oder Alkohol einschränkt, unterstützt die natürliche Regenerationsfähigkeit seines Körpers.

Muskelkater mit Hausmitteln bekämpfen

Sie haben sich aufgerafft, trainieren regelmäßig und jetzt das – Muskelkater! Keine Sorge, das passiert auch dem fittesten Sportler, denn er entsteht, wenn Muskeln zeitweise oder durch untrainierte Bewegungen überbeansprucht werden. So werden Sie ihn schnell wieder los:

- **Viel trinken:** Wasser hilft bei der Regeneration von Muskeln und unterstützt dabei, Giftstoffe auszuscheiden.
- **Bewegung und Wärme:** Durch leichte Bewegungen fördern Sie die

AUFGEPASST

Muskelkater ist ein Warnsignal des Körpers, das auch durch fehlende Aufwärmübungen vor bzw. durch ausbleibende Dehnung nach dem Training entstehen kann. Übermäßige Belastung sollte in der Erholungsphase unbedingt vermieden werden, denn es besteht eine erhöhte Verletzungsgefahr. Lassen Sie Ihrem Körper Zeit zur Erholung. Wenn der Muskelkater abgeklungen ist, lässt sich das Training wieder langsam und kontinuierlich steigern.

Autsch! Da zwackt der Muskelkater in der Wade.

Durchblutung und wärmen die Muskeln auf. Unterstützend wirkt auch Wärme von außen, etwa durch eine Wärmflasche oder ein warmes Bad.

- **Dehnung und Massage:** Dehnen Sie die Muskeln sanft und halten Sie die Spannung für eine halbe Minute. Anschließend massieren Sie die schmerzende Körperpartie leicht mit Massageöl oder selbst angesetzten ätherischen Ölen auf Arnika-, Lavendel- oder Rosmarinbasis.
- **Eis:** Paradoxerweise wirkt nicht nur Wärme, sondern auch Kälte gegen Muskelkater, etwa eine Kühlkompresse, die für etwa 15 Minuten auf die schmerzende Stelle gelegt wird.

Extra-Waschgang gegen Schweißgeruch

Manch älteres Kleidungsstück riecht nicht nur nach schweißtreibender Aktivität unangenehm, sondern selbst **wenn es frisch aus der Wäsche kommt.** Leider schützt auch spezielle Sportkleidung aus Baumwolle oder Synthetik vor dem Problem nicht. So werden Sie den Geruch mit kostengünstigen Hausmitteln los:

- Mischen Sie **eine Vierteltasse Natron und eine Vierteltasse Zitronensäure** in einer großen Schüssel. Geben Sie diese Mischung in die Waschmaschine zusammen mit Ihrer Sportkleidung. Es empfiehlt sich, nur maximal die halbe Trommelkapazität auszuschöpfen.
- **Verwenden Sie kaltes Wasser** und lassen Sie die gewaschene Kleidung an der frischen Luft trocknen. Dies neutralisiert Gerüche effektiv und lässt Ihre Sport- oder Arbeitskleider frisch duften.

Schuhe ohne Geruch

Die oft getragenen **Lieblingsschuhe verbreiten unangenehme Gerüche?** Um diese schnell und einfach loswerden, gibt es eine Reihe von Tricks. Zunächst sollten Sie versuchen, Ihr **Schuhwerk täglich zu wechseln.** So erreichen Sie nicht nur ein **besseres Fußklima,** die Schuhe halten auch länger, weil sich das Material regelmäßig „erholen" kann.

Legen Sie **trockene Teebeutel** über Nacht in Ihre Schuhe oder streuen Sie den Inhalt von einem **Tütchen Backpulver** hinein: Die enthaltenen Stoffe **absorbieren Feuchtigkeit und Gerüche.**

Wenn Sie über genug Platz im Gefrierschrank verfügen, stecken Sie Ihre Schuhe in einen Plastikbeutel und **lagern sie über Nacht im Gefrierfach.** Die Kälte tötet Bakterien. Das Tragen von Socken, die Feuchtigkeit ableiten, hilft ebenfalls dabei, Schuhgeruch zu minimieren.

Schmerzen und Blasen in Schuhen vermeiden

„Wo drückt der Schuh?" Jeder kennt Schmerzen oder gar Blasen an den Füßen, insbesondere auf langen Spaziergängen oder Wanderungen. Das lässt sich aber mit einfachen Tricks vermeiden.

Stecken Sie Ihre Schuhe über Nacht vor der Wanderung **in einer Plastiktüte ins Gefrierfach.** Das Material dehnt sich unter Kälte aus und Sie reduzieren das Risiko von Blasen. Tragen Sie **bequeme Socken,** die Feuchtigkeit vom Fuß wegleiten – **keine Synthetik.** Stellen Sie sicher, dass Ihre **Schuhe auf keinen Fall zu eng** sind und gut passen: Manche Schuhformen eignen sich schlichtweg nicht für jede Fußform, bemerkt wird dies jedoch erst auf längeren Märschen. **Laufen Sie Schuhe mit Geduld ein,** erhöhen Sie nach und nach die Tragedauer und packen Sie eventuell Wechselschuhe ein.

Führen Sie **für den Notfall Blasenpflaster** bei sich, die Gelauflage nimmt den Druck von der schmerzenden Stelle und wirkt wahre Wunder, sie lindert Schmerzen sofort.

Schuhe ohne Spezialprodukte imprägnieren

Samstagabend, die Wettervorhersage meldet Regen, doch Sie haben weder Imprägnierspray noch Schuhcreme zur Hand? Nasse Füße brauchen Sie auf dem Sonntagsausflug dennoch nicht zu befürchten, denn es gibt ein paar gute Hausmittel, zumindest für unempfindliche Lederschuhe.

SO GING'S BEI MIR

Werner Z. aus K schreibt: Vielleicht bin ich besonders empfindlich, aber wenn ich die Tür unseres Schuhschranks öffnete, schlug mir ein zunehmend unangenehmer Geruch entgegen. Dabei wechsele ich selbstverständlich täglich meine Socken und lege Wert auf Naturfasern, Synthetik kommt mir nicht ins Haus. Ich habe es auf den Rat eines Freundes hin mit Babypuder versucht, den ich regelmäßig zwischen Sohle und Innensohle streue. Das sorgt offenbar für ein besseres Klima, denn nun riecht nichts mehr – ungeplanter Nebeneffekt: Neue Schuhe „quietschen" damit auch nicht mehr.

nen. Sonst ist die Wirkung geringer und die Atmungsaktivität wird eingeschränkt.

Wie binde ich Schnürsenkel dauerhaft fest?

Bei manchen Schuhen ist es wie verhext: Ständig lösen sich die Schnürsenkel. Das ist nervig und kann auch zu **Stolpergefahr** führen. Doch es gibt Abhilfe:

- Verwenden Sie den **„Ian-Knoten"**, auch **Kreuzknoten** genannt. Statt nur einmal, binden Sie Ihre Schnürsenkel zweimal. Beginnen Sie wie gewohnt einen Knoten zu binden, doch führen Sie das Ende nicht nur ein-, sondern zweimal durch die Schlaufe. Ziehen Sie dann die Enden fest. Dieser Knoten bleibt sicher und löst sich weniger leicht.
- Die **Doppelschleife** empfiehlt sich besonders bei zu langen Schnürsenkeln: Knoten Sie die beiden Schleifenschlaufen einmal in der Mitte zusammen.
- Manchmal ist auch die Form der Schnürsenkel schuld: Sind sie zu neu oder glatt, können Sie sie **mit einer Feile oder Schleifpapier leicht anrauen.** Danach sollten sie besser halten.

Beim Wandern geht's über Stock und Stein – und manchmal durchs Wasser. Wenn verknotete Schnürsenkel nass werden, wartet man am besten, bis sie wieder trocken sind.

- Das Highlight: **Kerzenwachs.** Erhitzen Sie eine Kerze oder ein Teelicht und tragen Sie eine dünne Schicht von flüssigem Wachs gleichmäßig auf. Danach können Sie das Wachs mit einem Föhn erhitzen, um es **mit den Fingern in das Material einzuarbeiten.** Dies schafft eine wasserabweisende Barriere.
- **Für Glattlederschuhe** eignet sich auch **einfaches Speiseöl:** Träufeln Sie etwas davon auf ein Baumwolltuch und reiben Sie damit Ihre Schuhe ein. Auch hier hilft eine leichte Wärmebehandlung mit dem Föhn, die Poren noch besser wasserdicht zu verschließen.

Die **Schuhe müssen völlig trocken** sein, bevor Sie mit dem Imprägnieren begin-

Feste Knoten lösen, z. B. an Wanderschuhen

Gerade waren Sie froh, dass die Schnürsenkel hielten, nun lassen sich diese nicht mehr lösen? Wer kurze Fingernägel hat, weiß davon ein Lied zu singen. **Drehen Sie zunächst ein Ende des Senkels** so lange, bis es hart und weniger biegsam ist – vielleicht kommen Sie damit schon ans Ziel. Verwenden Sie ansonsten **die Spitze Ihrer Schnürsenkel als Hebel:** Falls hier die Plastikversteifung bereits fehlt, nutzen Sie einen Schlüssel oder ein festes Stöckchen – oder den **Korkenzieher Ihres Taschenmessers –,** um in den Knoten zu stechen und ihn so zu lockern. Sie können den Knoten auch mit einem harten Gegenstand **nach und nach „weich klopfen"** – bleiben Sie jedoch vorsichtig, es sind immerhin Ihre eigenen Füße darunter.

Sind die **Schnürsenkel nass** und deshalb hart geworden? Wenn Sie es nicht ganz so eilig haben, aus Ihren Schuhen zu kommen, warten Sie ab: **Im trockenen Zustand weicht der Druck vom Knoten.**

Ohne Messer schneiden

Sie sind mit der Wandergruppe unterwegs und wollten Fleischwurst für alle in mundgerechten Häppchen anbieten – doch niemand hat ein Taschenmesser dabei. Bevor Sie der Reihe nach abbeißen, versuchen Sie die folgenden Tricks:

■ In allen Portemonnaies finden sich alte **(Plastik-)Karten:** Verwenden Sie eine stabile alte Kundenkarte, um **weiche Lebensmittel** wie Käse, Wurst, aber auch Kuchen zu teilen.

■ Das Messer liegt zwar zu Hause, die **Zahnseide** aber findet sich im Reiseset? Reißen Sie ein längeres Stück davon ab und knoten feste Schlaufen an die Enden. Damit lassen sich viele Lebensmittel schneiden, z.B. Butter.

■ Auch die **Öffnung von Trinkbechern** aus Metall oder Plastik besitzt eine ausreichend scharfe Kante, um viele Produkte zu teilen.

■ Manches Obst – etwa Kiwi oder Mango – kann praktischerweise auch von oben auf den Becher gedrückt werden, sodass die Schale außen und das Fruchtfleisch im Behälter zurückbleibt.

Im freien Gelände mit der Armbanduhr orientieren

Das Handy ist leer oder für die digitale Auszeit gleich zu Hause geblieben. Das Auto steht auf dem Wanderparkplatz,

AUFGEPASST

Sehen Sie sich die Schnürsenkel vor dem Aufrauen an: Manche „Rundsenkel" müss(t)en regelrecht durchgefeilt werden, bis sich der gewünschte Effekt einstellt. Eventuell tauschen Sie die Senkel besser gleich gegen hochwertige aus, die sich nicht so leicht lösen, bevor Ihnen in einem unpassenden Moment der Schnürsenkel reißt.

darum hilft auch **kein Navigationssystem,** und die **Wegbeschilderung** ist dürftig? Nun steht man an einer Weggabelung und weiß nur: „Ich müsste nach Süden." Was tun? Hier ist die Lösung, wenn Sie eine alternative Methode zur Orientierung im Gelände suchen:

Zumindest tagsüber bei klarem Himmel können Sie am Stand der Sonne die Himmelsrichtung ungefähr abschätzen: Wo die Sonne um zwölf Uhr steht – oder stand –, ist Süden. Für eine genauere Angabe hilft Ihnen die **klassische Armbanduhr,** die Sie wie einen Kompass einsetzen können. Halten Sie die Uhr dazu waagerecht und richten Sie den Stundenzeiger auf die Sonne. **Halbieren Sie den Winkel zwischen dem Stundenzeiger und der Zwölf-Uhr-Markierung,** dort liegt die Himmelsrichtung Süden.

Das Vorgehen funktioniert zuverlässig auf der Nordhalbkugel, in der südlichen Hemisphäre müssen Sie es umkehren, der halbe Winkel zwischen Stundenzeiger und zwölf Uhr zeigt dort also nach Norden.

Orientierung im freien Gelände mit Stachel-Lattich

Sie sind unterwegs ohne Wanderkarte und haben sich ein bisschen verlaufen. Aber auch die Sonne fällt zur Orientierung aus, denn sie ist unter dem grauen Wolkenschleier gar nicht auszumachen. Nutzen Sie dann einfach die anderen **Hinweise der Natur!**

- Lernen Sie z.B. den Stachel-Lattich kennen, der in unseren Breiten sehr häufig anzutreffen und auch unter dem Namen Kompass-Lattich bekannt ist. Die Pflanze wird etwa 30–100 cm groß und blüht zwischen Juli und September gelb. Die grünen, grob gezackten **Laubblätter** wirken stachlig und **wachsen mit den Spitzen in Nord-Süd-Richtung,** wohingegen die groben **Stacheln** an den Seiten **nach Ost-West ausgerichtet** sind.

- Kennen Sie die häufigste Windrichtung in der Gegend, in der Sie unterwegs sind? In unseren Breiten weht oft ein **Westwind:** Insbesondere frei stehende Bäume wachsen dann häufig „mit dem Wind", die dem Wind zugewandte Seite weist hingegen wegen der höheren Feuchtigkeit oft zusätzlich einen Moosbewuchs auf.

- Sie können zwar Ihren Parkplatz noch nicht sehen, wohl aber eine Kirche in der Ferne? Bei alten Kirchen steht der Altar in der Regel im Osten, **der Turm** wurde auf der anderen Seite **im Westen** errichtet.

- Das bekannteste Sternbild in unseren Breiten, der **Große Wagen** oder Große Bär, kann bei der Orientierung in einer sternklaren Nacht helfen. Über dem „Heck" des Wagens, den beiden äußeren Sternen, die das Rechteck gegenüber der Deichsel beschließen, steht in fünffacher Verlängerung der **Polarstern.** Dieser steht immer im Norden und strahlt deutlich heller als die Sterne seiner Umgebung.

Batterielaufzeit des Navigationsgeräts verlängern

Mobile Navigationsgeräte sind hilfreich, doch ärgerlich ist es, wenn diesen zu schnell der Strom ausgeht. Egal, ob Sie mit einem speziellen Navi unterwegs sind, oder die GPS-Funktion Ihres Smartphones nutzen: Die **Lösung heißt Sonnenenergie.** Werden Sie unabhängiger, indem Sie unterwegs die größte Stromquelle der

Welt – die Sonne – über **Photovoltaikzellen** anzapfen. Solarzellen haben in den vergangenen Jahren große Effizienzsprünge gemacht, leichte, tragbare Geräte können Sie einfach **an Ihrem Rucksack anbringen** und damit fortwährend den Geräteakku laden. Auch an grauen Tagen oder **bei indirekter Sonneneinstrahlung funktionieren leistungsstarke Zellen gut,** der Ladevorgang dauert dann nur etwas länger bzw. kann nicht gleichzeitig mit dem Stromverbrauch Schritt halten, er verlängert aber die Nutzungszeit.

Portable Solarzellen gibt es sogar im kleinen Smartphoneformat – sehr praktisch als unterwegs anzapfbare Enegiequelle.

Zu Fuß sichtbar auf dunklen Landstraßen

Auf Wanderungen oder längeren Spaziergängen führt die Strecke gelegentlich am Straßenrand entlang, ohne dass es einen speziellen Fußgängerweg gibt. Schon als Kind lernen wir, dann auf der **linken Straßenseite** zu gehen, wo uns die Autos entgegenkommen und wir gegebenenfalls rechtzeitig auf den Randstreifen ausweichen können. Man kann aber noch mehr für die eigene Sicherheit tun.

- Falls Sie an Ihrem **Fahrrad ein Batterielicht** nutzen, so nehmen Sie es bei der nächsten Wanderung einfach mit. Wählen Sie das **rote Rücklicht,** damit Sie die Autofahrer nicht blenden.
- Alternativ nutzen Sie die **Taschenlampenfunktion Ihres Handys** bzw. Smartphones. Richten Sie die Lampe aber in einem 45°-Winkel auf den Boden, um zwar die Aufmerksamkeit der Autofahrer zu erhöhen, sie aber nicht aufzuschrecken.
- Falls Sie eine **Wasserflasche aus durchsichtigem Plastik** bei sich haben, können Sie Ihr **Handy unter die Flasche halten** und mit dem **Licht Ihres Handybildschirms** anstrahlen: Das reflektierte Licht macht Sie für Autofahrer sichtbarer, blendet sie aber nicht.

Pflaster schmerzfrei entfernen

„Autsch" – selbst sensitive Pflaster und Verbandsmaterial können beim Entfernen wehtun. Das muss nicht sein!

- Versuchen Sie das Pflaster nach einem Bad oder einer längeren Dusche zu lösen, wenn es bereits **vollständig vom Wasser durchweicht** ist.
- Tragen Sie etwas **Babyöl oder Speiseöl** auf das Pflaster auf und lassen Sie es eine Weile einwirken. Das Öl löst den Klebstoff sanft und erleichtert das schmerzfreie Entfernen des Pflasters.
- Erwärmen Sie das Pflaster sanft mit einem Fön, die **Wärme** löst den Kleber.

AUFGEPASST

Klebstoffresten auf der Haut sollten Sie auf keinen Fall mit Chemikalien wie Nagellackentferner oder Reinigungsbenzin zu Leibe rücken: Auch hier ist Speise- oder Massageöl die weitaus schonendere Methode. Oder Sie nutzen einen Eiswürfel oder eine Kühlkompresse, die Sie kurz auf die Stelle legen, bis der Klebstoff hart wird und sich abrubbeln lässt.

Schluckauf zuverlässig stoppen

Das wussten wir als Kinder schon: Bei Schluckauf Luft anhalten! Das kann auch funktionieren. Wenn nicht, versuchen Sie etwas anderes. Manche Methoden klingen unkonventionell, doch wer „seine" Lösung gefunden hat, schwört meist darauf, dass es funktioniert – probieren Sie es aus:

Eine Möglichkeit besteht darin, ein **Glas Wasser in kleinen Schlucken** zu trinken. Oder Sie lassen sich einen **Teelöffel mit Zucker auf der Zunge zergehen** und schlucken den Zucker langsam herunter. **Stecken Sie Ihre Zeigefinger in beide Ohren** und üben Sie einen sanften Druck aus. Dies kann den Vagusnerv stimulieren, der mit dem Zwerchfell kommuniziert, und so den Schluckauf unterbrechen. Sie können auch **den Bereich zwischen Oberlippe und Nase massieren** und dabei (trocken) schlucken. Auch dies soll den genannten Vagusnerv anregen.

Wenn Sie der Schluckauf öfter plagt, überlegen Sie, was die Ursache sein könnte: **Verzichten** Sie beispielsweise **auf kohlensäurehaltige Getränke und Alkohol,** nehmen Sie sich **ausreichend Zeit zum Essen** und **vermeiden** Sie die Überdehnung des Magens durch **zu große Speisemengen.**

Abwarten und ... Wasser trinken hilft gegen Schluckauf.

Kokosöl gegen Mücken – und auch zur Hautpflege

Sind wir an einem lauen Sommerabend von Mücken umgeben, ist die entspannte Stimmung schnell dahin. Nicht alle Mittel gegen Mücken sind so zuverlässig, wie sie versprechen, außerdem scheuen viele Menschen vor den giftigen Substanzen unter den Inhaltsstoffen zurück: Eine häufige bis regelmäßige Anwendung wird zudem auch von vielen Herstellern nicht empfohlen. Doch was ist die Alternative?

Kokosöl oder -fett bietet einen **natürlichen Mückenschutz,** da die Plagegeister den Geruch nicht leiden können. Anders als die chemischen Wirkstoffe pflegen Kokospräparate darüber hinaus sogar die Haut durch die enthaltene wertvolle Laurinsäure, die antibakteriell wirkt.

Mischen Sie eventuell **ein paar Tropfen anderer ätherischer Öle** in Ihren selbst gemachten Mückenschutz, denn der intensive Geruch von **Lavendel-, Eukalyptus-, Minz- oder Teebaumöl** schreckt die Tiere zusätzlich ab. Gehen Sie mit den Zusätzen aber sparsam um und stellen Sie zuvor sicher, dass Sie nicht allergisch darauf reagieren.

SO KLAPPT'S AUCH

Sie kennen den starken Geschmack von Nelkenöl sicherlich vom Zahnarzt. Doch Gewürznelken aus der Küche können auch als Hausmittel zur Betäubung dienen, indem Sie einfach mit dem erkrankten Zahn auf eine Nelke beißen. Ein anderes Helferlein aus dem Vorratsschrank ist die Zwiebel: Hacken Sie eine oder zwei Zwiebeln klein und füllen sie in ein sauberes Taschentuch, das Sie auf die betroffene Stelle im Mund halten.

Zahnschmerzen mit Eis lindern

Es ist Sonntagnachmittag und seit dem Nachmittagskuchen leiden Sie an Zahnschmerzen. Die Notfallklinik scheint Ihnen unangemessen, doch Schmerztabletten haben Sie nicht im Haus und auch durch intensives Putzen lässt sich der Schmerz nicht lindern?

Sofern Sie nicht über besonders empfindliche Zähne verfügen, besteht eine kurzfristige Lösung darin, die betreffende Stelle **mit Eis zu kühlen.** Wickeln Sie hierfür ein paar **Eiswürfel in ein sauberes Tuch** und halten Sie es sanft gegen die schmerzende Stelle. Das Eis kann Schwellungen reduzieren und vorübergehend die Schmerzen lindern. Achten Sie jedoch darauf, die Zähne nicht zu lange zu kühlen, um Schäden an Zahnschmelz oder den Nerven zu vermeiden. Konsultieren Sie in jedem Fall so **bald wie möglich einen Zahnarzt,** um die Ursache der Schmerzen langfristig und nachhaltig zu behandeln.

Dias digitalisieren

Ihr hochwertiger Diaprojektor ist defekt, nachdem er viele Jahre treue Dienste geleistet hat. Nun überlegen Sie, ob es sich lohnt, einen neuen anzuschaffen, oder ob Sie die Dias nicht lieber digitalisieren und mit Ihrem Beamer ansehen? Wer sein Leben lang gern auf Dias gesetzt hat, kann die eingerahmten Aufnahmen zwar nicht einfach abfotografieren, wie es bei Fotoabzügen möglich ist, er hat aber andere Möglichkeiten. Konkret bieten sich fünf Lösungen an:

- Erwerben Sie einen **Diascanner**. Gerade wenn Sie viele Dias digitalisieren wollen, lohnt sich die Anschaffung. Achten Sie auf ein hochwertiges Gerät mit guter Auflösung und einfacher Handhabung: Es macht einen großen Unterschied, ob Sie nur drei bis vier Dias einlegen oder automatisch eine ganze Lade verarbeiten lassen können.
- Besitzen Sie ein **Smartphone** mit guter Kamera? Dann können Sie auch eine **App für das Digitalisieren** nutzen. Außerdem benötigen Sie eine Lichtquelle – etwa eine **LED-Platte aus dem Fachhandel oder ein Tablet** – und einen Ständer, auf dem Sie Ihr Smart-

phone im richtigen Abstand positionieren können.

- Prüfen Sie die Angebote, Ihre **Dias professionell digitalisieren** zu lassen. Oft ist die Qualität der Ergebnisse besser als bei günstigen Homescannern, die Preise – bei überschaubaren Mengen – durchaus vergleichbar mit der Anschaffung eines Geräts.
- Sehen Sie sich nach **Diaprojektoren auf dem Gebrauchtmarkt** um. Da die Technik aus der Mode gekommen ist, lassen sich hier günstige Schnäppchen machen.
- Suchen Sie auch nach **gebrauchten Diascannern:** Viele Nutzer verkaufen hochwertige Geräte wieder, wenn sie ihre Sammlung digitalisiert haben und den Scanner nicht mehr benötigen. Falls Sie selbst einen kaufen, denken auch Sie daran, ihn nach der Arbeit wieder zu veräußern – das schont Geldbeutel und Umwelt.

Videokassetten digitalisieren und DVDs archivieren

Ihre große Videosammlung macht Ihnen Kopfzerbrechen: Das VHS-Gerät läuft nicht mehr zuverlässig und den Platz im Regal würden Sie auch gern anders nutzen. Klar ist, dass gekaufte Videofilme kopiergeschützt sind, alte Aufnahmen des Fernsehprogramms oder mit dem Camcorder gedrehte Sequenzen – lassen sich aber leicht digitalisieren und auf dem

Computer oder einer externen Festplatte speichern (zur Sicherheit speichert man es am besten auf beiden Datenträgern).

Besorgen Sie sich eine sogenannte (externe) **Fernsehkarte** für den Computer, in der Regel mit USB-Anschluss als Schnittstelle zu Ihrem Computer. Außerdem benötigen Sie einen **herkömmlichen Antennenanschluss** daran, an den Sie ihren alten Videorecorder anschließen. Aufzeichnungssoftware ist oft bei diesen Karten dabei, es gibt aber auch viele **kostenlose Programme im Internet.**

DVDs und CD-ROMs können bereits nach etwa zehn Jahren kaputtgehen. Um also CDs und DVDs auf Festplatten zu archivieren und Ihre Daten vor dem Verlust zu retten, genügt ein **DVD-Laufwerk und entsprechende Software.** Erwerben Sie eventuell ein externes Gerät, falls Ihr Computer über kein Laufwerk verfügt. Auch hier gilt natürlich: Gekaufte DVDs sind in der Regel kopiergeschützt und können nicht digitalisiert und privat gespeichert werden.

Früher waren Diaabende mit Freunden oder der Familie gang und gäbe, inzwischen ist die Technik veraltet und viele wollen ihre Dias digitalisieren, um sie für die Zukunft sicher aufzubewahren.

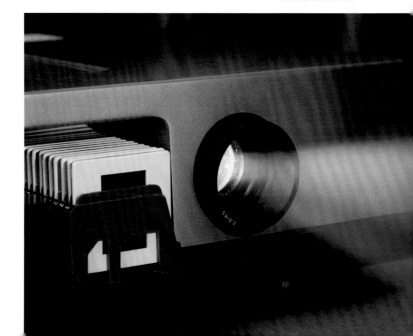

Stets klare Sicht auf den Bildschirm

Ob Fernseher oder Computerbildschirm: Staubpartikel trüben schnell das eigentlich gestochen scharfe Bild. Zur Abhilfe mischen Sie **ein paar Tropfen Weichspüler in lauwarmes Wasser** und reinigen Sie Ihren Bildschirm mit einem **weichen, aber fusselfreien Tuch.** Der Weichspüler wirkt leicht antistatisch, sodass Staub schlechter an der Fläche haften bleibt.

Wer sich über lästige **Spiegelreflexe** auf dem Bildschirm ärgert, kann zunächst einmal versuchen das **Gerät anders aufzustellen** oder die störenden **Lichtquellen auszuschalten.**

Sollte dies wegen der Aufteilung der Möbel im Zimmer nicht möglich sein, empfiehlt sich eine **Antireflexionsfolie.**

SO KLAPPT'S AUCH

Wenn Sie keine perfekten Eiswürfel benötigen, sondern auch mit „Crushed Ice", also bröseligem Eis, zufrieden sind, funktionieren auch einfach Gefrierbeutel: Geben Sie nur wenig Wasser hinein und verschließen Sie die Beutel gut. Legen Sie diese dann flach in das Gefrierfach, damit sich das Wasser gut verteilt und das Eis nicht zu dick wird. Im gefrorenen Zustand können Sie die Tüten einfach ein paarmal auf den Tisch schlagen oder mit einem Holzlöffel das Eis darin zerkleinern.

Diese ist zwar nicht ganz billig – und nicht durch Hausmittel zu ersetzen –, wirkt aber gut gegen unangenehme Lichteffekte.

Eiswürfel ohne Eiswürfelbehälter

Es ist ein heißer Sommertag, Sie erwarten Gäste, doch der Eiswürfelbehälter ist verschwunden oder die Menge reicht nicht für alle. Kein Problem! Verwenden Sie einfach **leere Eierkartons,** die sie **mit Frischhalte- oder Alufolie auskleiden.** Füllen Sie Wasser in die Vertiefungen und lassen Sie es gefrieren. Sobald das Eis fest ist, können Sie die Würfel leicht herauslösen, halten Sie die Folie dazu unter Wasser. Auch **Törtchen- oder Muffinformen aus Silikon** lassen sich zum Eiswürfelmachen nutzen. Stellen Sie sie dabei auf ein Tablett, damit sie nicht auslaufen.

Den fest sitzenden Deckel eines Gurkenglases öffnen

Das Büfett ist aufgebaut, die Gäste können kommen. Noch ein paar saure Gurken anrichten … oh, geht das Glas schwer auf! Es kommt öfter vor, dass sich Gläser mit Eingelegtem nicht gut öffnen lassen. Mit den folgenden Tricks wird Ihnen das dennoch ganz einfach gelingen:

- Versuchen Sie es zuerst damit, die Hände sehr trocken zu reiben und eventuell ein Geschirrtuch über das Glas zu legen. Meist hilft schon das.

- Oder Sie klopfen mit dem Handballen auf die Glasunterseite, oft lässt sich das Glas nun öffnen.
- Ist es hartnäckiger verschlossen, verschränken Sie die Finger Ihrer Hände, platzieren Sie sie über dem Deckel und drücken Sie nun mit den Ballen gegen den Deckelrand. Der Druck lässt eine kleine Lücke, das Vakuum entweicht.
- Eine weitere Möglichkeit besteht darin, einen Hebel zwischen Deckelrand und Glas anzusetzen, etwa die Spitze eines schmalen Messers.
- Auch ein Warmwasserbad kann helfen. Füllen Sie eine Schüssel mit ca. 60 °C warmem Wasser und stellen Sie das Glas kurze Zeit kopfüber hinein, danach sollte es gut aufgehen.

Vermeiden kann man das Problem durch den Kauf eines Schraubendeckelöffners.

Spritziger Sekt dank einer Rosine

Ohne Prickeln sind Prosecco oder Sekt einfach kein Genuss. Sie müssen den angebrochenen Schaumwein vom Vortag aber nicht weggießen, sondern können ihm neue Spritzigkeit verleihen. Werfen Sie einfach **ein paar Rosinen in die Flasche** und warten einen Moment, bevor Sie daraus einschenken. Die Rosinen sorgen durch den enthaltenen Zucker dafür, dass neue Kohlensäure entsteht und

Ihr Getränk wieder herrlich schmeckt. Das Aroma der Trockenfrüchte ergänzt dabei den Ursprungsgeschmack, verwenden Sie daher besser keinen reinen Zucker.

Kurzfristig Essensgerüche aus Kleidung entfernen

Unangenehme Gerüche – ob sie nun aus der eigenen Küche oder der Imbissbude stammen – können sich im Gewebe der Kleidung festsetzen. Leider lassen sich

Mit einer einfachen Rosine kann man der schwächelnden Perlage des Sektes auf die Sprünge helfen.

AUFGEPASST

Messerklingen, die gerade sind, lassen sich relativ leicht mit einem Schleifstein in Form bringen – oder sogar mit der rauen Rückseite einer Keramiktasse, Hauptsache, es gibt raue Schleifpartikel. Bei Scheren sind die Tricks mit dem Zerschneiden von Alufolie oder Schleifpapier sicherer. Je größer die Schere, umso dicker sollte die Alufolie sein, durch die Sie schneiden: Wählen Sie für grobe Garten- oder Arbeitsscheren am besten eine alte Alu-Grillschale, die übrig geblieben ist.

Mehrfach übereinandergelegte Alufolie wirkt wie ein Schleifstein für Ihre Schere.

nicht alle Kleidungsstücke einfach waschen – manchmal fehlt auch schlicht die Zeit dazu. Hier helfen diese Tricks:

- Packen Sie Ihr Kleidungsstück in eine Plastiktüte und legen Sie diese über Nacht in den **Gefrierschrank.**
- Geben Sie etwas – günstigen – **Wodka in eine Sprühflasche,** und besprühen Sie damit Ihre Textilien. Fönen Sie die Kleidung dann mit etwas Abstand vollständig trocken oder halten Sie das Dampfbügeleisen für ein paar Dampfstöße über den Stoff.

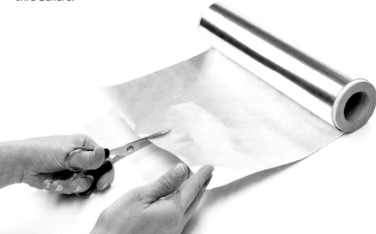

Duschen oder baden Sie gerne heiß? Lassen Sie diesmal ausnahmsweise die Badezimmertür geschlossen und hängen Sie Ihre **Kleidung neben die Dusche:** Gut eingenebelt verschwindet auch der Geruch aus den Textilien. Wenn Sie die **Kleidungsstücke leicht anfeuchten,** funktioniert dies sogar über einer aufgedrehten Heizung.

Fettflecken mit Babypuder aufnehmen

Fettflecken sollte man möglichst sofort mit **kaltem oder lauwarmem Wasser** auswaschen, am besten gibt man einen **Tropfen Spülmittel** dazu. Doch manchmal entdeckt man das Malheur erst einige Zeit später, wenn der Fleck bereits getrocknet ist.

Mehl, Stärke, Salz, Backpulver oder (Baby-)Puder eignen sich gut für ältere Flecken. Rühren Sie dazu mit ein paar Tropfen Wasser eine Paste an und verteilen Sie diese auf und um den Fettfleck: Beim Trocknen sollte das Fett von diesen Substanzen aufgenommen werden, sie „ziehen" das Fett sozusagen aus dem Gewebe. Wiederholen Sie den Vorgang eventuell mehrmals.

Sollten Reste zurückbleiben, womöglich von den Reinigungsmitteln, können Sie Ihre Maßnahme mit etwas **Spiritus oder (reinem) Alkohol** abschließen. Geben Sie das Kleidungsstück dann wie gewohnt in die Waschmaschine.

Schere oder Messer in zehn Sekunden schärfen

Wer kennt das nicht: Die Küchenschere „will nicht mehr so". Warum? Die Antwort ist einfach, die Schere ist stumpf. Bevor Sie einen Schleifstein anschaffen, probieren Sie diese beiden Tricks:

- Falten Sie einen Bogen **Alufolie** mehrmals, sodass etwa zehn Lagen übereinanderliegen. Schneiden Sie dann mehrmals mit der Schere in die Folie, möglichst über die ganze Länge der Schneide. Nun sollte der Schliff wieder wie neu sein, wiederholen Sie den Vorgang gegebenenfalls.
- Wenn Sie einen Bogen **feines Schleifpapier** (Körnung ca. 120) im Haus haben, können Sie es auch damit versuchen. Da in der Regel nur eine Seite eine gekörnte Oberfläche hat, falten Sie das Schleifpapier, sodass die Schere durch die raue Oberfläche schneidet.

Silber reinigen

Ob Silbermünze oder Silberbesteck: Ohne Pflege wird das Material schnell unansehnlich und bekommt einen grauschwarzen Belag. Bevor Sie zur teuren – und chemischen – Silberpolitur greifen, versuchen Sie Folgendes:

Reißen Sie einen Bogen **Alufolie** in kleine Stücke und legen Sie diese in eine stabile Plastikschüssel. Legen Sie Ihre Wertgegenstände dazu sowie etwa 100 g gewöhnliches **Kochsalz.** Übergießen Sie alles mit **heißem Wasser** – es sollte aber nicht mehr kochen: Manche Gegenstände sind nur versilbert, also mit einer dünnen Silberschicht überzogen. Diese kann bei zu hohen Temperaturen Schaden nehmen. Wiederholen Sie den Vorgang eventuell, die Alufolie sollte mit dem Silber in Kontakt kommen, damit das abgelagerte Silbersulfid mit dem Katalysator Alufolie reagieren kann. Bitte nach der Prozedur gut lüften. Und Achtung: Schmuckstücke, die mit Edelsteinen besetzt sind, darf man so nicht reinigen!

Für die feine Prägung von Münzen können Sie im zweiten Schritt eine **milde Zahnpasta ohne Schleifmittel** oder **angefeuchtetes Backpulver** verwenden: Reiben Sie damit mithilfe einer Zahnbürste den Gegenstand vorsichtig sauber.

Gläser ohne Flecken

Im Restaurant lassen wir unsaubere Gläser zurückgehen, doch auch zu Hause fühlt es sich nicht gut an, wenn hässliche Schlieren oder Staub am Glas zu sehen sind.

Spülen Sie Gläser von Hand: einfach mit Wasser und einem **milden Spülmittel,** gegen Kalk hilft ein **Spritzer Essigessenz** im Spülwasser. Spülen Sie mit klarem Wasser ab, danach gründlich mit einem Tuch abtrocknen. Stellen Sie die Gläser auf dem Kopf in den Schrank, damit sich innen kein Staub ansammelt.

Wenn Sie eine Feier planen und Wert auf makellose Sekt- oder Biergläser legen, dann bringen Sie etwas Wasser in einem Topf zum Kochen. Halten Sie ein **Glas über den Wasserdampf** und polieren mit einem fusselfreien Tuch aus Leinen oder spezieller Mikrofaser nach: Perfekt!

Hartnäckige Fettreste lösen

Das homöopathische Prinzip lautet „Gleiches mit Gleichem heilen". Interessanterweise funktioniert dies auch bei den meisten Herausforderungen mit Fett und Öl.

Auf den Böden offener Regale, besonders aber rund um Dunstabzugshauben, sammelt sich schnell ein hässlicher **Fett-**belag, den man gern loswerden möchte. Nutzen Sie die **fettlösenden Eigenschaften von Speiseöl:** Geben Sie ein paar Tropfen auf einen Lappen und lösen Sie damit in kreisenden Bewegungen die Fettschicht. Danach entfernen Sie mit einem Schwämmchen und etwas Spülmittel die gelösten Fettreste.

In geringen Mengen pflegt Speiseöl auch Ihre Armaturen und Oberflächen aus Edelstahl, und zwar genauso wie ein teures Spezialprodukt aus der Drogerie. Reinigen Sie dazu die Fläche mit **Natron oder Backpulver,** das Sie auf einen angefeuchteten Schwamm gegeben haben. Polieren Sie mit einem Tuch nach, das mit ein **paar Tropfen Speise- oder Babyöl** getränkt wurde: sieht aus wie neu.

Bei der Fahrradreparatur kam Fett an Ihre Hose? Sie werden es nicht glauben, aber auch dieses Problem lässt sich mit Öl lösen – im wahrsten Sinne des Wortes: Geben Sie ein wenig **Multifunktionsspray** auf den Fleck, auch unter den Namen Universalreiniger oder Kontaktspray bekannt. Es soll eigentlich Ihre Fahrradschaltung geschmeidig halten, hilft aber auch sehr gut, hartnäckige Fettflecken aus dem Stoff zu lösen – bis hin zu Schmieröl!

SO GING'S BEI MIR

Werner H. aus U. schreibt: Tatsächlich halten wir uns an den alten Brauch und machen Frühjahrsputz. Mit den ersten warmen Tagen stellen wir einmal die ganze Wohnung auf den Kopf. Auf den Oberschränken in der Küche hatte sich eine hartnäckige Schmutzschicht abgesetzt, doch ich wollte nicht mit zu viel Wasser und Spülmittel hantieren, damit keine Flüssigkeit in die Schrankritzen läuft und das Holz aufquillt. Das günstige Sonnenblumenöl hat Wunder bewirkt: Ein paar Bewegungen und schon löste sich der graue Belag. Kurz nachgewischt mit Putzmittel und unsere Küche strahlt wie neu.

Bastelutensilien sammeln und sortieren

Sie lassen gerne Ihrer Kreativität freien Lauf, fühlen sich aber vom Chaos bei den Bastelmaterialien ausgebremst? Hier sind einige Tricks, die für Ordnung sorgen und Ihnen dadurch mehr Zeit für Ihre Fantasie lassen:

- Sammeln Sie Bastelutensilien an einem **zentralen Ort,** z.B. einem Schuhkarton, den Sie unauffällig, aber zentral in Ihrer Wohnung positionieren. Von Zeit zu Zeit leeren Sie ihn aus und werfen weg, was sie sicher nicht mehr benötigen.
- Sammeln Sie Gläser, Plastikkästchen und Pappboxen. **Sortieren** Sie Ihr Material z.B. **nach Verwendungszweck** und bringen Sie am Ende Etiketten an. Durchsichtige Boxen sind von Vorteil, so können Sie schnell erfassen, was sich darin befindet.
- **Größere Kisten** eignen sich sehr gut für Werkzeuge wie Heißklebepistole oder Stichsäge.

- Reservieren Sie einen **Regalmeter oder eine Kellerecke** für Ihre Bastelsammlung, Töpferscheibe oder Staffelei, damit Sie stets alles beisammen haben, was Sie für Ihre Entfaltung benötigen.

Nähfaden einfädeln

„Verflixt!" – oft ist es nur eine Kleinigkeit, die uns zu Nadel und Faden greifen lässt, etwa ein abgerissener Knopf oder eine Naht, die aufzugehen droht. Doch das Einfädeln des Fadens ist stets eine kleine Herausforderung, die Nerven kosten kann. Dabei ist es so einfach, wenn man die richtigen Tricks kennt – sowohl mit als auch ohne Hilfsmittel.

Gut sortiert inspirieren die gesammelten Materialien noch mehr kreative Ideen.

Probleme beim Einfädeln gehören nun der Vergangenheit an.

In vielen Nähsets findet sich beispielsweise ein **Einfädler:** Führen Sie das dünne, drahtige Ende durch das Nadelöhr, stecken Sie dann den Faden hindurch und ziehen den Einfädler zurück.

Gibt es dieses Werkzeug nicht, **schneiden Sie den Nähfaden schräg an der Spitze ab** und tauchen ihn kurz in **flüs-**

AUFGEPASST

Ordnen Sie nicht fanatisch: Ab einem gewissen Punkt wird auch das Sortieren ineffizient. Wenn Sie beispielsweise nicht gerade Handwerker sind und beruflich zuverlässig stets die richtige Schraubengröße benötigen, genügt eine übersichtliche Kiste mit verschiedenen Schrauben. Bevor Sie sich länger fragen müssen, in welcher Ihrer vielen Boxen sich nun das Gesuchte verstecken könnte, sollten Sie lieber die Zahl der Dinge reduzieren und ein einfaches, übersichtliches eigenes System einführen.

sige Handseife oder befeuchten ihn mit der Zunge. Der Faden wird dadurch steifer und gleitet daraufhin mühelos durch das Nadelöhr.

Der letzte Tipp ähnelt beinahe einem Zaubertrick: Legen Sie den Faden auf eine feste Oberfläche, etwa die Tischkante. **Bewegen Sie das Nadelöhr** mit etwas Druck **über die Mitte des Fadens,** etwa ein bis zwei Zentimeter hin und her: Sie werden staunen, der Faden bewegt sich durch das Öhr und liegt sogar doppelt!

Wenn der Trick beim ersten Mal nicht funktioniert, üben Sie ein wenig, den richtigen Druckpunkt zu finden. Wer ihn beherrscht, spart viel Zeit und Nerven.

Ordnung in Keller und Garage

Wir alle besitzen viele nützliche Dinge – doch wirklich hilfreich sind sie nur, wenn wir sie im entscheidenden Moment auch ohne langes Suchen finden. Mit diesen Tipps geht das ganz leicht:

- Verwenden Sie **transparente Plastikboxen,** damit Sie den Inhalt auf einen Blick erkennen können. Sortieren Sie den Boxeninhalt thematisch und beschriften Sie ihn entsprechend.
- **Regale bis zur Decke** bieten in Verbindung mit einer sicheren Trittleiter zusätzlichen Stauraum für Dinge, die Sie nicht täglich benötigen.
- Halten Sie eine **starke Taschenlampe** bereit, mit der Sie auch dunkle Ecken erhellen können.

- Teilen Sie Ihre Sachen **nach Jahreszeiten** auf. Sommerartikel müssen nicht im Winter im Weg sein.
- Hängen Sie Ihre Werkzeuge bis hin zu Gartengeräten wie Schaufeln und Rechen an einer **Wand mit Haken** auf. Das spart nicht nur Platz, sondern hält auch alles leicht zugänglich
- Kann das weg? Richten Sie einen **Bereich für kaputte Geräte und Recyclingmaterial** ein: Wenn Sie nach einem Jahr noch nicht zur Reparatur gekommen sind, entsorgen Sie die Produkte.
- Nehmen Sie sich einmal im Jahr die Zeit für eine **Bestandsaufnahme.** Entscheiden Sie sich bewusst, welche Gegenstände Sie behalten möchten und welche Sie spenden oder entsorgen können.

Schmuckketten entwirren

Warum hat die Ordnung im Schmuckkasten nie Bestand? Ketten scheinen sich wie von Geisterhand zu verknoten, will man sie anlegen, muss man sie erst mühsam lösen. Bei Ketten aus Metall kann es aber auch schnell gehen: mit **Speiseöl,** wie es in jedem Haushalt zu finden ist. Geben Sie ein paar Tropfen auf die verknotete Stelle und Sie werden sehen, dass sich der Knoten nun einfach lösen lässt. Zum Schluss sollten Sie den Schmuck kurz mit einem milden Spülmittel abwaschen.

Verwenden Sie **zwei Nadeln,** um hartnäckige Knoten aufzulösen, dann werden auch ganz feine Kettchen wieder frei.

Verlorene Gegenstände unter Möbeln hervorholen

Immer wieder verschwinden Dinge hinter Schränken oder unter Möbelstücken und sind dort schwer zu erreichen. Dieser einfache Trick erspart Ihnen viel Aufwand und Frustration. Denn oft genug landen die verlorenen Gegenstände ungewollt im Staubsaugerbeutel. Dabei können wir uns dessen Prinzip auch zunutze machen und damit unsere Reichweite erhöhen:

Befestigen Sie einen alten **Nylonstrumpf ans Ende Ihres Staubsaugerrohrs** und sichern Sie ihn mit einem Gummiband, damit er nicht angesaugt werden kann. Wenn Sie nun den Staubsauger einschalten, wird der Gegenstand angesaugt, der Staubsauger wirkt fast wie ein Magnet und hilft Ihnen, verlorene Dinge sanft herauszuziehen, die Sie dann einfach von der Abdeckung abnehmen.

Kabelbinder für schnelle Reparaturen

Kabelbinder gehören in jeden Werkzeugkasten, dabei können sie weitaus mehr als nur Kabel zusammenzuhalten. Kabelbinder sind wie kleine Superhelden im Haushalt, besonders aber unterwegs. Denn sie sind aus einem sehr stabilen Plastik und lassen sich höchst zuverlässig verschließen, sodass sie ohne Hilfsmittel wie Schere oder Messer nicht mehr zu lösen

SO GING'S BEI MIR

Renate J. aus L. schreibt: „Irgendwas ist immer"
lautet der Leitsatz unseres Freundes Werner und
ich muss ihm Recht geben: Wenn unsere Gruppe
unterwegs ist, passiert stets irgendein Missgeschick
oder es geht etwas kaputt. Zum Glück ist Werner ein
bisschen wie MacGuyver, er hat am Schlüsselbund
ein kleines Taschenmesser und im Portemonnaie
immer ein paar Kabelbinder dabei. Damit flickt
Werner die erstaunlichsten Sachen ganz unauffällig.
Neulich etwa brach die Metallschnalle an meinem
Handtaschenriemen – ohne ihn hätte ich die Tasche
ständig in der Hand halten müssen.

sind. Dabei wiegen sie so gut wie nichts
und brauchen kaum Platz.

- Geht eine Öse an Rucksack oder Tasche
  kaputt, kann ein Kabelbinder die Enden
  wie **eine temporäre Kordel** verbinden.
- **Fehlt eine Schraube am Fahrrad,** etwa
  am Schutzblech, übernimmt der Kabelbinder eine Weile deren Aufgabe.
- Ist der Schieber eines **Reißverschlusses**
  abgebrochen, können Kabelbinder ihn
  kurzfristig ersetzen. Auch Schuhe lassen
  sich mit Kabelbindern zusammenhalten,
  wenn unterwegs ein **Schnürband gerissen** sein sollte.
- Beim Wandern können Sie mit Kabelbindern **improvisierte „Schneeketten"**
  herstellen, indem Sie je zwei pro Schuh
  unter dem Ballen vorn als Anti-Rutsch-
  Auflage festzurren.

Batterietest ohne Testgerät

Wir sind umgeben von batteriebetriebe-
nen Geräten, in den meisten Haushalten
ist die gesamte Palette an Batterie- und
Akkugrößen zu finden. Doch wenn ein
Elektrogerät nicht mehr wie vorgesehen
funktioniert, so fragen wir uns gerade bei
selten genutzten Geräten gelegentlich, ob
sie kaputt sind oder nur die Batterie-
ladung zur Neige gegangen ist. **Batterie-
testgeräte** sind hier praktisch, doch nicht
immer passen alle Batteriegrößen hinein
und nicht jeder hat eines. Mit einem
einfachen Trick, den kaum jemand kennt,
kann man den Ladestatus von Einwegbat-
terien prüfen, nicht jedoch den von Akkus.

Lassen Sie die Batterie, die Sie testen
wollen, aus einer Höhe von etwa 10 cm
auf eine harte Oberfläche fallen. Ist die
Batterie (noch) voll, so bleibt sie danach
liegen. Ist die Batterie hingegen leer, so
wird sie ein paar Zentimeter hochsprin-
gen. Falls Sie skeptisch sind, vergleichen
Sie die Sprunghöhe der Testbatterie mit
einer garantiert frischen Batterie, die Sie
daneben fallen lassen.

Notreparatur für kaputte
Reißverschlüsse

Gerade an Hosen und Röcken ist es vielen
Menschen peinlich, wenn sich der Reiß-
verschluss nicht verschließen lässt und das
Kleidungsstück offen steht. Wenn dies

noch unterwegs passiert, ist schnelle und pragmatische Hilfe nötig. So können Sie unangenehme Situationen vermeiden:

Am Schlüsselbund finden sich vielfach mehrere **Schlüsselringe** in verschiedenen Größen, manche halten beispielsweise das kleine Taschenmesser, andere den Schlüsselanhänger: Lösen Sie einen Ring in passender Größe und nutzen ihn kurzfristig für Ihren Reißverschluss. Führen Sie ihn einmal durch die Schieber und hängen den Ring dann etwa am Hosenknopf ein.

Praktisch sind auch kleine dünne **Haargummis,** die im Notfall eine ganze Reihe von Aufgaben übernehmen können – darunter auch Reißverschlüsse zu reparieren.

Fahrradschlauch ohne Flickzeug reparieren

Der Ärger ist groß, wenn die gemütliche Radtour durch eine Reifenpanne ein jähes Ende findet. Was tun, wenn kein Flickzeug und Ersatz zur Hand sind?

Ein Knoten wirkt hier wahre Wunder: Zerschneiden Sie den Reifen an der Stelle mit dem Loch, binden Sie den Reifen dann mit einem festen **Doppelknoten** wieder zusammen. Dieser Knoten stabilisiert den Schlauch und ermöglicht es Ihnen, vorsichtig nach Hause zu fahren. Wenn Sie keine Schere haben, um den Reifen zu zerschneiden, können Sie den **Knoten auch in den noch geschlossenen Reifenring** machen. Das ist etwas schwieriger und Sie sollten gut darauf achten, dass

sich das Loch am Ende genau innerhalb des zugeschnürten Knotens befindet.

Wenn der Schlauch auf einer Überlandfahrt seinen Geist aufgibt und man gerade an einer Wiese vorbeigekommen ist, kann man auch Folgendes probieren: Bauen Sie den Schlauch aus und **stopfen** Sie nun den Mantel gut **mit Gras und Heu aus.** Das kostet etwas Zeit, da der Mantel wirklich so gut gefüllt sein muss, dass er wieder im Rahmen hält. Wenn das klappt, kann man vorsichtig – Achtung auf Schlaglöcher etc. – nach Hause fahren.

Handyhalter gegen krampfhafte Handhaltung

Schon wegen der Strahlung sollte man sein Handy möglichst nicht direkt ans Ohr halten. Davon unabhängig gibt es immer mehr Anwendungen, in denen wir das Smartphone vor uns halten, etwa wenn wir Nachrichten verschicken, bei Videoanrufen oder beim Anschauen von

Die beste Methode zur Identifizierung des Loches im Schlauch bleibt das Unterwasserhalten.

Filmen. Vermeiden Sie krampfhafte Haltungen, bauen Sie sich mit ein paar Handgriffen einen praktischen Handyhalter.

Öffnen Sie eine **alte Kassettenhülle,** klappen Sie diese ganz auf und legen Sie sie mit der Frontseite nach unten auf den Tisch. Sofern Ihr Handy nicht dicker als eine Audiokassette ist, sollte es perfekt in die Hülle passen. Allerdings ist das Querformat für schwere Geräte nicht optimal. Dafür eignet sich Ihre **Sonnenbrille** umso besser: Legen Sie die Brille umgedreht auf den Tisch, öffnen Sie die geschlossenen Bügel ein wenig und legen Sie Ihr Smartphone auf die Bügelstücke zwischen den Enden am Ohr und der „Bügelkreuzung".

Lebensmittel im Wasserbad vakuumieren

Wir können uns noch so sehr bemühen, unsere Vorräte im Blick zu behalten: „Leider verschimmelt" heißt es immer mal wieder, wenn uns zu große Mengen an aufwendig zubereiteten Lebensmitteln verdorben sind. Nicht zuletzt wer zu den Hobbygärtnern zählt und phasenweise größere Mengen von der Obst- oder Gemüseernte aus eigenem Anbau haltbar machen möchte, steht vor der Qual der Wahl: Einkochen schadet den empfindlichen Vitaminen, hochwertige Vakuumiergeräte sind hingegen teuer.

Eine einfache Lösung ist das Vakuumieren im (kalten) **Wasserbad.** Die Lebensmittel sollten dazu mindestens fein zerkleinert und dickflüssig sein. Füllen Sie diese dann in einen wiederverschließbaren Beutel und tauchen Sie ihn langsam in ein Wasserbad. Das Wasser drückt nun die Luft aus dem Beutel, sodass **ein Vakuum entsteht,** und Sie können ihn nun – unterhalb der Wasserlinie – an der oberen Seite versiegeln.

Wenn Ihnen das Hantieren mit dem Wasser und den bisweilen rutschigen Tüten zu kompliziert ist, können Sie die Luft auch **mit einem Strohhalm absaugen.** Verschließen Sie dazu die Tüte, sodass nur an einer Ecke Platz für den Strohhalm bleibt, und saugen Sie die Luft mit einem tiefen Atemzug aus der Tüte.

AUFGEPASST

Wenn Sie mit dem Strohhalm vakuumieren, sollten Sie vorsichtig sein und die Luft langsam ansaugen: Ist das Vakuum erreicht, schießt sonst plötzlich die Flüssigkeit durch den Halm und es droht die Gefahr, dass Sie sich ernsthaft verschlucken, wenn Sie nicht darauf gefasst sind.

Schrumpelgemüse auffrischen

Es passiert sicherlich jedem von uns – Gemüse, das wir gekauft haben, wird im Kühlschrank übersehen, wird schrumpelig und unansehnlich. Zum Wegwerfen viel zu schade! Aber es gibt einen Trick, der Ihr Grünzeug in kürzester Zeit wieder knackig macht.

Das Geheimnis liegt in einem einfachen **Kaltwasserbad.** Schneiden Sie das schrumpelige Gemüse in die gewünschte Form, verdorbene Stellen oder matschige Salatblätter sortieren Sie aus, sie sind nicht mehr zu retten. Legen Sie die Rohkost dann für etwa zwei Stunden in eine Schüssel mit kaltem Wasser: So wird das Gemüse wieder prall und frisch.

Lösen Sie einen Löffel **Zucker** im Wasser auf oder geben Sie einen Spritzer **Zitronensaft oder Essig** hinzu. Sie werden sehen, dass der Effekt bei manchen Gemüsesorten noch einmal deutlich stärker zu beobachten ist.

Äpfel und Bananen langsamer reifen lassen

Die Bananen wirkten frisch und waren günstig, doch nun werden sie an manchen Stellen bereits braun. Mit der richtigen Aufbewahrung kann unser Obst jedoch viel länger frisch bleiben.

Wickeln Sie den Strunk der Banane mit **Frischhaltefolie** ein. So verhindern Sie, dass dort Ethylengas – umgangssprachlich auch Reifegas – austritt, das den Reifeprozess beschleunigt.

Auch bei Kernobst hilft der Trick: Lagern Sie Äpfel und Birnen am besten auf einem **Rost oder Gitter** und nicht auf tiefen Tellern oder in Schüsseln. Ethylen ist schwerer als Luft, sinkt also nach unten. Die altbewährte „Apfelstiege" mit Ritzen im Boden hält unser Obst also wirklich länger frisch.

Nutzen Sie die Wirkungsweise von Ethylen auch für den umgekehrten Zweck: Dauert Ihnen etwa der Reifeprozess Ihrer Avocado oder Kiwi zu lang, lagern Sie diese ein bis zwei Tage zusammen **mit einer Banane in einer geschlossenen Plastiktüte** – ein echter Turbo zur Genießbarkeit.

Backpulver ersetzen

Am Sonntag wird Kuchen gebacken. Sie stehen in der Küche und mischen die Zutaten und nun das: Das Backpulver ist ausgegangen! Anstatt nun in Panik auszubrechen, probieren Sie eine der folgenden

„Ach wie bald, schwindet Schönheit und Gestalt" – bei Apfel und Banane gibt es einige Gegenmittel.

einfachen Alternativen, die genauso gut funktionieren:

- Verwenden Sie eine Mischung aus **Essig und Natron,** um den gleichen Effekt zu erzielen. Es gilt die „5er-Regel": Für 500 g Mehl benötigen Sie fünf Gramm Natron und fünf Esslöffel Essig.
- Sie trinken gerne Mineralwasser mit Kohlensäure? Ersetzen Sie einen Teil der flüssigen Zutaten im Teig – etwa die Milch – durch einen satten Schuss **Mineralwasser.** Selbst kohlensäurehaltige Limonade kann Backpulver ersetzen, allerdings bleibt in diesem Fall auch der Limonadengeschmack zurück – und Sie sollten den Zucker im Rezept entsprechend reduzieren.
- Ein bis zwei Schnapsgläser mit **Rum** oder einem anderen hochprozentigen Getränk helfen ebenfalls weiter: Das Aroma sollte aber zum Backwerk passen.
- Muss ein Kuchen nicht so stark aufgehen, können Sie auch **Joghurt oder Sauermilch** verwenden, um den Teig aufzulockern.

AUFGEPASST

Achten Sie darauf, dass der Teig je nach verwendeter Backpulveralternative die richtige Konsistenz und das passende Aroma behält: Wer etwa Mineralwasser einsetzt, sollte andere flüssige Zutaten wie Milch verringern, wer zum Essig greift, sollte ein mildes Produkt ohne starken Eigengeschmack verwenden.

Ei ersetzen

Normalerweise sind Eier eine wichtige Zutat für die meisten Backrezepte, doch es gibt viele Gründe, auf sie zu verzichten – sei es wegen der Gesundheit, dem Tierschutz oder einfach, weil Sie gerade keine Eier dahaben. Zum Glück gibt es viele kreative Möglichkeiten, wie Sie Eier in Ihren Lieblingsrezepten ersetzen können.

Um denselben Effekt an Feuchtigkeit und Bindung zu erhalten, können Sie statt Eiern in vielen Backrezepten **Apfel- oder Bananenmus** verwenden. Ein Glas Apfelmus findet sich in jedem Vorratsschrank, die reife Banane müssen Sie nur mit einer Gabel fein zerdrücken. Ca. 75 ml Apfelmus oder eine halbe Banane ersetzen ein Ei.

Für herzhafte Gerichte sind diese Alternativen zu süß. Verwenden Sie für Burger oder Quiches z.B. **pürierten Tofu,** insbesondere Seidentofu eignet sich sehr gut. Ersetzen Sie je ein Ei durch ca. 50 g Tofu. Man kann auch **Tomatenmark** verwenden – es färbt allerdings gerade helle Teige orange. Um den Teig zusätzlich aufzulockern, können Sie zu Ihren Gerichten mit Eiersatz ein wenig **Backpulver oder Backnatron** hinzufügen.

Brot einfrieren und auftauen

Manchmal werden wir überraschend eingeladen oder essen auswärts, auch nach größeren Feiern stehen wir regelmäßig vor dem folgenden Problem: Wir haben zu viel Brot gekauft. Bevor Sie die wertvollen Backwaren hart werden lassen, um daraus Paniermehl zu produzieren (siehe Tipp auf S. 88), frieren Sie diese lieber ein. Wenn Sie ein paar Ratschläge berücksichtigen, haben Sie nun für eine Weile ausgesorgt und stets Brot zu Hause, das wie ofenfrisch schmeckt.

- Frieren Sie möglichst **rechtzeitig** ein, wenn Sie bereits absehen können, dass Sie zu viel gekauft haben. Je frischer es ist, umso besser wird es auch nach dem Auftauen schmecken.
- Schneiden Sie Brotlaibe in **Einzelscheiben,** später können Sie dann so viele Scheiben aus dem Gefrierfach entnehmen, wie Sie brauchen, und müssen keinen großen Kanten auftauen.
- Wenn Sie Ihrer Truhe Brotscheiben entnehmen, dann lassen Sie diese **in einer Plastiktüte auftauen** oder nutzen Sie die **Auftaufunktion** von Toaster oder Mikrowelle.

Bratensauce ohne Hilfsmittel

Zu einem perfekten Essen gehört für viele Menschen die Sauce – „sonst bleibt es doch so trocken!". Seit Jahrzehnten gibt es daher Fertigprodukte, die ein „stetes Gelingen" versprechen. Doch haben Sie überhaupt schon einmal ausprobiert, auf die kleinen Helferlein zu verzichten – die oft viele unnötige Zusatzstoffe wie Geschmacksverstärker enthalten?

An der handwerklich gemachten Sauce erkennt man den guten Koch.

Wenn Sie Beilagen wie Nudeln, Reis oder Kartoffeln gekocht haben, schütten Sie das übrig gebliebene **Kochwasser** nicht weg, denn es dient als Basis für Ihre Sauce. Da diese Flüssigkeiten Stärke enthalten, sind sie als Bindemittel für Saucen hervorragend geeignet.

Geben Sie etwas vom **Bratensaft** in einen Extratopf, ganz gleich, ob sie Fleisch oder Gemüse angebraten haben. Braten Sie eventuell zusätzlich eine **klein gehackte Gemüsezwiebel oder Knoblauch** in etwas Fett an. Gießen sie dann unter stetem Rühren das Kochwasser hinzu und lassen Sie die entstehende Sauce auf ganz kleiner Flamme einkochen. Bleibt Ihnen das Ergebnis zu dünnflüssig, so können Sie einen Teelöffel **Mehl oder Speisestärke** in Wasser auflösen und zu Ihrem Fond hinzugeben. Guten Appetit!

Der sensible Hefeteig braucht die genau richtige Temperatur zum Aufgehen.

Hefeteig schneller gehen lassen

Sie hatten Ihrer Familie frische Sonntagsbrötchen versprochen, doch leider kam etwas dazwischen und nun geraten Sie in Zeitdruck. Zumindest die Zeitspanne, in der ein guter Hefeteig gehen muss, um sein Volumen zu verdoppeln, können Sie auf ein Minimum verringern, indem Sie ihn bei optimaler Temperatur aufbewahren. Denn die Hefepilze vermehren sich am besten bei 40°C. Ist es wärmer, stellen die Pilze ihre Arbeit gleich ganz ein und Ihr Teig geht nicht auf.

Heizen Sie daher Ihren **Ofen auf 40 °C** und schalten Sie ihn dann aus. Stellen Sie dann den Teig für 30 Minuten hinein, lassen die Tür aber angelehnt.

Noch schneller geht es in der **Mikrowelle:** Legen Sie ein angefeuchtetes Geschirrtuch auf die Teigschüssel. Stellen Sie

eine maximale Leistung von 100 Watt ein und lassen Sie den Teig nicht länger als fünf Minuten gehen – danach aber noch einmal für fünf Minuten ruhen, bevor Sie ihn weiterverarbeiten.

Sollte Ihr Teig nicht aufgehen, ist dies meist auf die Temperatur der Flüssigkeit zurückzuführen, in der Sie die Hefe gelöst haben: Unabhängig davon, ob Sie in **Wasser oder Milch** auflösen, achten Sie darauf, dass sie optimalerweise **37 °C** erreichen, mindestens aber Raumtemperatur.

Paniermehl selbst machen

Semmelbrösel oder Paniermehl gibt es zwar in jedem Supermarkt zu kaufen, dabei ist es eigentlich nicht nötig, für dieses Produkt überhaupt Geld auszugeben. Denn in jedem Haushalt bleibt gelegentlich etwas helles Brot übrig, das Sie weiterverwenden können. Spätestens, wenn Ihnen das Paniermehl ausgeht und Sie schnell welches zaubern können, werden Sie das zu schätzen wissen.

Schneiden Sie dazu **Brotreste** wenn möglich schon klein, bevor Sie diese aufheben und weiter trocknen: Später brauchen Sie unverhältnismäßig mehr Kraft, um sie zu zerkleinern. Nun haben Sie die Wahl, ob Sie lieber mit (Stab-)Mixer, Fleischhammer oder Fleischwolf arbeiten:

- Entweder Sie füllen Ihre getrockneten Brotkrumen in eine **hochwandige Schüssel** und zerkleinern die Brotreste mit dem **Stabmixer** zu Bröseln. Decken Sie gegebenenfalls die Öffnung mit einem Tuch ab, damit die harten Stückchen nicht herausfliegen.
- Alternativ nutzen Sie eine **saubere Leinentasche,** die Sie aber nur mäßig mit Brotresten befüllen sollten. Bearbeiten Sie dann die geschlossene Tasche mit dem **Fleischhammer,** bis sich von außen keine groben Krümel mehr ertasten lassen.
- Zu guter Letzt bietet sich auch der **Fleischwolf** an, um Ihre groben Würfel mit geringem Aufwand zu feinem Paniermehl zu zermahlen.

Mülleimergeruch loswerden

Trotz aller Bemühungen um Hygiene und Sauberkeit entwickelt sich der Mülleimer gelegentlich zur Quelle übler Gerüche, selbst teure Duftspender helfen nicht. Eine Lösung lautet **Katzenstreu.** Streuen Sie eine dünne Schicht davon auf den Boden Ihres Mülleimers. Katzenstreu absorbiert Flüssigkeiten und neutralisiert Gerüche damit höchst effektiv.

Falls Sie keine Katze haben und kein zusätzliches Produkt kaufen wollen: Versuchen Sie es mit einer Tüte **Backpulver.** Wenn Sie mit dem Ergebnis zufrieden sind, können Sie aus Kostengründen anstelle von Backpulver auch **Natron** verwenden, das ist deutlich günstiger. Eine Lage **alter Zeitung** auf dem Mülleimerboden hilft ebenfalls dabei, Feuchtigkeit zu binden und Gerüche zu vermeiden. Auch herkömmlicher getrockneter **Kaffeesatz** kann diese Wirkung haben.

Kochgeruch in der Wohnung abmildern

Sie kochen für Ihr Leben gern, aber der intensive Essensgeruch stört Sie, der oft stundenlang in Ihrer Küche oder Wohnung hängen bleibt? Das geht vielen Menschen so, gerade bei manchen Kohlsorten oder Fisch. Im Extremfall ist sogar die Milch übergekocht und angebrannt – ein klarer Fall für **Zucker und Zimt!** Die beiden schmecken uns nicht nur auf Milchreis und Grießbrei, sie können auch als Raumlufterfrischer wahre Wunder wirken: Mischen Sie dazu eine kleine Menge Zucker mit gemahlenem Zimt und erwärmen Sie dies in einer Pfanne auf Ihrem Herd. Der herb-süße Duft überdeckt nicht nur den Bratengeruch, sondern verbreitet auch eine gemütliche Atmosphäre in Ihrer Küche.

Fettgeruch wird man besonders gut durch das Gegenmittel **Essig** wieder los: Geben Sie ein wenig Essig in einen Topf mit Wasser. Kochen Sie das Ganze auf und lassen es dann noch ein paar Minuten köcheln, schon ist die Luft wieder klar und frisch. Lassen Sie die Mischung eventuell einfach einige Zeit auf dem Herd stehen.

PC, TABLET & CO.

Ein Leben ohne Computer? Kann man sich eigentlich gar nicht mehr vorstellen. Ob E-Mail, Online-Banking, Informationen recherchieren, Bilder verwalten – all das findet heute auf dem PC oder auf einem Tablet statt. Doch kaum hat man sich an eine Arbeitsweise gewöhnt, ändern sich die Geräte oder die Software. Wie man sich dann leicht behelfen kann, lesen Sie auf den folgenden Seiten.

Internet-Zugang am Router neu einrichten

Die Einrichtung des Internet-Zugangs am Router geht schnell. Rufen Sie am besten mit einem Computer, der mit einem Netzwerkkabel mit dem Router verbunden ist, die Startseite des Routers auf, die in der Bedienungsanleitung steht. Melden Sie sich mit dem Router-Benutzernamen und Router-Kennwort an und klicken Sie dann auf den Bereich „**Internet**" und „**Zugangsdaten**". Bei „**Internet-Anbieter**" wählen Sie die Firma aus, mit der Sie den Vertrag abgeschlossen haben. Je nach Anbieter sehen Sie bei „**Zugangsart**", ob die nötigen Einstellungen automatisch durch den Anbieter erfolgen oder ob Sie eine Auswahl zum DSL- oder Glasfaseranschluss treffen müssen. Die Informationen zur Art des Anschlusses finden Sie ebenso im vorab erhaltenen Brief Ihres Internet-Anbieters wie die nötigen Angaben bei „**Zugangsdaten**", die je nach Anbieter etwas variieren und zur Vertragszuordnung gebraucht werden. Mit einem Klick auf „**Übernehmen**" sichern und beenden Sie die Einrichtung des Internet-Zugangs.

Computer ohne WLAN mit Router verbinden

Auch wenn man überall über das „kabellose Internet" liest – es muss nicht jeder Computer über WLAN mit dem Internet-Router verbunden sein. Alles, was Sie für eine klassische Verkabelung benötigen, ist ein **Ethernet- oder Netzwerkkabel** in der **richtigen Länge.** Im Elektronikmarkt findet man diese Kabel mit ihren etwas größeren würfelförmigen Enden als beim Telefon in unterschiedlichen Längen. Verlegen Sie das Netzwerkkabel zunächst lose zwischen Computer und Router, stecken dann **das eine Ende des Netzwerkkabels** in die mit LAN, Ethernet oder einem Doppelpfeilsymbol beschriftete **LAN-Buchse am Computer** und **das andere in das Pendant am Router** – fertig! Die kleinen Stecker können Sie dabei nicht falsch einstecken, da sie auf einer Seite eine **kleine Sicherungslasche** haben. Achten Sie beim Ausstecken darauf, dass Sie die Lasche vorsichtig in Richtung Kabel drücken und dann erst ziehen. Ist Ihr **Computer** sehr neu, besitzt er vielleicht **keine LAN-Buchse** mehr, sondern nur noch den aktuellsten Standard USB-C. In diesem Fall braucht man einen zusätzlichen kleinen **Adapter von USB-C auf Ethernet/LAN.**

Gastzugang am Router einrichten

Wenn Sie jemand besucht, stellt sich oft die Frage nach dem Kennwort für den Internet-Zugang über den Router im Haus. Da mit dem „normalen" Kennwort zugleich der Zugriff auf Ihr Heimnetzwerk möglich ist, richten Sie besser in wenigen

Minuten einen **Gastzugang** ein – die Besucher können dann **nur im Internet surfen,** aber z.B. nicht aus Versehen alle Ihre Urlaubsfotos löschen. Rufen Sie dazu zunächst gemäß der Bedienungsanleitung die Startseite des Routers auf und melden Sie sich mit dem Router-Benutzernamen und Router-Kennwort an. Klicken Sie auf den Bereich **„WLAN"**, dann auf **„Gastzugang"**. Aktivieren Sie nun den Gastzugang, und zwar als privaten Gastzugang – nicht als öffentlichen Hotspot, Sie sind ja keine Gaststätte. Vergeben Sie einen Namen für den **„WLAN-Gastzugang"** (den **Funknetznamen)**, z.B. „Familie Müller Gastzugang", wenn der Name Ihres Funknetzes „Familie Müller" lautet. Achten Sie beim Feld **„Verschlüsselung"** darauf, dass Sie **„WPA2"** anklicken, eine sichere Verschlüsselung. Tragen Sie als letzten Schritt noch einen **„WLAN-Netzwerkschlüssel"** ein. Dieser sollte acht, **besser zehn Zeichen lang** sein und am besten aus einer

Kombination von Groß- und Kleinbuchstaben sowie Ziffern und Sonderzeichen wie etwa + oder – bestehen. Klicken Sie zum Schluss auf **„Übernehmen"** oder **„Speichern"** und melden Sie sich vom Router ab. Ihre Besucher können sich dann im Gästefunknetz anmelden.

Drucker anschließen

Die wichtigste Zusatzanschaffung zu einem Computer ist meist ein Drucker. Stellen Sie das **Gerät** da auf, wo es für Sie sinnvoll ist. Verbinden Sie es dann mit einer **Steckdose** und mithilfe des beiliegenden **Kabels mit Ihrem Computer** – in der Regel ein Standardkabel vom Typ USB-A. Besitzt Ihr Computer nur die aktuellsten Anschlüsse vom Typ USB-C, benötigen Sie noch ein Kabel mit USB-C am einen und USB-A am anderen Ende. Alternativ können Sie heutige Drucker auch mittels WLAN mit Ihrem PC koppeln. Öffnen Sie nun die Abdeckung des Druckers und sehen Sie nach, ob die **Tintenpatronen oder die Tonerkartusche bereits eingesetzt** sind und ob eine Schutzfolie entfernt werden muss. Schalten Sie jetzt den mit dem Computer verbundenen Drucker ein. **Beim Computer** klicken Sie auf **„Start"**, dann auf **„Geräte und Drucker"**. Da das Windows-Betriebssystem (fast) alle neueren USB-Drucker erkennt, sollten Sie Ihren Drucker nach kurzer Zeit in der Übersicht mit Herstellernamen und Modellbezeichnung sehen.

SO KLAPPT'S AUCH

Möchte man den Drucker mit mehreren Computern nutzen, schließt man ihn an den Router an. Bei einem typischen Drucker oder Multifunktionsgerät aus dem Elektronikmarkt geschieht dies mit dem USB-A-Kabel, bei einem professionelleren Gerät mit einem Ethernet-Kabel. Auf den einzelnen Computern richtet man den Drucker genauso ein wie bei der direkten Kabelverbindung.

Papierstau am Drucker lösen

Das rot blinkende Lämpchen am Drucker oder Multifunktionsgerät verheißt nichts Gutes: Statt dem Ausdruck der Internet-Seite gibt es einen **Papierstau!** Doch der lässt sich leicht beheben. Steht im Display eine Meldung wie „Vordere (oder hintere) **Klappe öffnen"**, wissen Sie gleich, wo sich das Papier verhakt hat. Schalten Sie das Gerät zur Sicherheit aus und öffnen Sie die entsprechende Klappe – meist sieht man die **verknitterte Seite** dann bereits zwischen den Transportwalzen und kann sie **vorsichtig herausziehen.** Bei größeren und **komplexeren Druckern** muss man vielleicht zwei oder drei der beweglichen Teile für die Papierführung nacheinander öffnen und nach dem Entfernen des Papiers wieder schließen. Achten Sie darauf, dass **keine Papierreste im Gerät verbleiben** und überprüfen Sie zur Sicherheit auch kurz die Papierhalter im Papierfach – sie sollten eng am DIN-A4-Papier anliegen, aber nicht klemmen.

Das feststeckende Blatt zieht man vorsichtig zwischen den Walzen heraus.

Multifunktionsgerät spart Platz und Kosten

Bei vielen Menschen **sammeln sich** im Lauf der Zeit **immer mehr Geräte auf und rund um den Schreibtisch an:** Neben Computer, Monitor, Tastatur und Maus stehen dann da oft noch der **Drucker,** vielleicht ein **Flachbettscanner** und aus älteren Tagen ein **Faxgerät** – ein wahrer Gerätepark, der schnell unübersichtlich wird. Wer dieses Anblicks überdrüssig ist, könnte sich ein **Multifunktionsgerät,** am besten eines bekannten Herstellers, zulegen. Ein solches Gerät vereinigt die Funktionen eines Druckers, Scanners und Faxgeräts in sich. Man sollte beim Kauf darauf achten,

- dass das Gerät zur verwendeten **Version des Windows-Betriebssystems** des Computers passt,
- dass es über eine **passende Kabelverbindung** an den PC angeschlossen werden kann,
- dass die schwarze **Tonerpatrone eine hohe Kapazität** hat und nicht ständig erneuert werden muss und

- dass auch die **Farbpatronen** für Rot, Gelb und Blau **getrennt nachgekauft** werden können.

Druckerpatrone wechseln

Egal, ob Tintenstrahldrucker, klassisches Faxgerät oder Multifunktionsgerät – in der Mehrzahl der Geräte steckt eine **Druckerpatrone** für **Schwarz** und eventuell eine oder mehrere für **Farben,** die irgendwann leer sind und **gewechselt werden müssen.** Dies geht ganz einfach: Schalten Sie den Drucker aus, bevor Sie dann die **Abdeckung** des Geräts **öffnen,** unter der sich die Patronen befinden, und entfernen Sie die leere aus dem Sockel. Nehmen Sie dann die volle Ersatzpatrone aus der Verkaufsverpackung und achten Sie darauf, dass Sie auch die Schutzfolie vom Druckkopf abziehen. Anschließend setzt man die volle Patrone mit sanftem Druck

fest in den Sockel ein – fertig. Beim Wiedereinschalten des Geräts erfolgt dann in der Regel noch eine automatische Feinausrichtung der neuen Druckerpatrone und ein Kontrollausdruck. Wenn Sie nach dem Patronenwechseln das Gefühl haben, dass die Ausdrucke verschmiert sind, dann nutzen Sie die Funktion **„Druckkopf reinigen",** die Sie, je nachdem wie groß das Informationsdisplay Ihres Druckers ist, durch mehrfaches Drücken der Funktionstasten im Bereich (Menü) **„Drucker"** oder **„Extras"** starten können.

Monitor optimal einstellen und aufstellen

Jeder Monitor besitzt eine physikalische Auflösung an horizontalen und vertikalen Bildpunkten, mit der die Darstellung der Symbole und der Schrift am schärfsten ist – empfinden Sie diese aber als zu klein,

Wie in professionellen Büros sollten Sie Ihren Monitor im rechten Winkel zum Lichteinfall durch das Fenster positionieren.

können Sie sie ganz leicht skalieren. Für eine **größere Darstellung** gehen Sie beim Windows-Computer in der **„Systemsteuerung"** auf **„Darstellung und Anpassung"**, dort auf **„Anzeige"**. Die Lesbarkeit kann hier von 100 % auf 125 % oder sogar 150 % erhöht werden. Überprüfen Sie nach der Änderung, ob Ihnen die Darstellung zusagt, da die Skalierung für manche Augen etwas unscharf wirkt. Für längeres, entspanntes Arbeiten am Computer muss Ihr Monitor auch richtig stehen, damit **kein direktes Licht** auf den Monitor fällt. Achten Sie darauf, dass er im 90°-Winkel zum Fenster steht. Manchmal hilft es schon, eine Gardine zuzuziehen oder den senkrechten Neigungswinkel des Monitors um wenige Zentimeter zu ändern.

Dateien sinnvoll organisieren

Der Platz auf der Festplatte eines modernen Computers ist in der Regel so groß bemessen, dass man darauf Tausende von Dateien wie Texte, Fotos oder Videos speichern kann. Doch wie lassen sich all diese **Dateien so organisieren,** dass man nicht nach einiger Zeit die Übersicht verliert? Gehen Sie am besten genauso vor, wie bei Ihren klassische Büroordnern im Regal – ein Büroordner entspricht dabei einem Ordner auf dem Computer. Das Betriebssystem legt bei der Erstinstallation des Computers bereits einige häufig verwendete Ordner als Vorschläge an, etwa **„Meine Bilder"** oder **„Eigene**

AUFGEPASST

Schnell sammeln sich in Ihren Ordnern auf dem PC viele Dateien an. Damit es nicht unübersichtlich wird, legen Sie darin einen oder mehrere passende Unterordner an, etwa „Urlaub Sommer 2018" und „Urlaub Herbst 2018". Wichtig ist auch, dass man für seine Dokumente klare Namen samt Datum vergibt. Statt „Brief Finanzamt" sollte es besser heißen „Brief Finanzamt 2024-05-10". Durch die Datumsschreibweise mit Jahr-Monat-Tag kann man später alle Dateinamen leichter chronologisch erfassen.

Dokumente"**. Besser ist es allerdings, wenn man sich seine ganz **persönlichen Ordner mit genaueren Namen** anlegt – und zwar auf dem Startbildschirm des Computers, dem sogenannten Desktop. Um dort einen neuen Ordner anzulegen, drückt man die rechte Maustaste, fährt im nun erscheinenden Ausklappmenü auf den Begriff **„Neu"** und dann auf **„Ordner"**. Das Symbol eines neuen Ordners wird sichtbar. Klicken Sie dann auf das Textfeld unter dem Symbol, um einen individuellen Namen zu vergeben.

Desktop übersichtlich halten

Möchte man auch den Computer-Desktop (Startbildschirm) selbst übersichtlich halten, auf dem sich Ordner mit den

Vor allem, wenn mehrere Personen denselben Rechner benutzen, ist Ordnung auf dem Desktop notwendig.

eigenen Dateien befinden, kann man folgende Kniffe anwenden:

- Ein schönes, aber **ablenkendes Hintergrundmotiv** deaktivieren Sie, indem Sie beim Windows-Computer mit der Maus auf „Start", dann „Systemsteuerung", „Darstellung (und Anpassung)", „Anpassung" gehen. Bei „Desktophintergrund" können Sie nun „einfarbig" auswählen.
- Bevorzugen Sie die **gewohnte Grundansicht** einer älteren Windows-Version, finden Sie unter „Anpassung" auch die Option „Windows klassisch".
- Die Symbole der einzelnen **Programme** müssen nicht zwangsläufig auf dem Desktop zu sehen sein – mit der Maus lassen sich die **Symbole** auch **in die Sockelleiste** unten ziehen.

- Die **Ordner** mit den Dateien können Sie nun auf dem leeren Desktop nach Ihren persönlichen Vorstellungen **verteilen,** z.B. links und rechts oder am Rand im Uhrzeigersinn.

Neue E-Mail-Adresse einrichten

Mit einer E-Mail-Adresse können Sie mit Freunden und Bekannten, Firmen und Behörden in Verbindung bleiben. Eingerichtet wird die **E-Mail-Adresse beim eigenen Internet-Anbieter oder einem (kostenlosen) Spezialanbieter,** das Schema ist immer ähnlich. Wählen Sie sich mit Ihren Zugangsdaten beim Internet-Anbieter ein oder gehen Sie auf die Internet-Seite des Spezialanbieters. Dort wählen Sie **„E-Mail-Adresse"** oder **„Neues E-Mail-Konto".** In einem Fenster können Sie nun den individuellen vorderen Teil der E-Mail-Adresse eingeben, z.B. „Maria.Musterfrau". Der nicht änderbare hintere Teil steht nach dem Schema „@NamedesAnbieters.de" fest. Klicken Sie auf **„Verfügbarkeit prüfen",** um zu sehen, ob Ihre Wunsch-E-Mail noch frei ist. Bei einer E-Mail-Adresse beim Internet-Anbieter ergänzen Sie nun einige oder alle Zugangsdaten, die Sie bei Vertragsabschluss per Brief erhalten haben; bei Spezialanbietern entfällt dieser Schritt. Als Nächstes müssen Sie meist eine Mobilfunknummer oder eine existierende E-Mail-Adresse angeben, an die der Anbieter einen **Verifizierungs-Code** schickt, den Sie dann eingeben. Zuletzt müssen Sie sich für die E-Mail-Adresse noch ein **Passwort** ausdenken – und dazu eine Sicherheitsfrage samt Antwort, falls Sie das Kennwort einmal vergessen sollten.

Persönliche E-Mail-Signatur einrichten

Woran erkennt man meist sofort, dass eine E-Mail unterwegs auf dem Smartphone getippt wurde? An der Standardsignatur „Von meinem XYZ-Smartphone gesendet". Dabei ist eine **persönliche E-Mail-Signatur** auf dem Computer, Tablet oder Smartphone **schnell eingerichtet.** Öffnen Sie dazu Ihr E-Mail-Programm, klicken Sie auf **„Extras"** und dann auf **„Konten-Einstellungen".** Hier finden Sie das Eingabefeld **„Signatur-text".** Löschen Sie eine vorhandene Standardsignatur und geben Sie Ihre persönliche Signatur ein, die z.B. Ihren Namen, die Adresse und Telefonnummer enthält. Manche fügen der Signatur einen Hinweis an, die Mail nicht unnötigerweise auszudrucken, da dies Papier und Druckertoner sparen hilft.

Optional kann man hier auch meist die Schriftart und -größe oder die Farbe der Signatur festlegen. Schicken Sie sich nach Abschluss aller Eingaben selbst eine kurze E-Mail, um Inhalt und Optik der Signatur zu überprüfen und gegebenenfalls noch eine Korrektur vorzunehmen.

SO KLAPPT'S AUCH

Man kann seine E-Mails auch nicht über den Internet-Browser, sondern über ein E-Mail-Programm auf dem Computer abrufen. Dort muss man die Zugangsdaten des E-Mail-Anbieters eintragen. Öffnen Sie dazu im E-Mail-Programm die „Konten-Einstellungen" und vergeben Sie einen Kontonamen. Bei „Ihr Name"/„Anzeigename" tragen Sie ein, welchen Namen die Empfänger sehen sollen. Die E-Mail-Adresse muss genau der beim E-Mail-Anbieter entsprechen. Der Posteingangs-Server ist meist vom Typ pop3@NamedesAnbieters.de, der Benutzername ist hier die E-Mail-Adresse, das Passwort das bereits beim Anbieter festgelegte. Der Postausgangs-Server ist meist vom Typ smtp@NamedesAnbieters.de und wird mit demselben Kennwort geschützt.

E-Mail-Ordnerstruktur anlegen

Erhält und schreibt man viele E-Mails, kann es in den beiden Ordnern **„Posteingang"** und **„Gesendet",** die es in jedem E-Mail-Programm gibt, schnell **unübersichtlich** werden. Doch es geht ganz leicht, mit einer **eigenen Ordnerstruktur mehr Übersicht** zu schaffen: Klicken Sie dazu zunächst das Symbol für den „Posteingang" an und dann oben in der Leiste **„Datei".** Wenn das Fenster mit weiteren Auswahlmöglichkeiten aufklappt, klicken Sie auf **„Neu"** und dann auf **„Ordner".**

Vergeben Sie einen **sinnvollen Namen**, z.B. „Familie", wenn in dem neuen Ordner alle E-Mails von Familienmitgliedern abgespeichert werden sollen. Mit dem Klick auf **„Ordner erstellen"** wird der Ordner dann als Unterordner des „Posteingangs" angelegt. Damit auch **verschickte E-Mails übersichtlich sortiert** werden können, legt man jeden Unterordner am besten ein zweites Mal bei „Gesendet" an. Die E-Mails selbst, die in einen Unterordner sollen, **zieht man mit der Maus in den Unterordner hinein.**

E-Mail an mehrere Personen und sich selbst schicken

Meist schreibt man eine E-Mail ja an eine ganz bestimmte Person. Aber es geht auch ganz leicht, sie an mehrere Personen zu adressieren. Gehen Sie nach dem Start des E-Mail-Programms auf **„Neue Nachricht"** und geben Sie bei **„An"** die E-Mail-Adresse des Empfängers ein. Bei einer E-Mail wie z.B. dem Weihnachtsrundbrief an einige Verwandte und gute Bekannte können Sie hier alle E-Mail-Adressen eingeben. In die Betreffzeile darunter schreiben Sie dann „Weihnachtsrundbrief". Wenn sich die Angeschriebenen untereinander jedoch nicht so gut kennen und Sie nicht wissen, ob jedem die Weitergabe seiner E-Mail-Adresse recht wäre, müssen Sie anders vorgehen. Schicken Sie dann die E-Mail an sich selbst und fügen Sie **die anderen Empfänger bei „BCC"** ein. Alle erhalten

dann Ihre E-Mail, können aber **nicht die E-Mail-Adressen der anderen Empfänger sehen.** Zuletzt gibt es noch die Möglichkeit, andere **Empfänger bei „CC"** einzufügen. Diese Option nutzen Sie, wenn es einen **Hauptempfänger** gibt und dieser **wissen soll, wer außer ihm die E-Mail noch erhalten hat.**

E-Mail mit Fotos und anderen Anhängen versenden

So, wie man früher einem Brief noch ein paar Fotos oder ein weiteres Textblatt beilegen konnte, geht das bei der E-Mail auch. Und da die meisten Fotos und Texte **heute nicht mehr analog, sondern digital** vorliegen, ist es auch ganz einfach, sie **mithilfe von E-Mails** zu versenden. Öffnen Sie Ihr **E-Mail-Programm,** geben Sie die E-Mail-Adresse des Empfängers und eine sinnvolle Betreffzeile ein und schreiben Sie zunächst den eigentlichen Text der E-Mail. Verweisen Sie schon im Text auf die angehängten Dateien (z.B. Urlaubsfotos), damit sie nicht übersehen werden. Die Fotos selbst fügen Sie dann mit dem **Symbol** der **Büroklammer** ein, das Sie meist ganz oben oder unten in der Ansicht des E-Mail-Programms finden. Oft steht explizit noch „Anhängen" daneben. Klicken Sie auf das Symbol und gehen Sie dann mit dem Mauszeiger Schritt für Schritt in den Ordner, in dem sich die Fotos befinden. Klicken Sie nacheinander die Fotos an und danach auf **„Anhängen"**

oder **„Einfügen"**. Wenn man damit fertig ist, kann man auf **„Senden"** gehen. Genauso geht man **bei anderen Dateitypen** wie etwa Texten vor. **Bei Fotos** sollte man auf die Größe der Dateien (meist JPG-Dateien) achten und lieber **zwei oder drei E-Mails schreiben,** deren Anhänge jeweils maximal zehn Megabyte groß sind.

E-Mail beantworten oder weiterleiten

Wie einen Brief kann man eine E-Mail natürlich beantworten, man kann sie aber auch ganz einfach an andere Personen weiterleiten, für die sie auch interessant sind. Klicken Sie dazu im **Posteingang** die E-Mail an, um die es geht. Oben neben dem E-Mail-Absender und der Betreffzeile sehen Sie dann die **Wörter und Symbole für „Antworten"** (meist mit Pfeil nach links/zurück) **und „Weiterleiten"** (meist mit Pfeil nach rechts/weiter). Möchte man antworten, klickt man darauf. Unter „An" erscheinen der Name und die E-Mail-Adresse des Absenders, der jetzt eine Antwort bekommen soll. Diese kann man im Bereich für den Text oberhalb der ursprünglichen Nachricht eingeben. Mit einem Klick auf „Senden" schicken Sie die E-Mail-Antwort dann ab. Möchten Sie hingegen eine E-Mail weiterleiten, klicken Sie zunächst auf „Weiterleiten" und geben bei „An" die fehlende E-Mail-Adresse des neuen Empfängers ein. Anschließend schreiben Sie in den Textbereich, wieso Sie die E-Mail weiterleiten. Hatte die **ursprüngliche E-Mail einen Anhang** wie

Weihnachten – eine schöne Gelegenheit, einem größeren Freundes- und Bekanntenkreis Grüße zu schicken. Mit einer E-Mail an mehrere Adressaten – vielleicht mit einer Grußkarte im Anhang – ist das ganz einfach.

einen Text, **der weitergeleitet werden soll,** muss man vor dem Klick auf „Senden" darauf achten, dass der Anhang unten mit dem Symbol der Büroklammer „angehängt" ist. Bei manchen E-Mail-Programmen erscheint eine Meldung wie „Anhänge mitsenden?", die man bejaht.

Rechnungen als E-Mail erhalten

Möchte man nicht immer so viel Post im Briefkasten haben oder archiviert man seine Rechnungen sowieso lieber digital, kann man sich aktuelle Rechnungen für Telefon, Strom etc. auch als E-Mail schicken lassen. Zur Umstellung tätigen Sie einfach einen **Anruf im Kundencenter.** Halten Sie dazu Ihre Vertrags- oder **Kundennummer** bereit, gegebenenfalls auch das nötige Kennwort. **Nennen Sie** dem

Mitarbeiter im Kundencenter deutlich **die E-Mail-Adresse,** an die zukünftig die Rechnung geschickt werden soll. Buchstabieren Sie die Adresse am besten und lassen Sie sie zur Kontrolle auch durch Ihren Ansprechpartner vorbuchstabieren. Bejahen oder verneinen Sie in diesem Zusammenhang auch, ob weitere Informationen oder Werbung an die E-Mail-Adresse geschickt werden dürfen.

E-Mails systematisch löschen

Von Zeit zu Zeit ist es sinnvoll, die verschiedenen Ordner des E-Mail-Programms durchzugehen und überflüssige E-Mails zu löschen. Doch wie geht das systematisch und schnell? Öffnen Sie Ihr E-Mail-Programm, gehen Sie zunächst in den Ordner **Posteingang** und klicken Sie dann ein- oder zweimal oben auf **das Feld „Datum",** damit die ältesten E-Mails ganz oben stehen. Entscheiden Sie nun anhand des Felds „Betreff" – und zur Sicherheit mit einem kurzen Klick auf die jeweilige E-Mail –, welche alten Nachrichten mit **„Löschen"** in den Papierkorb sollen. Sind Sie nicht sicher, ob der Anhang einer alten E-Mail noch wichtig und schon gespeichert ist, holen Sie es vor dem Löschen einfach nach. Haben Sie den Posteingang erfolgreich ausgemistet, **wiederholen Sie den Vorgang bei allen E-Mail-Ordnern,** die leerer werden sollen. Anschließend klickt man auf den Ordner Papierkorb, in dem sich die alten E-Mails nun befinden.

Um diese E-Mails endgültig zu löschen, klicken Sie oben im E-Mail-Programm auf **„Datei"** und anschließend auf **„Papierkorb leeren"**. Um nur einzelne E-Mails zu löschen, klicken Sie diese an und gehen auf **„Löschen"**.

Einfaches sicheres Passwort

Für viele Funktionen rund um den Computer oder das Tablet benötigt man ein Passwort. Einfache Passwörter wie 12345, QWERT, ABCDE sind ungeeignet, da leicht zu erraten. Ein sicheres Passwort, enthält verschiedene Elemente:

- **Eine gewisse Länge** – das Passwort sollte mindestens acht, besser sogar zehn oder zwölf Zeichen lang sein.
- **Einzigartigkeit** – für verschiedene Funktionen wie z.B. die Anmeldung beim E-Mail-Programm oder beim Online-Banking sollten immer verschiedene Passwörter verwendet werden.
- **Verschiedene Arten von Zeichen** – eine Mischung aus Großbuchstaben und Kleinbuchstaben sowie Ziffern und Sonderzeichen ist sinnvoll.

Denken Sie sich für die verschiedenen Elemente Ihres Passworts daher gute **„Eselsbrücken"** aus. Hinterlegen Sie das Kennwort am besten auch **schriftlich an einem sicheren Ort,** notieren Sie dort aber nicht zugleich, wofür es gilt. Verwenden Sie das gefundene Passwort nur für eine Anmeldung. Dazu lesen Sie mehr im nächsten Tipp.

Sichere Passwörter sind lang und verwenden viele verschiedene Zeichenarten.

Passwort-Manager zur Verwaltung von Kennwörtern

Aus Sicherheitsgründen ist es sehr zu empfehlen, kein Passwort zweimal zu verwenden. Wenn man dann eine E-Mail, ein oder zwei Kundenkonten bei Internet-Shops und noch eines bei den Stadtwerken hat, wird es irgendwann unübersichtlich – Zeit für einen **Passwort-Manager.** Installieren Sie zunächst ein solches Programm auf dem Computer und vergeben Sie dafür ein **Master-Passwort,** das den Anforderungen an **Länge, Einzigartigkeit** und **Verschiedenartigkeit der Zeichen** wie bei einem Einzelpasswort entspricht. Bewahren Sie dieses Master-Passwort besonders sicher auf, da Sie sonst später keinerlei Zugriff auf die Kennwörter im

Manager haben. In diesem tragen Sie nun alle bisherigen Passwörter ein, jeweils ergänzt um den gewählten Benutzernamen eines Benutzerkontos (z.B. des E-Mail-Kontos), eine Bezeichnung des Benutzerkontos (z.B. „E-Mail beim XYZ-E-Mail-Anbieter") sowie die Internet-Adresse des Anbieters. Die unkomplizierte Anmeldung bei den verschiedenen Benutzerkonten erfolgt dann später dadurch, dass der Passwort-Manager dort eine **automatische Einwahl** unterstützt.

Virenscanner installieren

Das mit dem Windows-Betriebssystem mitgelieferte Programm Defender bietet bereits einen guten Basisschutz gegen Computerviren (Schadprogramme), verlangsamt aber vor allem ältere Computer.

Eine Viruswarnung ist ein Schock – aber sie ist besser, als das Schadprogramm nicht zu bemerken.

Um einen anderen Virenscanner zu installieren, gibt man bei der **Internet-Suche „Virenschutz Vergleich"** ein. Anhand der Treffer suchen Sie sich einen für Sie **passenden Virenscanner** aus, den Sie dann von der Internet-Seite der Herstellers, einer Computer-Zeitschrift oder eines Verbraucherportals auf Ihr Gerät laden. Bei einfacheren kostenlosen Virenscannern sehen Sie immer wieder etwas Werbung, bei kostenpflichtigen Programmen handelt es sich um **Jahresabonnements.** Dazu müssen Sie bei der Erstbenutzung noch ein **Benutzerkonto** mit Ihrer E-Mail-Adresse und Angaben zur Zahlung, z.B. per Lastschrift oder per Kreditkarte, angeben. Die Verlängerung des Virenschutzes nach einem Jahr geht dann in der Regel automatisch vonstatten. Wenn Sie später also einmal wieder wechseln möchten, müssen Sie aktiv kündigen – meist sechs Wochen vor Ablauf.

Virenscanner des Computers optimieren

Gängige Virenscanner sind ab Werk meist schon so eingestellt, dass sie typische und häufige Bedrohungen erkennen. Möchten Sie dies überprüfen oder etwas nach Ihren eigenen Vorstellungen anpassen, gehen Sie im Scanner-Programm zu den allgemeinen **„Einstellungen"** und dort zu den Bereichen **„Updates"** sowie **„Schutz":**

- **Virendefinitionen:** Die automatische Suche und Installation von Updates aktualisiert die Virendefinitionen teils im Stundentakt.
- **Programm-Updates** des Virenscanners: Die automatische Suche und Installation hält Ihr Programm aktuell, optional können Sie hier auch eine manuelle Installation wählen, wenn Ihnen zu viele Automatismen suspekt sind.
- **Relevante Startsegmente beim Einschalten überprüfen:** Hier wird der Bereich Ihres Computers mit dem Betriebssystem (Systemlaufwerk) kontrolliert, was aber nur wenig Zeit beansprucht.
- **Alle eingehenden E-Mails überprüfen:** Dies sollte immer auf „automatisch" stehen, da viele Computerviren durch (unerwünschten Werbe-)E-Mails verbreitet werden.
- **Alle eingelegten oder angesteckten Medien** wie Daten-CDs, externe Festplatten und USB-Sticks überprüfen: Auch hier ist besser „automatisch" aktiviert.

Da es keinen absoluten Schutz vor Computerviren und anderen Schadprogrammen gibt, sollten Sie Ihren Computer in regelmäßigen Abständen mit **„Vollständiger Scan"** komplett überprüfen, was durchaus eine Stunde dauern kann.

Privatsphäre und Datenschutz im Internet-Browser

Die Grundeinstellungen der meisten Internet-Browser stehen auf „Komfort und Datensammeln" – möchte man etwas **mehr Privatsphäre,** um z.B. nicht mit Werbung zu alten Suchbegriffen überschüttet zu werden, muss man bei den Einstellungen des Programms kurz in den **Bereich „Datenschutz"** gehen. Dort

SO KLAPPT'S AUCH

Auf Verlangen der EU müssen Internet-Seiten seit einiger Zeit auf der Startseite eine Auswahlmöglichkeit bezüglich der Cookie-Programme geben. Auch wenn Sie im Bereich „Datenschutz" Ihres Internet-Browsers keinerlei Veränderungen vorgenommen haben, können Sie so Ihre Privatsphäre beim Surfen erhöhen: Statt „Alle akzeptieren" gehen Sie auf „Alle ablehnen" oder „Auswahl"/„Einstellungen", wo Sie ebenfalls alle Cookies vor dem Bestätigen ablehnen können, die nicht zum technischen Betrieb der Internet-Seite erforderlich sind.

Safari, Firefox und Chrome gehören zu den üblichsten Browsern. Die Einstellungsmöglichkeiten sind in allen Fällen sehr ähnlich.

Chronik, die praktisch ist, wenn Sie auf einer Internet-Seite die Zurück-Funktion nutzen wollen, können Sie in regelmäßigen Abständen von Hand löschen, bei den **Zugriffsberechtigungen** des Internet-Browsers **für Standort, Kamera und Mikrofon** ist es sinnvoller, dies generell zu Beginn zu entscheiden und bei Bedarf dann temporär zu ändern.

können Sie die Nachverfolgung Ihrer Aktivitäten individuell blockieren, darunter z.B.:

- technisch nicht nötige (Marketing-) **Cookies** (kleine Programme), die Ihr Surfen über verschiedene Internet-Seiten verfolgen,
- andere Inhalte zur **Aktivitätenverfolgung,**
- **Digitalwährungsberechner** (Krypto-Miner), bei denen Kriminelle heimlich auf die Rechenleistung Ihres Computers zurückgreifen.

Zur Sicherheit sollten Sie bei „Datenschutz" auch einstellen, dass der Internet-Browser generell **alle Cookies und zwischengespeicherten Inhalte löscht,** wenn Sie das Programm schließen. Die

Schrift und Darstellung im Internet-Browser optimieren

Wenn man öfter und länger im Internet surft, empfiehlt es sich, die verwendete Schriftart und Schriftgröße, aber auch die allgemeine Darstellung im Internet-Browser an die Bedürfnisse der eigenen Augen anzupassen – das ist ganz leicht! Gehen Sie dazu in Ihrem Internet-Programm auf das Fenster mit den **„Einstellungen"** (oft mit Zahnradsymbol) und dort auf **„Allgemein"**. Bei **„Schriftarten"** sehen Sie die voreingestellte Schriftart und Schriftgröße. Ist Ihnen eine andere Schriftart lieber, so stellen Sie diese hier um, ist Ihnen die Schriftgröße zu klein oder zu groß, ändern Sie diese hier ebenfalls. Bei **„Erweitert"** lässt sich festlegen, ob Ihre Wunscheinstellungen Priorität bei allen Internet-Seiten (Websites) haben sollen. Falls ja, entfernen Sie das Häkchen bei **„Seiten das Verwenden von eigenen Schriftarten erlauben"**. Möchten Sie hingegen einfach alle Elemente einer Internet-Seite etwas größer sehen, setzen

Sie bei **„Zoom"** den Wert auf über 100 % hoch. Und sagt Ihnen die „klassische Darstellung Schwarz auf Weiß" nicht zu, ändern Sie das **„Erscheinungsbild von Websites"** auf „Dunkel" – viele Seiten berücksichtigen dies.

Lesezeichen im Internet-Browser anlegen

Hat man Favoriten unter den Internet-Seiten, die man immer wieder aufruft, wie z.B. eine Nachrichtenseite, kann man **einmal ein Lesezeichen anlegen,** um sich für die Zukunft das Eintippen der Internet-Adresse zu ersparen. Geben Sie dazu oben im **Eingabefenster** Ihres Internet-Programms zunächst die **gewünschte Adresse** ein, z.B. www.name-der-internet-seite.de. Klicken Sie dann rechts im Eingabefenster auf das **Symbol mit dem Sternchen.** Es öffnet sich ein Fenster, in dem gefragt wird, unter welchem Namen die Adresse wo als **Lesezeichen** abgespeichert werden soll. Sie können den vorgeschlagenen **Namen belassen oder verkürzen,** indem Sie mit dem Mauszeiger hinter den letzten Buchstaben gehen und dann die Löschtaste mit dem großen Linkspfeil auf der Tastatur drücken. Damit Sie das Lesezeichen direkt unter dem Eingabefenster im Blick haben, bestätigen Sie als Speicherort die **„Lesezeichen-Symbolleiste".** Haben Sie mehrere Lesezeichen in der Symbolleiste abgespeichert, können Sie die **Reihen-**

folge bei Bedarf ändern, indem Sie ein Lesezeichen mit dem Mauszeiger anfassen und nach links oder rechts schieben.

Internet-Seite drucken

Die Informationen auf einer Internet-Seite sind manchmal so interessant oder wichtig, dass man die Seite ausdrucken möchte – das ist kein Problem. Klicken Sie dazu in Ihrem Internet-Programm oben auf das **Symbol für weitere Auswahlmöglichkeiten** und dann auf **„Drucken".** Es erscheint eine Vorschau, wie der Ausdruck aussehen wird, unten in der **Vorschau** beim Hinbewegen des Mauszeigers auch die Anzahl der Seiten. Sie können hier von Seite zu Seite klicken, um zu überprüfen, ob Sie alle Seiten benötigen. Falls nicht, geben Sie im Auswahlfenster neben der Vorschau bei **„Seiten"** nur die gewünschten ein, z.B. 1–2. Eine weitere Einstellmöglichkeit betrifft die Schriftgröße – oft ist es praktisch, die **„Skalierung"** z.B. auf 97 % zu setzen, damit eine kürzere Internet-Seite noch genau auf eine DIN-A4-Seite passt.

Da es beim Ausdruck von Internet-Seiten meist nur um Informationen geht, können Sie auf einen teureren Farbausdruck verzichten. Klicken Sie dazu bei **„Farbmodus"** auf „Schwarz-Weiß". Und bei **„Kopien"** können Sie bei Bedarf die gewünschte Anzahl eintragen. Den eigentlichen Ausdruck startet man dann mit **„Drucken".**

Mit der rechten Maustaste kann man in vielen Fällen ein Kontextmenü aufrufen.

Internet-Seite abspeichern

Manchmal möchte man eine interessante Internet-Seite abspeichern, um sie später nochmals durchzulesen, oder möchte zur Dokumentation ein Bildschirmfoto davon aufnehmen, z.B. von einem Zwischenschritt im Kundencenter der Stadtwerke. Um die wichtige Internet-Seite abzuspeichern, drückt man auf die **rechte Maustaste** und dann auf **„Seite speichern unter"**. Es erscheint eine Box, in der man sieht, wo die Speicherung erfolgt – in der Regel der Ordner „Downloads". Möchte man als Ziel z.B. lieber den Desktop, klickt man auf „Desktop" und dann erst auf „Speichern". Um die Internet-Seite dann später aufzurufen, klickt man auf dem Desktop auf das neue Symbol. Möchte man **lieber ein Bildschirmfoto – einen Screenshot – aufnehmen,** klickt man wieder auf die **rechte Maustaste** und nun auf **„Bildschirmfoto aufnehmen".** Dabei gibt es drei verschiedene Auswahlmöglichkeiten:

- ganze Seite – ideal für einen etwas längeren Text, der komplett dokumentiert werden soll,
- sichtbarer Bereich – nur der Bereich, der gerade auf dem Bildschirm zu sehen ist, z.B. ein Bedienungshinweis für das neue Schnurlostelefon,
- gezielte Auswahl – hier vergrößern oder verkleinern Sie die gestrichelten Linien auf allen vier Seiten durch Ziehen mit dem Mauszeiger, bis nur noch die relevanten Informationen zu sehen sind.

Nach der Auswahl sieht man dann eine Vorschau des Screenshots, der durch einen Klick auf „Herunterladen" im Ordner „Downloads" gespeichert wird, von wo aus man ihn bei Bedarf verschieben kann.

Computer ohne Online-Benutzerkonto betreiben

Bei den aktuellen Windows-11-Computern ist es eigentlich nicht mehr vorgesehen, das Gerät **ohne ein Online-Benutzerkonto bei Microsoft** samt Angabe einer E-Mail-Adresse und eines Passworts zu betreiben. Doch mit einem kleinen Trick bei der Erstinstallation geht es doch.

- Wählen Sie zuerst Ihr **Land, die Sprache und das Tastaturlayout** aus.

- Wenn Sie bei WLAN angekommen sind, öffnen Sie stattdessen durch **gleichzeitiges Drücken der drei Tasten Fn, Shift (Pfeil nach oben) und F10** ein schwarzes Eingabefenster.
- Geben Sie in dem Fenster den „Geheimbefehl" **oobe\BypassNRO** ein und bestätigen Sie mit der Enter-Taste (geschwungener Pfeil nach links unten).
- Es erfolgt ein **Neustart** und Sie müssen wieder das Land etc. eingeben.
- Bei WLAN können Sie nun aber auswählen **„Ich habe kein Internet".**
- Bestätigen Sie im nächsten Schritt, dass Sie **„Mit eingeschränkter Einrichtung fortfahren"** wollen.

Nun ist es möglich, den nagelneuen Windows-11-Computer „wie früher" nur mit einem lokalen Benutzerkonto einzurichten und zu verwenden.

Programme aus dem Internet installieren

Möchte man ein neues Programm auf dem Computer installieren, muss man es heute in der Regel zuerst von der Internet-Seite des Herstellers oder eines Fachverkäufers herunterladen. Meist gibt es oben auf der Seite einen **Bereich „Downloads"** oder **„Software-Downloads".** Wählen Sie dabei die Programmversion aus, die zum Betriebssystem auf Ihrem Computer passt, und laden Sie diese durch einen Klick auf **„Download"** oder **„Herunterladen"** auf Ihr Gerät. Nach erfolgreichem Download

sehen Sie auf dem Startbildschirm ein Installationssymbol oder -fenster. Klicken Sie darauf und führen Sie die Programminstallation Schritt für Schritt aus. Haben Sie ein **kostenpflichtiges Programm** geladen, so geben Sie dabei auch die lange **Seriennummer** ein. Diese finden sie in der Verkaufsverpackung oder Sie haben Sie nach einem Kauf im Internet per E-Mail erhalten. Manchmal ist nach der Installation ein Neustart des Computers nötig. Danach können Sie das neue Programm durch einen Klick auf das dazugehörige Symbol öffnen und nutzen.

Programme von CD oder DVD installieren

Bis vor einigen Jahren wurden fast alle Anwenderprogramme wie z.B. Office-Pakete auf Installations-CDs oder -DVDs

SO KLAPPT'S AUCH

Bei einem Tablet erfolgt die Auswahl des Programms im App-Store für Apples iOS-Geräte oder im Google-Play-Store für Android-Geräte. Zum Download müssen Sie sich mit Benutzernamen und Passwort anmelden und neben dem Symbol des Programms auf „Laden" klicken. Die Bezahlung kostenpflichtiger Programme erfolgt in den Stores über die hinterlegten Bankdaten oder Ihr Prepaid-Guthaben.

ausgeliefert. Möchten Sie eine solche ältere Programmversion auf einem aktuellen Windows-Computer installieren, so legen Sie dazu den Datenträger in ein **internes oder per USB-Kabel angeschlossenes DVD-/CD-Laufwerk** ein. Es erscheint nach einigen Sekunden ein Fenster für den Start der Installation, in deren Verlauf Sie dann oft auch die lange Seriennummer aus der Verpackung eingeben müssen. Da von der CD oder DVD aber „nur" die jeweils aktuelle „Grundversion" installiert wird, sollten Sie direkt im Anschluss das Programm öffnen und bei **„Extras"** nach **„Updates"** aus dem Internet suchen und installieren.

Betriebssystem und Programme updaten

Auch wenn man bei der Erstinstallation des Betriebssystems oder eines Programms bereits nach „Updates" gesucht hat – Ergänzungen und Fehlerkorrekturen kommen häufig vor und sollten aus Sicherheitsgründen zeitnah installiert werden. Man kann diese Updates beim Computer oder Tablet zwar auf vollautomatisch einstellen – besser ist es aber, das Gerät im Hintergrund danach suchen zu lassen und die Updates manuell vorzunehmen. So sehen Sie sofort, ob eventuell beim Update-Vorgang selbst Probleme auftreten. Bei einem Windows-Computer klicken Sie dazu auf **„Start"**, **„Alle Programme"** sowie **„Windows Updates"**.

Liegen Updates vor, klicken Sie auf **„Installieren"**. Bei den einzelnen Anwenderprogrammen auf dem Computer finden Sie den entsprechenden Punkt in der Regel bei **„Extras"**. Auf einem Tablet ist das Prozedere vergleichbar: Bei den **„Einstellungen"** (Symbol Zahnrad) findet man einen Punkt **„Software-Update"** für das Android- oder iOS-Betriebssystem, im Google-Play- oder Apples App-Store Updates für die installierten Programme.

Programme richtig deinstallieren

Möchten Sie ein Programm löschen, so klicken Sie bei einem Windows-Computer unten in der Symbolleiste auf **„Start"** und dann auf **„Systemsteuerung"** und **„Programme"**, **„Programm deinstallieren"**. Markieren Sie in der Liste aller auf Ihrem Rechner installierten Programme das nicht mehr benötigte aus und klicken Sie anschließend auf „Deinstallieren". Der Vorgang läuft meist automatisch, manchmal müssen Sie einen Schritt bestätigen und den Computer nach der Deinstallation neu starten.

Bei einem Tablet ist das Prozedere ein anderes: Drücken Sie einige Sekunden mit dem Finger auf das **Symbol der App,** die gelöscht werden soll. Es erscheint ein Feld, ob die App nur vom Bildschirm in die App-Mediathek verschoben oder ob sie wirklich gelöscht werden soll. Bestätigen Sie die Eingabe für Sie passend. Beachten

Sie aber, dass bei einem völligen Löschen auch alle Inhalte der App – seien es Texte oder Fotos – unwiderruflich weg sind, falls diese nicht vorab z.B. auf einem USB-Stick gesichert wurden.

Arbeitsspeicher des Computers selbst erweitern

Neuere Versionen des Betriebssystems oder von Programmen benötigen oft mehr Arbeitsspeicher, da der Computer sonst langsamer wird. Bei fast allen Geräten mit klassischem Gehäuse und vielen Laptops kann man den Arbeitsspeicher selbst erweitern. Sehen Sie dazu im Handbuch oder auf der Internet-Seite des Herstellers nach, welcher **Typ Speicherbaustein** verbaut ist und wie viele **Steckplätze** Ihr Computer besitzt. Kaufen Sie die gewünschte Zahl an Speichermodulen, die Installation geht dann so:

- **Trennen** Sie den Computer **vom Stromnetz.**
- Öffnen Sie beim klassischen Gehäuse die große **Serviceklappe,** beim Laptop die kleine **Abdeckung der Speichersteckplätze.**
- Stecken Sie die **Speicher in die leeren Sockel** neben den eingebauten Modulen und achten Sie dabei auf die asymmetrische Kerbe unten.
- **Überprüfen** Sie, ob an beiden Enden der Speichermodule die kleinen Sicherungslaschen geschlossen sind.
- **Schließen** Sie den Computer.

Arbeitsspeicher-Platinen lassen sich relativ einfach in den klassischen PC einbauen.

- **Schalten** Sie den Rechner wieder **ein.** Bereits beim Hochfahren des Betriebssystems werden Sie merken, dass der Computer schneller läuft.

Externe Festplatte am Router anschließen

Gibt es zwei oder mehr Computer im Haushalt, kommt schnell der Punkt, dass man von allen Geräten auf dieselben Dateien zugreifen möchte. Für eine einfache zentrale Datenspeicherung schließt man eine **USB-Festplatte** an den Router an. Zur Freigabe der USB-Festplatte melden Sie sich mit Ihrem Benutzernamen und Kennwort am Router an und klicken dann auf **„Heimnetz"** und **„USB/Speicher".** In der **„Geräteübersicht"** sehen

Sie neben dem kleinen internen Speicher des Routers die angeschlossene Festplatte. Achten Sie darauf, dass bei **„Speicher-(NAS-)Funktion"** der Haken auf aktiv ist. Am einfachsten ist die weitere Freigabe, wenn Sie bei **„USB-Fernanschluss"** diesen aktivieren und zugleich den Haken bei **„USB-Speicher"** entfernen. Mit **„Übernehmen"** schließen Sie die Freigabe ab. Wenn Sie dann auf einem mit dem Router verbundenen Computer die Ordnerstruktur aufrufen, erscheint bei **„Netzwerk"** eine Übersicht des Router-Speichers und der an ihm angeschlossenen USB-Festplatte. Klicken Sie auf das Symbol und melden Sie sich mit Ihrem Benutzernamen und Kennwort für den Router an: Nun können Sie auf alle Dateien der Festplatte so zugreifen, wie wenn sie direkt im jeweiligen Computer eingebaut wäre. Und sollen auch andere Personen auf diese Dateien zugreifen können, so legen Sie für diese auf dem Router jeweils einen neuen Benutzer mit Benutzernamen und Kennwort an.

32 GB an Daten passen selbst auf ältere Sticks – und reichen für zahlreiche Bilder und Videos.

Lokale Datensicherung

Nichts ist beim Computer ärgerlicher, als wenn die interne Festplatte mit allen Dateien wie z.B. den gesammelten Urlaubsfotos kaputtgeht. Daher sollten Sie diese Dateien regelmäßig **extern sichern.** Eine einfache lokale Datensicherung – also ohne Cloud-Speicher im Internet – geht so: Haben Sie nur wenige Daten, kaufen Sie sich einen **USB-Stick.** Sticks mit „nur" 32 GB Kapazität passen dabei mit Sicherheit an ältere und neuere Rechner. Stecken Sie den USB-Stick an Ihren Computer und warten Sie, bis er in der Ordnerstruktur erscheint. **Ziehen Sie** dann **mit dem Mauszeiger** die **Ordner** oder einzelnen **Dateien** vom Computer **auf den Stick,** die gesichert werden sollen. Je nach Datenmenge kann dies einige Minuten dauern. Klicken Sie anschließend für eine Stichprobe auf zwei, drei Dateien auf dem USB-Stick – öffnen sich die Dateien „wie immer", sollte die Sicherung in Ordnung sein. Schalten Sie den Computer anschließend aus, ziehen Sie den Stick ab und verwahren Sie den Stick an einem sicheren Platz.

Termine im Kalender

Auf so gut wie jedem Computer befindet sich ein Kalender – als Teil des Betriebssystems oder eines (gekauften) Office-Programms. Um einen neuen Termin einzutragen, öffnet man den **Kalender** und klickt auf die Uhrzeit des Ereignisses, z.B. Sonntag, 13 Uhr. Es öffnet sich ein Fenster, in das man z.B. „Mittagessen Familie" einträgt. Meist kann man noch eine Farbe vergeben, z.B. Blau für private Termine. Möchten Sie statt der vorgeschlagenen einen Stunde Dauer eine andere Länge eintragen, ändern Sie dazu einfach die Schlusszeit. Für **regelmäßige Termine** wie z.B. die 14-tägige Müllabfuhr ergänzen Sie den Termin je nach Kalender um **„Wiederholen"** bzw. **„Serientyp"** und „Alle 2 Wochen". Meist ist ein Termin schon mit dem Schließen des Fensters gesichert – oder Sie müssen explizit auf **„Speichern und Schließen"** klicken. Um später einen Termin im Kalender zu suchen, klicken Sie auf die durch eine Lupe oder den Begriff **„Suche"** symbolisierte Suchfunktion. Geben Sie in dem Fenster ein, wonach Sie suchen, z.B. „Mittagessen" – nach wenigen Sekunden erscheinen alle Termine, die den Begriff enthalten.

Kontakte im Adressbuch

Die Kontakte auf dem Computer sind die perfekte Ergänzung zum Kalender. Zum Eingeben eines neuen Namens öffnet man die Kontakte. Bei **„Neuer Kontakt"/ „Neu"** sehen Sie nun mehrere Eingabefelder, und zwar für:

- **Name** – hier können Sie Nachname, Vorname, bei Bedarf auch Firma und Titel eintragen.

- **Kontaktinfos/Telefonnummern** – in verschiedenen Feldern lassen sich private, geschäftliche und Mobilfunknummern eingeben, am besten samt der Ländervorwahl (+49 für Deutschland) gefolgt vom Ortsnetz ohne die 0 und der eigentlichen Nummer, z.B. +49 123 12345678. Meist gibt er hier auch noch Felder für eine E-Mail-Adresse und eine Internet-Adresse.

- **Adresse** – hier ist Platz für die klassische Postanschrift.

Ergänzt werden diese Eingabemöglichkeiten meist durch ein Feld für den Geburtstag sowie für Notizen. Mit **„O.K."** bzw. **„Speichern und Schließen"** ist der neue Kontakt im Adressbuch angelegt. Bei der Suche nach einem Kontakt gehen Sie das Adressbuch alphabetisch durch oder benutzen die Suche wie beim Kalender. Ändert sich später eine Information wie z.B. die Telefonnummer, klicken Sie auf **„Kontakt bearbeiten",** um dann den Eintrag zu aktualisieren.

Fotos der Kamera auf dem Computer sichern

In 95 % aller Kameras werden Bilder und Videos auf **SD-Karten** abgespeichert. Zum Übertragen auf den Computer entnimmt man die SD-Karte aus der Kamera und steckt sie direkt in den **SD-Karten-Einschub,** den viele Computer besitzen. Ansonsten kommt sie in den **SD-Karten-Adapter** für den USB-A- oder

USB-C-Anschluss. In der Ordnerstruktur des Computers erscheint nun die SD-Karte – wie ein USB-Stick – als **„Wechseldatenträger"** mit diversen Ordnern. Die Fotos sind bei fast allen Kameraherstellern im Ordner **„DCIM"** (Digital Camera Images) abgespeichert, von wo aus sie mit der Maus in einen Ordner wie z.B. „Sommerurlaub 2023" auf den Computer gezogen werden können. Bei **Videodateien** kommt es auf den Hersteller und auf das Videoformat an, das man gerade eingestellt hat – am besten ist, man sucht in den Ordnern nach den typischen Dateiendungen wie „.mp4" oder „.mov". Verwendet man eine SD-Karte mit 64 GB Kapazität oder höher, kann es sein, dass ein älterer Rechner sie nicht lesen kann.

Möchte man auf der sicheren Seite sein, wählt man einfach immer eine SD-Karte mit maximal 32 GB.

Fotos zu Hause ausdrucken

So praktisch die Fotodrucker in Elektronik-, Super- oder Drogeriemärkten auch sind – manchmal möchte man ein Foto auf die Schnelle daheim ausdrucken. Hat man einen Farbdrucker, muss man nur entscheiden, welches Papier man verwenden möchte:

- **normales Druckerpapier** DIN A4 – liegt meist schon im Gerät,
- **kräftigeren Fotokarton** DIN A4 – achten Sie darauf, wie dick (in Gramm angegeben) die Stärke sein darf, die Ihr Drucker verarbeiten kann,
- **glänzendes Fotopapier** DIN A4 – hier kommt das Motiv so schön heraus wie bei einem echten Fotoabzug.

Wählen Sie das gewünschte Foto auf Ihrem Computer aus, öffnen Sie es und gehen Sie oben auf **„Datei"** und **„Drucken".** Es öffnet sich ein Fenster, in dem Sie noch einstellen können, wie das Motiv gedruckt werden soll, z.B. als „ganzseitiges Foto", als klassische Fotogröße „10 × 15 cm" oder als „Passbild".

Achten Sie bei „ganzseitiges Foto" auf die Option, das Bild an den Rahmen anzupassen – wenn Sie sich dafür entscheiden, wird das Bild dann formatfüllend als DIN A4 gedruckt, aber an zwei Rändern fehlt etwas vom Motiv.

Online-Banking einrichten

Möchte man nicht für jede Überweisung oder zum Ausdrucken der Kontoauszüge in die Bankfiliale gehen, empfiehlt es sich, die Möglichkeit des Online-Banking einzurichten. Die nötige Prozedur ist nicht kompliziert. Überprüfen Sie zunächst, ob es **Updates** für das **Betriebssystem** und den **Internet-Browser** auf Ihrem Computer oder Tablet gibt, da zu alte Programme nicht mehr die Sicherheitsanforderungen der Banken erfüllen. Bei vielen Instituten können Sie daher auch auf der Startseite nach einem **Gerätecheck** suchen, bei der die Software Ihres Computers oder Tablets kurz überprüft

wird. Passt hier alles, so gehen Sie „ein letztes Mal" in die Filiale und schließen bei Ihrem Berater den Vertrag für das Online-Banking ab. Sie benötigen dazu Ihren **Personalausweis** und die **Debitkarte** (früher EC-Karte) Ihrer Bank. Vor Ort können Sie auch gleich einen **Anmeldenamen (Benutzernamen)** und eine **Eröffnungs-PIN** festlegen.

Wenn Sie wieder zu Hause sind, öffnen Sie die Startseite Ihrer Bank im Internet-Browser und gehen über die Suchfunktion zur Freischaltung des Online-Banking. Geben Sie in den Feldern Ihren Anmeldenamen und die Eröffnungs-PIN ein. Diese müssen Sie anschließend in eine andere PIN ändern, mit der Sie sich dann in Zukunft anmelden.

Online-Banking ist praktisch und die Einrichtung normalerweise sehr einfach. Zudem ist das Prozedere dank mehrfacher Sicherungssysteme nicht für Betrug anfällig.

Überweisungen mit dem ChipTAN-QR-Generator

Beim Online-Banking benötigen Sie für jede Überweisung eine sogenannte **TAN** (Transaktionsnummer). Besitzen Sie kein Smartphone, erzeugen Sie bei fast allen Banken die TAN alternativ mit einem ChipTAN-QR-Generator. Das wie ein kleiner Taschenrechner aussehende Gerät erhalten Sie für eine einmalige kleine Gebühr bei Ihrer Bank. Wenn Sie dann am Computer eine Überweisung vorbereitet haben und nun die TAN erforderlich ist, stecken Sie Ihre **Debitkarte** (die frühere EC-Karte) richtig in den ChipTAN-QR-Generator und halten diesen in etwa 30 cm Entfernung mit der Rückseite vor

AUFGEPASST

Aus Sicherheitsgründen verlangen die meisten Banken beim Online-Banking eine Zwei-Faktor-Anmeldung, d.h. man muss neben dem Anmeldenamen und der PIN noch eine TAN (Transaktionsnummer) eingeben. Bei vielen Instituten können Sie diesen Zusatzschritt überspringen, indem Sie einmal auf der Anmeldeseite den Schalter aktivieren, mit dem Ihr PC oder Tablet als „vertrauenswürdiges Gerät" bei der Bank gespeichert wird. Beachten Sie, dass Ihr Internet-Browser dazu Cookie-Programme erlauben und dauerhaft speichern muss, da der Computer der Bank Ihr Gerät sonst nicht „wiedererkennt".

den Monitor. Die kleine Kamera des Geräts liest den pixeligen **QR-Code** auf dem Monitor aus und generiert daraufhin eine TAN, die Sie im Display ablesen und über die Tastatur in den Computer eingeben müssen. Beachten Sie, dass Sie bei manchen ChipTAN-QR-Generatoren explizit eine Taste „Kamera" oder „Scan" drücken müssen.

Kurzbrief formatieren

Einen Kurzbrief auf dem Computer zu schreiben, ist eine feine Sache, kann man seinen Inhalt doch leicht ergänzen und ihn mit wenigen Klicks formatieren. Markieren Sie dazu mit der Maus einzelne Wörter, ganze Absätze oder den gesamten Text und ändern Sie dann über die **Symbolleiste** oben im Textverarbeitungsprogramm

- die **Schriftart** und den **Schriftgrad,** z.B. von der klassischen „Times" in zehn Punkt Größe in die leichter lesbare „Arial" in zwölf Punkt,
- den Schriftschnitt nach **fett, kursiv** oder **unterstrichen,** um eine Passage hervorzuheben,
- die **Absatzformatierung** von klassisch linksbündig auf Alternativen wie mittig für eine (Zwischen-) Überschrift, rechtsbündig oder Blocksatz wie bei einem Buch,
- den **Zeilenabstand** von klassisch 1,5 Zeilen auf eine Zeile im Bereich der Anschrift sowie auf zwei Zeilen, damit

der Empfänger eines Textes Platz für handschriftliche Ergänzungen hat,

- die **Nummerierung oder Aufzählungszeichen,** um Inhaltspunkte als kleine Liste leichter erfassbar zu machen (wie gerade hier in diesem Abschnitt).

Und mit einem Klick auf **„Einfügen", „Grafik"** oder das Symbol für Foto können Sie den Kurzbrief durch eine Fotografie oder eine andere Grafik optisch weiter aufwerten.

Faxprogramm des Routers nutzen

Manchmal muss man auch heute noch ein Fax versenden, um beispielsweise bei Behörden eine Frist einzuhalten und dies durch die Uhrzeit des Faxversands zu dokumentieren. Dazu benötigt man aber inzwischen zum Glück kein eigenes Faxgerät mehr, sondern kann auch das Faxprogramm des Routers verwenden.

Melden Sie sich mit den Zugangsdaten an Ihrem Router an und gehen Sie dann auf **„Telefonie", „Fax"** sowie **„Einstellungen".** Möchten Sie Faxe nur senden, klicken Sie dies hier entsprechend an, ebenso die Rufnummer, die verwendet werden soll. Geben Sie nun noch bei **„Faxversand"** bei **„Kopfzeile Faxkennung"** die Rufnummer nach dem Schema +49 123 12345678 ein und machen Sie ebenso bei **„Kopfzeile Absender"** einige Angaben. Mit **„Übernehmen"** sichern Sie die Eingaben.

Zum Senden gehen Sie dann auf **„Neues Fax".** Geben Sie in dem erscheinenden Formular den Empfänger und seine Faxnummer nach dem Schema +49 123 12345678 ein. Bei **„Betreff"** schreiben Sie wie bei einem Geschäftsbrief, worum es geht, Ihre eigentliche Nachricht folgt im Feld **„Text".** Wenn Sie möchten, können Sie pro Fax auch jeweils eine Seite als Dateianhang hinzufügen, die als Grafik z.B. im JPG-Dateiformat vorliegen muss. Mit **„Senden"** verschicken Sie Ihr Fax, im Routermenü können Sie einen Sendebericht aufrufen und dann ausdrucken.

WLAN nachts ausschalten

Sei es, um etwas Strom zu sparen oder weil man glaubt, ohne WLAN-Funkwellen nachts besser schlafen zu können – das WLAN lässt sich ganz einfach ausschalten, indem man außen am Router die WLAN-Taste auf „Aus" und morgens wieder auf „An" drückt. Besser ist es, einmal eine entsprechende **Zeitschaltung im Router**

Wenn man den Router über Nacht ausschaltet, sollte man darauf achten, dass man kein automatisches Update für eine nächtliche Uhrzeit vorgesehen hat.

einzurichten. Melden Sie sich dazu mit Benutzername und Kennwort am Router an und gehen Sie dann auf **„WLAN"**. Dort finden Sie den Unterpunkt **„Zeitschaltung"**. Aktivieren Sie die Funktion und legen Sie anschließend fest, wann das WLAN täglich deaktiviert sein soll, z.B. von 22.00 Uhr bis 07.00 Uhr. Falls gewünscht, kann man die Abschaltzeiten oft sogar für jeden einzelnen Wochentag individuell festlegen. Mit **„Übernehmen"** sichern Sie Ihre Einstellungen, bevor Sie sich vom Router abmelden.

Zeitung auf dem Tablet lesen

Das Tablet ist ein ideales Gerät, um darauf die Tageszeitung zu lesen. Dazu laden Sie aus dem App-Store für Apples iOS-Geräte oder dem Google-Play-Store für Android-Geräte zunächst die **App der Zeitung** auf Ihr Tablet, die Sie interessiert. Anschließend haben Sie meist zwei Möglichkeiten. Entweder Sie ergänzen ein existierendes Print-Abonnement um das digitale E-Paper und geben dann auf dem Tablet den zum Abo gehörigen Benutzernamen samt Passwort ein – oder Sie schließen zunächst ein komplett neues Abo ab. Sind in der App Ihre Benutzerdaten eingegeben, legen Sie dort fest, wie die digitale Ausgabe der Tageszeitung auf das Gerät gelangen soll: vollautomatisch während der Nacht oder durch aktiven Abruf, z.B. beim Frühstück. Nutzen Sie beim Lesen für eine schnelle Übersicht die klassische Ansicht der Tageszeitung im Hochformat, in die Sie mit einem Doppeltippen auf den Bildschirm hineinzoomen, damit ein Artikel größer erscheint. Alternativ gehen Sie in die Artikelansicht mit anpassbarer Schriftgröße, in der die Texte und Bilder formatfüllend dargestellt werden.

Bücher auf dem Tablet lesen

Wenn Sie ein Tablet besitzen, müssen Sie keinen E-Book-Reader kaufen, um elektronische Bücher zu lesen – eine entsprechende **eBook-App** reicht. Diese finden Sie mit den Suchbegriffen „eBook" und „eBook Reader" im Google-Play-Store für Android-Geräte oder im App-Store für Apples iOS-Geräte und können sie dort herunterladen. Anschließend muss man in der eBook-App ein Kundenkonto samt Benutzernamen, Passwort und Kreditkarte oder Bankverbindung einrichten. Erfolgt die Bezahlung direkt über ein Prepaid-Guthaben oder eine Bankverbindung im Play-Store oder App-Store, entfällt dieser letzte Schritt. Öffnen Sie nun die eBook-App und geben Sie in der **Suche** einen Autor, ein Stichwort oder ein Genre ein. Es erscheint eine Trefferliste mit der Vorschau des Covers, einer Inhaltsangabe und dem Preis – möchten Sie einen Titel auf Ihr Tablet laden, so klicken Sie auf **„Kaufen"**. Beachten Sie, dass einige eBook-Anbieter Abo-Modelle verwenden, nach deren Ende Sie die eBooks nicht mehr lesen können.

Tastatur fürs Tablet

Möchte man auf dem Tablet mehr schreiben als nur kurze E-Mails, kann man das Gerät mit einer **externen Tastatur** samt berührungsempfindlichem **Trackpad** in einen „Mini-Laptop" verwandeln.

■ Die komfortabelste – aber auch teuerste – Lösung ist, vom Hersteller des Tablets eine **Originaltastatur** zu kaufen, die über Kontakte am Gerät koppelt und darüber auch aufgeladen wird.

■ Alternativ kaufen Sie eine passende Tastatur von einem Zubehörhersteller. Diese werden meist über **Bluetooth** gekoppelt. Schalten Sie dazu in den Einstellungen des Tablets Bluetooth ein, ebenso mit der entsprechenden Taste an der Tastatur. Die Tastatur erscheint nun auf dem Tablet in der Übersicht aller Geräte, die gekoppelt werden können. Leiten Sie die Kopplung auf dem Tablet mit **„Verbinden"** ein.

Computer und Tablet als Fernseher nutzen

Ist einem der Bildschirm nicht zu klein, kann man den Computer oder das Tablet auch als Fernseher nutzen. Da fast alle Sender ihr **Programm** auch **über das Internet** zur Verfügung stellen, benötigen Sie dazu nur einen Internet-Zugang – sei es über WLAN oder eine eingebaute oder gekoppelte Mobilfunkkarte (Achtung:

Streamen ist datenintensiv). Geben Sie die Internet-Adresse des gewünschten Fernsehsenders im Internet-Browser Ihres Geräts ein oder suchen Sie nach ihr bei einer Internet-Suchmaschine. Auf der Startseite des Fernsehsenders finden Sie dann in der Regel eine Programmübersicht für die nächsten Stunden sowie ein Vorschaufenster mit dem aktuellen Programm – ganz so, wie es gerade auf einem klassischen Fernseher zu sehen wäre. Und da viele Sender auf ihrer Internet-Seite auch eine **Mediathek** haben, können Sie zahlreiche Sendungen noch länger „als Privatwiederholung" genießen – suchen Sie dazu einfach mit der Suchfunktion (Lupe) oben auf der Startseite nach der verpassten Sendung.

Viele jüngere Menschen schauen nur noch über das Internet fern und nutzen dort die Streaming-Angebote von Fernsehsendern und vielen anderen Anbietern.

TELEFON, HANDY & SMARTPHONE

In keinem Bereich hat sich in den letzten Jahren so vieles geändert wie in der Telekommunikation. Waren in den 1990er-Jahren die Handys eine große Umwälzung, hat seit 2007 das Smartphone fast das ganze Leben umgekrempelt. Bei allen, die diese Geräte nicht schon als Kinder in der Hand hielten, tauchen da immer wieder Fragen auf – für die es hier ganz leichte Antworten gibt.

Router für Telefon und Fax neu einrichten

Die Umstellung der Telefonie auf IP-Technik (Internet-Protokoll) heißt nicht, dass Sie Ihre alten Telefone ersetzen müssen – je nach Router gibt es mehrere analoge, meist **mit Fon bezeichnete Buchsen** für würfelförmige oder klassische TAE-Stecker von Telefonen oder Faxgeräten. Für ISDN-Telefone steht Fon So oder ISDN auf der Buchse. Sind die Geräte angeschlossen, melden Sie sich vom Computer, Tablet oder Smartphone mit Ihrem Benutzernamen und Kennwort am Router an. Unter **„Telefonie"** und **„Eigene Rufnummern"** sehen Sie Ihre Rufnummer, falls der Telefon-/Internet-Anbieter diese übertragen hat, ansonsten ergänzen Sie die Angaben. Tragen Sie weitere Rufnummern ein, falls der Vertrag welche enthält, und sichern Sie mit „Übernehmen". Gehen Sie nun auf **„Telefoniegeräte"** und legen Sie in der Übersicht für jedes Gerät fest, wie es heißen und bei welcher ankommenden Rufnummer es klingeln soll, außerdem mit welcher abgehenden Rufnummer Sie es verwenden wollen.

Router als Basis für Schnurlostelefone nutzen

Viele Router haben eine **Basisstation für Schnurlostelefone** integriert. Man kann das Gerät direkt am Router anmelden und die „alte" Basis als „große" Ladeschale an einen optimalen Platz stellen. Melden Sie sich dazu mit Ihrem Benutzernamen und Kennwort am Router an und klicken Sie auf **„Telefonie"** und **„DECT".** Dort muss **„DECT-Basisstation aktiv"** sein. Halten Sie Ihr Schnurlostelefon bereit, bei dem Sie in den Einstellungen bei „Station anmelden" oder ähnlich sind, und drücken Sie außen am Router einige Sekunden lang auf die Taste **„Fon/DECT".** Wenn die Lampe blinkt, können Sie den Anmeldevorgang am Schnurlostelefon mit der **Standard-PIN 0000** abschließen. Im Telefondisplay sehen Sie jetzt den Stationsnamen des Routers. Gehen Sie nun beim Router noch unter **„Telefonie"** auf **„Telefoniegeräte",** um den Namen des Schnurlostelefons zu präzisieren. Und haben Sie mehrere Rufnummern, legen

AUFGEPASST

Haben Sie ein Schnurlostelefon von einem der bekannten Router-Hersteller, also z. B. ein Fritz-Phone, so ist es so stark auf den Router, hier die Fritz!Box, optimiert, dass es an Routern anderer Hersteller eventuell nicht funktioniert. Möchten Sie flexibel bleiben, so kaufen Sie besser ein Schnurlostelefon eines „neutralen" Herstellers wie Gigaset oder Panasonic. Auf der Verpackung steht, mit welchen Routern ein Gerät generell harmoniert – es kann aber sein, dass die eine oder andere Spezialfunktion nicht nutzbar ist.

Sie dort fest, bei welcher es ankommend klingeln soll und mit welcher Sie abgehend telefonieren wollen.

Anrufbeantworter im Router nutzen

So gut wie alle Router haben einen eingebauten Anrufbeantworter. Melden Sie sich zur Einrichtung mit Ihrem Benutzernamen und Kennwort am Router an und gehen Sie zu **„Telefonie"** und **„Telefoniegeräte"**. Am Ende der Übersicht Ihrer Telefone können Sie den Anrufbeantworter einschalten. Mit Klick auf das Symbol für **Bearbeiten** können Sie nun auch noch festlegen, nach wie viel Sekunden der Anrufbeantworter angeht, ob er für alle Rufnummern oder nur für einzelne Anrufe annimmt und ob die Aufnahmezeit begrenzt wird.

Zusätzlich können Sie auswählen, ob Sie einen individuellen Ansagetext einrichten wollen. Wählen Sie dazu von einem Ihrer Telefone die in der Übersicht angezeigte interne Rufnummer des Anrufbeantworters im Router, z.B. **600, und dann die Nummer für neuen Ansagetext, die Ihnen vorgesprochen wird. Anschließend sprechen Sie Ihren Text auf. Sollten Sie sich versprochen haben oder der Text Ihnen nicht gefallen, wiederholen Sie einfach die Prozedur, bis Sie zufrieden sind. Über die **600 rufen Sie später auch neue Nachrichten ab, wenn im Display eines Telefons das entsprechende Symbol erscheint.

Stand-by-Zeit bei Schnurlostelefonen verlängern

So praktisch Schnurlostelefone sind, so ärgerlich ist es, wenn zu früh der Akku leer ist. Dabei lässt sich die Stand-by-Zeit der Geräte leicht verlängern.

- Bei Geräten mit Standardakkus vom Typ AA (Mignon) oder AAA (Micro) gewinnen Sie Stand-by-Zeit, wenn Sie die ab Werk mitgelieferten, oft nicht so guten **Akkus durch hochwertige ersetzen.** Beim Typ AA gibt es für etwas Aufpreis solche, die mehr als die typischen 1900 mA Kapazität leisten, und beim Typ AAA solche mit mehr als den typischen 750 mA.

- Zusätzlich oder wenn der Akku fest verbaut ist, gewinnen Sie Stand-by-Zeit, wenn Sie die **Sendeleistung des Schnurlostelefons und der Basis bzw. des Routers reduzieren.** Fast alle neueren Geräte unterstützen einen Eco-Modus, den Sie im Handapparat in den (Grund-) Einstellungen aktivieren können. Probieren Sie danach aus, ob die Signalstärke überall noch ausreicht.

Reichweite für Schnurlostelefonate vergrößern

Haben Sie ein Haus mit mehreren Stockwerken oder einem größeren Garten, kann es sein, dass bei größerer Entfernung vom Router die Schnurlostelefone ohne Signal sind. Ein **DECT-Repeater** schafft hier Abhilfe. Kaufen Sie für eine einfache Einrichtung ein Gerät vom Hersteller Ihres Routers und stecken Sie es zunächst in eine Steckdose beim Router. Drücken Sie dann am Repeater so lange die **DECT-Taste,** bis dort die kleine LED-Lampe blinkt. Drücken Sie nun innerhalb von zwei Minuten am Router die **Connect-Taste,** bis auch dort die kleine LED blinkt. Halten Sie die Taste gedrückt, bis die LED am Repeater dauerhaft leuchtet. Nun ist dieser mit dem Router gekoppelt. Stecken Sie den Repeater an einer Stelle im Haus, wo Sie mit einem Schnurlostelefon noch guten Empfang haben, in eine Steckdose, um so das **DECT-Funknetz** in diese Richtung zu erweitern. Beachten Sie, dass Sie beim Repeater-Betrieb den Eco-Modus nicht verwenden können.

Verlegtes Schnurlostelefon finden

Schnurlostelefone können im Haus oder in der Wohnung überallhin mitgenommen – und daher auch leicht verlegt werden. Ist das Gerät nicht zu finden, gibt es einen kleinen Trick: Haben Sie noch eine klassische **Basisstation,** an der das Schnurlostelefon angemeldet ist, gehen Sie zu dieser und drücken dort kurz auf die kleine runde Taste, die manchmal auch mit „Paging" oder einem Funkwellensymbol gekennzeichnet ist. Die Basis funkt nun den Handapparat an und ir-

gendwo sollten Sie so lange ein Klingeln hören, bis Sie am Schnurlostelefon einmal auf die Abheben-Taste gedrückt haben. Und ist das Gerät direkt **an einem Router** angemeldet, so drücken Sie an diesem kurz die meist mit **„Fon/DECT"** beschriftete Taste, um Ihr Telefon anzuklingeln.

Notruf über Direktwahltaste einrichten

Viele Schnurlostelefone besitzen zwei, manchmal sogar vier Direktwahltasten. Auf diesen können Sie nicht nur Familienmitglieder oder Freunde, sondern auch

Schnurlostelefone sind heute die üblichen Geräte am Festnetzanschluss.

den Notruf einprogrammieren. Ist eine der Direktwahltasten mit A beschriftet, nehmen Sie am besten diese, da Sie dann eine „Eselsbrücke" mit A = Arzt = Notarzt/Notruf haben. Wählen Sie im Menü bzw. den Einstellungen den Punkt **„Direktwahltasten/Direktwahl"** und dann die Taste A aus. Geben Sie bei der Rufnummer die „112" für den europäischen Notruf und bei Name „Notruf 112" ein und **sichern** Sie den Eintrag. Je nach Telefonmodell leuchtet die Direktwahltaste A nun sogar und Sie sehen „im Fall der Fälle" sofort, wo Sie draufdrücken müssen. Leuchtet die Taste nicht, sehen Sie in den Einstellungen nach, ob sich die Displaybeleuchtung auch für außerhalb der Ladeschale aktivieren lässt, damit Sie das Gerät im Dunklen leichter finden. Lösen Sie einmal versehentlich den Notruf aus, sollten Sie nicht einfach auflegen, sondern der Rettungsleitstelle kurz sagen, dass es ein Fehlalarm war.

„Gar nicht erst ignorieren": Durch Blockieren unerwünschter Anrufnummern lässt sich das tatsächlich realisieren.

Unerwünschte Anrufer abblocken

Ob Gewinnspiele oder vermeintliche Enkel in Not – unerwünschte Anrufe sind lästig oder gar bedrohlich. Um sie zu vermeiden, sollten Sie beim Eintrag im Telefonbuch keinen Vornamen angeben, da man so auf Ihr Alter schließen kann. Wenn das noch zu wenig hilft, heben Sie einfach bei unbekannten oder anonymen Anrufern (ohne übertragene Rufnummer) nicht ab. Wer etwas von Ihnen will, spricht auch auf den Anrufbeantworter. Außerdem können Sie unerwünschte Nummern im Router für alle Telefone blockieren. Melden Sie sich mit Benutzernamen und Kennwort am Router an und gehen Sie zu **„Telefonie"** und **„Rufbehandlung"**. Legen Sie bei **„Rufsperren für ankommende Anrufe"** eine Sperrliste für unerwünschte Rufnummern samt

Ortsvorwahl und Namen an, z.B. „01234 12345678" und „Gewinnspiel". Werden Sie später von dieser Nummer angerufen, bleiben Ihre Telefon stumm. Zusätzlich können Sie hier ganze **Rufnummern-bereiche sperren** – neben Orts- oder Ländervorwahlen alle anonymen Anrufe. Im letzten Fall klingelt es aber auch nicht mehr, wenn z.B. ein Verwandter anruft, der den Anschluss schon seit der Zeit besitzt, als die Rufnummer standardmäßig nicht übertragen wurde.

Passendes Smartphone auswählen

Will man vom Handy auf ein Smartphone umsteigen, sieht man sich einem riesigen Angebot gegenüber. Die Wahl des passenden Geräts gelingt aber schnell, wenn man beim Kauf einige Grundkriterien bedenkt:

- **Bildschirmgröße:** Nehmen Sie ein Smartphone, dessen Bildschirm für eine sichere Bedienung nicht zu klein ist (± sechs Zoll sind ein guter Kompromiss aus Nutzbarkeit und Tragekomfort).
- **Gewicht:** Entscheiden Sie sich für ein Smartphone, das Sie auch gern mitnehmen (größere Geräte wiegen samt Hülle schnell um die 200 g).
- **Betriebssystem:** Etwa 85 % der Geräte laufen mit Android – entweder die Originalversion von Google oder eine leicht geänderte Version des Herstellers –, etwa 15 % mit iOS von Apple. Haben Sie schon ein Smartphone oder

ein Tablet, mit dem Sie zufrieden sind, kaufen Sie am besten wieder ein Gerät desselben Herstellers – die „Einarbeitung" geht dann am schnellsten.
- **Speicher:** Damit neben dem Betriebssystem genug Platz für Apps und Daten wie z.B. Fotos ist, sollte der interne Speicher heute nicht kleiner als 64 GB sein, bei Apple-Geräten 128 GB, da man hier keine Micro-SD-Karte als Erweiterung einstecken kann.

Neues Smartphone aktivieren

Im Gegensatz zum Handy, in das man nur die SIM-Karte des Mobilfunkanbieters einlegen muss, ist beim Smartphone auch eine Aktivierung nötig. Das Prinzip ist bei Geräten mit Android-Betriebssystem und denen von Apple mit iOS-Betriebssystem ähnlich. Laden Sie das neue Smartphone zunächst ganz auf.

- **Legen Sie die SIM-Karte ein.** Heutige Geräte benötigen die winzige Nano-SIM. Falls sie nicht aus einer vorhandenen Mini-SIM herausgebrochen werden kann, muss Ihnen Ihr Mobilfunkanbieter eine neue SIM-Karte zuschicken und aktivieren.
- **Schalten Sie das Smartphone ein** und folgen Sie den einzelnen Schritten wie Auswahl von Land und Sprache. Wenn Sie unsicher sind, ob etwas nötig ist, wählen Sie „Überspringen" oder „Später" – alle Funktionen lassen sich auch in den Grundeinstellungen ergänzen.

- Sie **aktivieren** das Smartphone mithilfe der eingelegten SIM-Karte über das Mobilfunknetz oder über ein WLAN. Bei dieser Variante geben Sie beim entsprechenden Schritt auf dem Smartphone den Funknetznamen und den WLAN-Netzwerkschlüssel des Routers ein.
- Zum Abschluss der **Ersteinrichtung** tippen Sie auf die **Grundeinstellungen** und dort auf „**Allgemein**" oder ähnlich. Hier finden Sie meist die „**Software-Updates**" und installieren die aktuellste Version des Betriebssystems.

Klassisches Handy mit zweiter SIM-Karte

Weiß man nicht, ob man mit dem neuen Smartphone zurechtkommt, oder möchte man das klassische Handy als Reserve nutzen, ist eine zweite SIM-Karte mit der gleichen Rufnummer eine sinnvolle Option. In verschiedenen Verträgen der großen Mobilfunkanbieter sind mehrere SIM-Karten enthalten oder können für ein paar wenige Euro pro Monat hinzugebucht werden.

Die zweite SIM bestellen Sie mit einem Anruf im Kundencenter, im Ladengeschäft oder auf der Homepage des Mobilfunkanbieters, falls Sie dort bereits ein Kundenkonto besitzen. Achten Sie darauf, dass Sie eine **Zusatz-SIM** und keine Ersatz-SIM erhalten und dass die Zusatz-SIM korrekt freigeschaltet wird. Anschließend klingeln bei einem Anruf das neue Smartphone und das alte Handy, auch Ihre Minuten, SMS und das Datenvolumen können Sie auf beiden nutzen. Lediglich der Empfang von SMS (und den kaum noch verwendeten Foto-MMS) ist nur auf einer der beiden SIM-Karten möglich – meist die ältere von beiden, was der Kundendienst aber umstellen kann.

> **(!) AUFGEPASST**
>
> Eine weitere Möglichkeit, den Smartphone-Bildschirm zu vereinfachen, ist das Entfernen einer App, das durch einen längeren Druck auf das Symbol eingeleitet wird. Achten Sie darauf, dass Sie die App nur vom Home-Bildschirm in die App-Mediathek verschieben, von wo aus sie später zurückgeholt werden kann. Drücken Sie hingegen auf „App löschen", wird die App samt aller enthaltenen Daten wie z. B. Fotos oder Textnachrichten komplett gelöscht.

Smartphone-Startbildschirm übersichtlich machen

Steigt man vom Handy um, kann der Startbildschirm des Smartphones mit allen App-Symbolen überfüllt wirken. Aber es gibt Abhilfe. Drückt man länger auf eines der Symbole, öffnet sich ein Fenster, in dem man „**Home-Bildschirm bearbeiten**" oder ähnlich auswählen kann. Ist dies erfolgt, wackeln alle

App-Symbole und man kann diese durch Verschieben **sinnvoller anordnen.** Da sich die Symbole auch nach rechts und links „aus dem Bildschirm" schieben lassen, können Sie z.B. alle wichtigen Apps auf der Startseite lassen und die weniger oft genutzten auf eine zweite oder weitere Seite verschieben.

Auch wird es übersichtlicher, wenn man ähnliche Apps wie etwa die Navigation fürs Auto oder Radfahren und die Bahn-auskunft aufeinanderlegt – dadurch kommen beide Symbole in einen neuen **thematischen Ordner,** dem man dann einen beliebigen Namen geben kann. Möchte man später eine dieser Apps nutzen, tippt man zuerst auf den Ordner und dann auf das App-Symbol. Und möchte man den Ordnernamen ändern, tippt man zunächst auf den Ordner und danach länger auf den Namen. Nun kann man diesen löschen und einen neuen eingeben.

An die vielen App-Symbole auf dem Startbildschirm muss man sich erst einmal gewöhnen. Man kann sie aber leicht nach eigenem Gusto sortieren.

Widget einrichten

Um schon beim kurzen Blick auf den Smartphone-Bildschirm Informationen einer App zu erhalten wie das aktuelle Wetter oder neue E-Mails, richtet man ein Zusatzprogramm, ein Widget ein. Meist wischt man dazu auf dem Startbildschirm nach rechts und tippt auf der nächsten Bildschirmseite auf **„Bearbeiten"** oder ähnlich und dann auf das **Plussymbol.** Es erscheint eine Übersicht aller Widgets,

aus der Sie z.B. das für das Wetter aus-wählen. Oft haben Sie mehrere Ansichten zur Auswahl, die unterschiedlich viele Informationen zeigen und unterschiedlich viel Platz auf dem Bildschirm benötigen. Haben Sie ein Widget mit **„Widget hin-zufügen"** ausgewählt, können Sie es auf der Zusatzseite belassen oder es auf einer anderen Bildschirmseite anbringen. Dazu tippen Sie es länger an, gehen auf **„Home-Bildschirm bearbeiten"** oder ähnlich und verschieben es dann.

Smartphone-Apps ohne Kreditkarte kaufen

Im Google-Play-Store für Android-Geräte und im App-Store für Apples iOS-Geräte sind viele Smartphone-Apps kostenlos, manche kosten ein paar Euro. Wenn Sie keine Kreditkarte besitzen oder keines der in den Stores vorgesehenen alternativen Zahlungssysteme nutzen, kaufen Sie sich im Supermarkt eine **Guthabenkarte** für den jeweiligen Store. Die Karten gibt es meist ab 15 Euro, das Aufladen funktioniert ähnlich wie bei einer Prepaid-Karte mit Telefonminuten. Tippen Sie bei Ihrem Smartphone, das über WLAN oder Mobilfunk mit dem Internet verbunden sein muss, auf das **Symbol des App-Stores** und melden Sie sich dort mit Ihrem

Benutzernamen (ID) und Ihrem Kennwort (Passwort) an. Einer der obersten Punkte Ihres Benutzerkontos (Accounts) heißt **„Karte oder Code einlösen"** oder ähnlich. Rubbeln Sie den Code auf der Guthabenkarte frei und geben Sie ihn ein. Mit **„Einlösen"** wird der Betrag dann auf Ihren Account gebucht und Sie können kostenpflichtige Apps kaufen.

Code beim Smartphone verwenden

Auf einem Smartphone befinden sich oft persönliche Daten wie Hunderte von Fotos, zahlreiche Adressen und Kalendereinträge. Es ist daher sinnvoll, das ganze Gerät durch einen Code zu schützen und nicht nur wie beim klassischen Handy die SIM-Karte des Mobilfunkanbieters. Hat man bei der Aktivierung des Smartphones noch keinen Code eingegeben, öffnet man die **Einstellungen** (Zahlradsymbol) und geht dann zu **„Code"** oder ähnlich. Dort finden Sie einen Unterpunkt wie **„Code aktivieren".** Wählen Sie eine der Code-Optionen aus, gängig sind vier- und sechsstellige numerische Codes. Ist Ihr Code einfach zu erraten, weil er z.B. 1234 lautet, erhalten Sie einen Warnhinweis. Nehmen Sie daher besser gleich eine andere Ziffernfolge, die Sie sich gut merken können – keinesfalls aber die vertraute PIN Ihrer Bankkarte! Mit einer erneuten Eingabe aktivieren Sie dann Ihren neuen Code. Wollen Sie ihn später einmal

SO KLAPPT'S AUCH

Viele Smartphones bieten neben dem numerischen Code auch die Möglichkeit, das Gerät durch einen Fingerabdruck oder das eigene Gesicht zu entsperren. Sie erkennen dies daran, dass der Punkt in den Einstellungen „Touch ID & Code" bzw. „Face ID & Code" oder ähnlich heißt. Statt „Code aktivieren" heißt es dann z. B. „Fingerabdruck hinzufügen" – der Sensor liegt meist unterhalb des Displays oder in der Einschalttaste. Und bei der Variante mit Gesichtserkennung heißt es „bitte recht freundlich" in die Selfie-Kamera oben am Display.

ändern oder deaktivieren, müssen Sie ihn bei „Code" zunächst nochmals eingeben.

Stromverbrauch beim Smartphone minimieren

Ein Smartphone ist ein „Minicomputer samt Telefon", was sich auch im höheren Stromverbrauch bemerkbar macht. Der Akku hält länger, wenn Sie

- den **Bildschirm dimmen** und die Anzeigezeit verkürzen. Bei den Einstellungen finden Sie einen Punkt wie „Anzeige & Helligkeit", wo Sie die Grundhelligkeit und die automatische Bildschirmabschaltung festlegen.
- beim Mobilfunk „einen Gang runterschalten". Viele Smartphones haben den neuesten Standard 5G eingebaut, der sehr schnell ist, aber auch viel Strom benötigt. Überprüfen Sie in den Einstellungen bei „Mobilfunk" oder ähnlich, ob Sie bei den Datenoptionen manuell **auf 4G/LTE zurückstellen** können, was meist ausreicht.
- für Apps, die Sie kaum verwenden, die **vollautomatische Aktualisierung im Hintergrund** über das Mobilfunknetz **deaktivieren.** Bei „Mobilfunk" können Sie dies App für App vornehmen.
- überprüfen, welche Apps **unnötigerweise auf die Satellitenortung GPS zugreifen.** Meist finden Sie in den Einstellungen unter „Datenschutz" und „Ortungsdienste" oder ähnlich eine App-Liste.

Haptische Notruftaste beim Handy programmieren

Viele klassische Handys besitzen auf der Rückseite eine große rote Notruftaste. Auf diese lässt sich der europäische Notruf 112 programmieren. Gehen Sie dazu im Menü bzw. in den **Einstellungen** zum Punkt **„SOS-Taste", „Notruf-Taste"** oder ähnlich. Tippen Sie bei Rufnummer die „112" und bei Name „Notruf 112" ein und **sichern** Sie Ihren Eintrag. Bei vielen Handys können Sie zusätzliche Nummern und Namen von Kontaktpersonen eingeben, die nach einer Auslösung des Notrufs darüber per SMS informiert werden. Und bei manchen Handys lässt sich im Menü noch festlegen, ob der Notruf durch einmaliges langes Drücken (meist drei bis

> **AUFGEPASST**
>
> Auch beim Smartphone wird der Notruf per Tastendruck aktiviert – in der Regel durch fünfmaliges Drücken der Einschalttaste an der Seite, manchmal gefolgt von einem Wischen über den Bildschirm. Bei den meisten Geräten ist die europäische Notrufnummer 112 bereits voreingestellt. Sehen Sie zur Sicherheit in den Grundeinstellungen (Zahnradsymbol) beim Punkt „Notruf SOS" oder ähnlich nach, ob Sie die Nummer manuell eingeben müssen. Dies kann z. B. auch in außereuropäischen Regionen mit anderen Notrufnummern der Fall sein.

Mit der portablen Powerbank hat man immer eine Lademöglichkeit für sein Smartphone dabei.

fünf Sekunden) oder durch mehrfaches kurzes Drücken (meist fünf Mal) ausgelöst werden soll. Falls diese Option besteht, sollten Sie am besten vorab – bei ausgeschaltetem Handy – ausprobieren, welche Bedienungsvariante Ihnen unter Stress einfacher vorkommt.

Handy oder Smartphone unterwegs laden

Es ist ärgerlich, wenn unterwegs der Akku des Handys oder Smartphones leer ist. Gerade wenn der Akku schon etwas älter ist, sollten Sie vorbeugen:

- Haben Sie ein klassisches Tastenhandy, können Sie den Akku meist selber wechseln. Mit einem **Zweitakku** sind Sie auf der sicheren Seite.

- Bei fast allen Smartphones ist der Akku fest verbaut, sodass Sie hier eine externe **Powerbank** zum Nachladen benötigen. In der Regel reicht eine Powerbank in der Größe eines kleineren Seifenstücks, um ein Smartphone ein oder zwei Mal komplett aufzuladen. Achten Sie unbedingt schon beim Kauf darauf, dass das (mitgelieferte) Ladekabel zu Ihrem Handy oder Smartphone passt – bei aktuellen Geräten USB-C, bei älteren Micro-USB und bei Apple bis Herbst 2023 Lightning.

- Sind Sie öfter mit dem Auto unterwegs, können Sie auf den Zweitakku oder die Powerbank verzichten, indem Sie einen **Ladeadapter für den Zigarettenanzünder oder einen USB-Anschluss** kaufen. Dort können Sie das passende Ladekabel einstecken und das Smartphone so während der Fahrt aufladen.

Notfallpass und Notruf beim Smartphone programmieren

Bei vielen Smartphones befindet sich in den **Grundeinstellungen** (Zahnradsymbol) auch ein Punkt **„Health"** oder ähnlich, unter dem man Gesundheitsangaben zu seiner eigenen Person hinterlegen kann. Besonders interessant ist dabei der „Notfallpass" – dieser kann auch dann abgerufen werden, wenn das Smartphone mit einer PIN, einem Fingerabdruck oder der Gesichtserkennung gesperrt ist – eine im tatsächlichen Notfall sehr wichtige Funktionalität.

Tippen Sie auf **„Notfallpass erstellen"** oder ähnlich und geben Sie Ihren Namen und Ihr Geburtsdatum ein. Speichern Sie ein vorhandenes – oder mit der Selfie-Kamera ganz aktuell gemachtes – Foto von sich mit ab. Mit Angaben z.B. zu den von Ihnen zu nehmenden Medikamenten und/oder zu Allergien, zu Gewicht, Größe und Blutgruppe vervollständigen Sie den Notfallpass.

Zum Schluss können Sie mehrere Notfallkontakte samt – wirklich verwendeter – Telefonnummern und den Beziehungsstatus (wie z.B. Ehepartner) angeben. Achten Sie auch darauf, die Nummern samt der internationalen Vorwahl abzuspeichern, also z.B. +49 1234 12345678. Wählen Sie nämlich einmal den europäischen Notruf 112 über die Notruftaste, werden Ihre Notfallkontakte darüber per SMS informiert, und das soll ja auch aus dem Ausland funktionieren.

Smartphone-Bedienung verbessern

Die Schrift trotz großem Bildschirm zu klein, das Tippen mühselig – die Bedienung des Smartphones lässt sich leicht verbessern.

- In den **Einstellungen** findet sich meist ein Punkt **„Bedienungshilfen"** oder ähnlich, bei dem Sie die **Anzeige** und **Textgröße** verändern können. Oft kann man zusätzlich fetten Text aktivieren.
- Unter „Bedienungshilfen" kann man oft auch eine **Zoom-Funktion** einschalten. Danach tippen Sie einfach mit meist drei Fingern auf den Bildschirm, um den Zoom zu nutzen.
- Um die **Diktierfunktion** statt der Texteingabe über die Tastatur zu verwenden, müssen Sie in der Regel in den **Einstellungen** zum Punkt **„Allgemein"** und dort zu **„Tastatur"** gehen. Hier können Sie die Diktierfunktion aktivieren. Zusätzlich kann es in den Einstellungen für die jeweilige App nötig sein, den Zugriff auf das Mikrofon zu erlauben. Zum Sprechen tippen Sie dann später in der App auf das kleine Mikrofonsymbol.

„Eingefrorenes" Smartphone neu starten

Manchmal passiert es, dass der Bildschirm des Smartphones nicht mehr auf Eingaben reagiert – das Betriebssystem des Geräts

AUFGEPASST

Sind die Betriebssysteme Ihrer Geräte unterschiedlich alt, kann es sein, dass Sie nur eine ältere Version der App laden können. In Einzelfällen ist eine auf einem Gerät installierte App nicht mehr verfügbar, da sie zwischenzeitlich aus dem Store entfernt worden ist. Und manchmal gibt es von einer App nur die Smartphone-Version, die dann das größere Display des Tablets zwar nicht optimal ausfüllt, aber ihre Funktion erfüllt.

hat sich wie ein „großer" Computer „aufgehängt". Probieren Sie dann zunächst durch **langes Drücken auf den Ein-Aus-Schalter,** ob noch ein Feld wie **„Ausschalten"** oder **„Neustart"** erscheint. Falls ja, drücken Sie darauf oder wischen Sie nach rechts. Das Smartphone sollte nun herunterfahren und nach kurzer Zeit wieder wie gewohnt starten und funktionieren. Hilft das alleinige Drücken auf den Ein-Aus-Schalter nichts mehr, so drücken Sie **zeitgleich auch den Leiser-Schalter** auf der Seite länger – bei manchen Geräten dient dazu auch der Lauter-Schalter. Meist spüren Sie dann nach einigen Sekunden ein Vibrieren und der Neustart erfolgt kurz darauf. Hat Ihr Smartphone einen austauschbaren Akku, so können Sie das Problem auch lösen, indem Sie den **Akku entfernen und nach zwei, drei Minuten wieder einsetzen.** Das Smartphone startet dann wieder.

Ein Benutzerkonto für mehrere Geräte

Hochwertige Apps im App-Store für Apples iOS-Geräte und im Google-Play-Store für Android-Geräte kosten manchmal einen zweistelligen Euro-Betrag – haben Sie mehrere Geräte, müssen Sie sie aber nicht mehrfach kaufen. Haben Sie z.B. zwei Smartphones oder ein Smartphone und ein Tablet mit dem gleichen Betriebssystem, **verwenden Sie** einfach **das gleiche Benutzerkonto** auf beiden Geräten, wenn Sie auf den App-Store zugreifen. Geben Sie dazu nach einem Tip auf das Symbol des Stores zunächst den Benutzernamen (ID) und das Kennwort (Passwort) ein und melden Sie sich bei Ihrem Benutzerkonto (Account) an. Unter **„Gekauft"** oder ähnlich finden Sie eine Liste sämtlicher je aus dem Store geladenen kostenlosen und kostenpflichtigen Apps. Ist eine App aktuell nicht auf dem jeweiligen Gerät, so sehen Sie eine stilisierte **Datenwolke samt Pfeil nach unten** oder ein ähnliches Symbol – tippen Sie darauf, um die fehlende App herunterzuladen.

Passende Smartphone-Hülle

Moderne Smartphones sind oft auch hinten aus Glas. Erleidet das Gerät einen Sturzschaden, ist dies ärgerlich und kann teuer werden. Eine passende Hülle hilft, einen Schaden zu vermeiden oder gering zu halten.

- Die einfachsten Hüllen **schützen die Rückseite.** Achten Sie darauf, dass die Hülle nicht zu glatt ist – am besten sind welche mit Anti-Rutsch-Oberfläche, die auch an den Seiten etwas höher als die Kante des Bildschirms sind.
- Mit einer Hülle im **Buchtyp** ist im geschlossenen Zustand auch der Bildschirm Ihres Geräts komplett geschützt. Zusätzlich sind im „Buchumschlag" meist einige praktische Steckfächer für Karten, kleine Scheine oder Ähnliches.
- Mit einer **wasserdichten Box** können Sie Ihr Smartphone auch in widrigsten Umgebungen verwenden. Allerdings wird das ganze Paket dann recht sperrig und schwer.

Flüssigkeit auf dem Smartphone

Ob ein Glas umkippt und der Inhalt über das Smartphone läuft oder ob es einem in eine Pfütze fällt – oft klappt die Rettung des Geräts. Holen Sie es **schnell aus dem Wasser** und **schalten Sie es aus.** Entfernen Sie die SIM-Karte, eine eventuell vorhandene Micro-SD-Karte, ebenso den Akkufachdeckel und den Akku, falls dieser nicht fest verbaut ist. Tupfen Sie danach

das Smartphone **mit Küchenpapier** oder einem Tuch ab – benutzen Sie keinen Föhn, da dieser die Flüssigkeit in das Gerät hineindrückt und es zum Kurzschluss kommen kann. Anschließend muss das Smartphone **zwei Tage an der Luft komplett austrocknen.** Alternativ geben Sie das Gerät in einen Behälter, in dem sich einige Päckchen Silikagel (Kieselgel) befinden, die die Restfeuchtigkeit binden. Nach dem Trocknen und dem Wiedereinsetzen von SIM- und Micro-SD-Karte sowie Akku heißt es dann Daumen drücken: Prüfen Sie, ob sich das Smartphone einschalten lässt und es korrekt funktioniert.

Hintergrundbild ändern

Bereits ab Werk ist auf dem Sperrbildschirm sowie dem Start- oder Home-Bildschirm von Smartphones ein Hintergrundbild zu sehen. Wenn Ihnen das Motiv nicht zusagt, können Sie

Kann leicht passieren: Wasser ergießt sich über das Smartphone. Wer schnell und richtig reagiert, vermeidet in der Regel größere Schäden.

es leicht ändern. Tippen Sie dazu auf **Einstellungen** (Zahnradsymbol) und dann auf **„Hintergrundbild"** oder ähnlich. Dort können Sie aus dynamischen Motiven – bei denen sich also etwas im Bild bewegt – sowie statischen Ansichten einen neuen Hintergrund auswählen. Alternativ haben Sie hier auch Zugriff auf alle Fotos auf Ihrem Smartphone. Wenn Sie sich für ein Motiv entschieden haben, legen Sie fest, ob es als Hintergrund für den Sperrbildschirm, für den Home-Bildschirm oder für beide verwendet werden soll. So ist es z.B. möglich, mit einem Familienfoto auf dem Sperrbildschirm „begrüßt zu werden", für den Home-Bildschirm aber ein dezentes Muster zu verwenden, damit dort die App-Symbole gut erkennbar bleiben.

Bildschirmfoto aufnehmen

Beim Googeln auf dem Smartphone sehen Sie ein Preisangebot eines Händlers oder die Schlagzeile einer Nachricht – oft ist es praktisch, ein Bildschirmfoto aufzunehmen. Hat Ihr Smartphone noch einen Home-Schalter unter dem Display, drücken Sie für ein Bildschirmfoto in der Regel **gleichzeitig den Home-Schalter** und den **Ein-Aus-Schalter** auf der (Ober-) Seite des Geräts. Mit einem Klick wie bei einer Kamera wird der Screenshot aufgenommen und in der Foto-App abgespeichert. Bei einem Smartphone ohne Home-Schalter erstellen Sie das Bildschirmfoto meist durch **gleichzeitiges Drücken auf**

den Ein-Aus-Schalter und den **oberen Lautstärkeschalter** an der Seite.

Taschenlampe und Taschenrechner immer dabei

Bereits einfache Handys haben Zusatzfunktionen wie die Taschenlampe. Bei Klapphandys finden Sie meist links oder rechts auf der Seite einen **Druckknopf** mit Lampen- oder Lichtsymbol, der die Taschenlampe ein- und ausschaltet. Bei Handys im Barrenformat gibt es oft eine entsprechende **Taste unterhalb des Displays,** alternativ einen der obersten Punkte im (Grund-)Menü. Und bei Smartphones finden Sie die Taschenlampe in der Regel, indem Sie **auf dem Startbildschirm vom Bildschirmrand nach oben wischen,** wodurch eine Übersicht mit Schnellzugriffen erscheint. Ein Tip auf das Lampensymbol – und es wird Licht.

Möchten Sie hingegen etwas nachrechnen, tippen Sie bei den **Schnellzugriffen** des Smartphones auf das Taschenrechnersymbol. Senkrecht gehalten, öffnet sich ein klassischer Taschenrechner, quer sogar einer mit zahlreichen Sonderfunktionen.

Wecker einstellen

Eine weitere Zusatzfunktion bei Handys und Smartphones ist der Wecker. Bei einem klassischen Handy findet man den

Wecker in der Regel im **(Grund-)Menü,** manchmal auch unter einem Punkt wie **„Extras".** Geben Sie mit der Tastatur die Zeit ein, zu der Sie geweckt werden möchten, falls erforderlich auch den genauen Wochentag. Klicken Sie anschließend auf **„Speichern" oder „Ein"** und drücken Sie danach auf die Taste, die zurück zum Startbildschirm führt. Ist der Wecker korrekt aktiviert, sieht man dort nun ein Symbol mit einem nostalgischen Wecker oder mit Schallwellen. Nach dem Klingeln stoppen Sie den Wecker mit einer der Menütasten, über der **„Aus"** oder etwas Ähnliches steht.

Bei einem Smartphone findet man den Wecker meist bei den **Schnellzugriffen,** die man durch Hineinwischen vom oberen Bildschirmrand erreicht. Tippen Sie auf das **Uhrensymbol** und dort auf das **Weckersymbol** sowie auf **„Plus".** Geben Sie nun eine individuelle Weckzeit samt Wunschton und möglichem Wiederholungsintervall ein und tippen Sie auf **„Sichern",** woraufhin im Display ein Weckersymbol erscheint.

Fotos mit dem Smartphone machen

Zum Fotografieren mit dem Smartphone tippen Sie einfach auf das **Kamerasymbol,** und schon wird der Bildschirm zum Sucher. Hat Ihr Gerät mehrere **Objektive,** können Sie neben 1 × für das Weitwinkelmeist auch 0,5 × für das Superweitwinkel-

bzw. 2 × oder 3 × für das Teleobjektiv auswählen. Beim **Bildformat** ist meist 4:3 voreingestellt, alternativ gibt es fast immer 1:1 bzw. „quadratisch". Wenn Sie die Einstellung der **Schärfe** (und Belichtung) nicht komplett der Automatik überlassen wollen, tippen Sie auf das Motiv, das Ihnen am wichtigsten ist, z.B. ein Gesicht. Der Rahmen für den korrekten Fokus wird nun dort angezeigt. Meist ist es auch möglich, die Belichtung dieses wichtigen Bildteils zu optimieren, indem Sie das Sonnensymbol am Fokusrahmen nach oben (für heller) oder unten (für dunkler) verschieben. „Im Kasten" ist Ihr Foto, wenn Sie den runden Auslöser auf dem Bildschirm drücken. Und für ein **Selfie** tippen Sie auf das Kamerasymbol mit Kreis, um die Frontkamera zu aktivieren.

Bei einem Selfie muss man sich gar nicht immer nur selbst im Blick haben.

Fotos auf dem Smartphone optimieren

Smartphone-Fotografie heißt meist Schnappschuss-Fotografie, bei der es in der Regel schnell zugeht. Gut, dass man die Fotos sofort auf dem Gerät optimieren kann. Öffnen Sie dazu ein Bild in der Foto-App und tippen Sie auf **„Bearbeiten"**. Fast immer gibt es oben das Symbol eines funkelnden **Zauberstabs** – tippt man darauf, optimiert die Software Belichtung und Kontrast des Fotos vollautomatisch. Anschließend kann man über das Symbol des **Bilderrahmens** den Beschnitt aktivieren – zoomen Sie ins Motiv hinein, um Details am Rand abzuschneiden, und

bzw. oder ändern Sie das Format vom 4:3-Standard auf 3:2 für Fotopapier oder 16:9 für den Flachbildfernseher. In 95 % aller Fälle haben Sie nun schon ein optimiertes Foto, das aber immer noch natürlich wirkt.

Möchten Sie mehr Feinheiten Ihres Motivs verbessern, können Sie in der Foto-App weitere wichtige Parameter wie z.B. Kontrast oder Farbsättigung manuell verändern. Mit dem meist **roten Zurück-Pfeil** verwerfen Sie bei Bedarf alle Änderungen und „landen" dann wieder beim Originalfoto.

SO KLAPPT'S AUCH

Auch ohne Zusatz-App können Sie schon bei der Aufnahme bessere Fotos erhalten. So lässt sich der Blitz zum Aufhellen manuell zuschalten oder ein HDR-Foto machen, bei dem unterschiedlich belichtete Aufnahmen zusammengerechnet werden. Die Verwacklungsgefahr bei Selfies verringert der Selbstauslöser (Uhrensymbol). Drucken Sie Fotos gerne aus, sollte beim 4:3-Bildschirm oben und unten „etwas Luft" sein, damit auch beim 3:2-Fotopapier alles Wichtige drauf ist. Und sollen Ihre Fotos universell anzeigbar sein, muss das Dateiformat in den Grundeinstellungen der App auf (Standard-) JPG stehen.

Fotos direkt vom Smartphone drucken

So schön die Aufnahmen auf dem Smartphone anzusehen sind – manchmal will man „ein echtes Foto" in der Hand halten. An den Fotostationen in Super- oder Drogeriemärkten lässt sich dies schnell erledigen. Schließen Sie Ihr Smartphone dazu an eines der Kabel an der Station an – USB-C, Lightning oder Micro-USB. Nach kurzer Zeit sehen Sie auf dem Bildschirm eine Übersicht Ihrer Fotos, aus der Sie die auswählen, die gedruckt werden sollen. Legen Sie fest, **wie viele Ausdrucke** Sie jeweils wollen, welches **Format** es sein soll und ob bei einem Motiv ein **Rahmen** oder ein **kurzer Text** gewünscht ist, den Sie über die Bildschirmtastatur eingeben. Vor dem Start des Druckauftrags sehen Sie eine kurze Zusammenfassung und nehmen bei Bedarf noch Korrekturen vor. Die Fotoabzüge können Sie dann nach ein, zwei Minuten aus dem Ausgabeschacht nehmen, einen Beleg für die Kasse gibt die Station mit aus.

Videos mit dem Smartphone machen

Möchte Sie auch einmal ein Video drehen? Das geht ganz einfach: Öffnen Sie auf Ihrem Smartphone die App **„Kamera"** und tippen Sie darin auf **„Video".** Der Bildschirm als Sucher wechselt nun von 4:3 zum Fernsehformat 16:9 und der runde Auslöser wird rot. Halten Sie das **Smartphone im Querformat,** damit das Video später auf dem Fernseher formatfüllend ist. Mit Tippen auf den **Auslöser** startet die Aufnahme, ein Timer zeigt die Aufnahmedauer. Ein weiterer Tip auf den Auslöser stoppt die Aufnahme, die Sie unter **„Fotos"** ansehen können. Achten Sie in den **Grundeinstellungen** (Zahnradsymbol) bei „Kamera" darauf, dass das Video im **Standard H.264** aufgenommen wird, den fast alle Geräte abspielen können. Die Aufnahme sollte auch zum europäischen PAL-Format passend mit 25 oder 50 Bildern pro Sekunde erfolgen, damit Lampen wenig flimmern. Und mit (Full) HD 1080p sparen Sie gegenüber der Aufnahme in 4K Speicherplatz, ohne dass Sie auf dem Fernseher einen deutlichen Unterschied sehen, da die meisten Geräte ebenfalls (Full) HD 1080p sind.

Foto in geringerer Dateigröße verschicken

Smartphone-Kameras haben oft zwölf oder mehr Megapixel Auflösung, die damit gemachten JPG-Fotos meist zwei bis drei Megabyte Größe. Nutzen Sie einen (älteren) Smartphone-Vertrag mit relativ wenig Megabyte Datenvolumen pro Monat, sollten Sie beim Versenden von Fotos über das Mobilfunknetz darauf achten, eine geringere Dateigröße zu wählen. Schreiben Sie Ihren Text in der E-Mail- oder einer Nachrichten-App und fügen Sie ein Foto aus der Foto-App hinzu. **Wählen Sie anschließend beim Senden eine geringere Dateigröße aus,** wenn Ihr Smartphone dies zulässt – „eine Nummer kleiner" als die Originaldatei ist meist ein guter Kompromiss zwischen Qualität und Dateigröße. Alternativ warten Sie mit dem Versand einfach, bis Sie Ihr Smartphone über ein WLAN mit dem Internet verbinden können, da dann Ihr mobiles monatliches Datenvolumen geschont wird.

Smartphone-Fotos auf dem Computer sichern

Will man Fotos und Videos vom Smartphone auf den Computer sichern, hat man zwei einfache Möglichkeiten.

- Ein Smartphone mit Android-Betriebssystem besitzt meist einen Steckplatz für eine Micro-SD-Karte, auf der die Fotos sind. **Entnehmen Sie die Karte** aus dem Gerät und schließen Sie sie über einen Micro-SD-Kartenadapter an den USB-A- oder USB-C-Anschluss des Computers an. Die Karte erscheint dann in der Ordnerstruktur des Rechners, die Fotos und Videos sind in der Regel im Ordner **„DCIM"** (Digital Camera Images) und können einfach von dort verschoben werden.

■ Manche Android-Smartphones und alle iOS-Smartphones von Apple besitzen allerdings keinen Micro-SD-Steckplatz – hier erfolgt die **Datenübertragung per Kabel.** Schließen Sie zu diesem Zweck Ihr Gerät an das Ladekabel an und stecken Sie das andere Ende in den passenden USB-Anschluss des Rechners. Meist erscheint zunächst ein Feld mit einer Aussage wie **„Diesem Computer vertrauen".** Dies müssen Sie bejahen,

bevor das Smartphone in der Ordnerstruktur erscheint und Sie die Bilddateien bei „DCIM" sehen.

Aktuelles Radio hören mit dem Smartphone

Möchte man unterwegs (z.B. im Auto) einmal „Radio wie früher" hören, hat man zwei Möglichkeiten.

■ Auf vielen Smartphones ist ab Werk eine **Radio-App** installiert, deren Symbol meist an ein Transistorradio mit Antenne erinnert. Andernfalls laden Sie sich eine solche App aus dem App-Store auf Ihr Gerät. Wählen Sie in der App zunächst das Land und dann mit den Pfeil-Tasten für die Sendersuche einen der Radiosender, die ihr UKW-Programm parallel über das Internet „ausstrahlen". Eine Minute Radio hören über das Mobilfunknetz „kostet" Sie dabei üblicherweise etwa ein Megabyte Ihres monatlichen Datenvolumens.

■ Auf vielen klassischen Handys und vereinzelt auch noch auf Smartphones gibt es ein eingebautes **UKW-Radio-Modul.** Das bedeutet, dass die Musik in diesem Fall nicht über das Mobilfunknetz kommt, sondern tatsächlich über UKW. Sie müssen in diesem Fall meist das Kopfhörerkabel anstecken, das als Antenne dient. Die Sendersuche funktioniert ähnlich, jedoch sind Sie hier – wie früher – auf die Sender im Umkreis von ca. 50 km beschränkt.

Mit guten Kopf- oder Ohrhörern kann man in hoher Qualität Musik über das Smartphone hören.

Musik-Apps auf dem Smartphone nutzen

Neben Radio-Apps findet man in den App-Stores unter Stichwörtern wie „Musik" und „Radio" zahlreiche andere Musik-Apps, darunter **kostenfreie Dienste** wie „Oldies Radio" oder „Jazz Radio" ebenso wie **kostenpflichtige** wie „Spotify", „Amazon Music" oder „Apple Music". Letztere sind oft als Abonnements angelegt, sodass Sie ein Benutzerkonto benötigen und eine Zahlungsmöglichkeit – sei es eine Kreditkarte oder eine Guthabenkarte. Was den Inhalt betrifft: Am besten laden Sie sich eine **App** herunter, die gut zu Ihrem persönlichen Musikgeschmack passt oder eine so umfassende Musikauswahl bietet, dass Sie auf jeden Fall fündig werden. In den Apps können Sie die Musik meist nach Genres oder Epochen vorauswählen, bei den kostenpflichtigen auch ganz gezielt nach bestimmten Titeln oder Interpreten suchen. Zusatzleistungen wie individuelle **Playlists** (auf denen Sie Ihre Lieblingsmusik sammeln) und die Möglichkeit, Titel auch auf das Smartphone zu laden, runden die Angebote ab.

Kopfhörer am Smartphone anschließen

So gut eingebaute Lautsprecher in Smartphones auch sind, den besseren Musikgenuss bieten Kopfhörer oder externe Lautsprecher. Ältere Geräte schließen Sie über den **analogen 3,5-mm-Klinkenanschluss** am Smartphone an – sofern Ihr Gerät diesen noch besitzt. Ansonsten müssen Sie sich im Elektronikmarkt für ein paar Euro einen **Adapter** von 3,5-mm-Klinke auf Lightning (für Apple Geräte bis Herbst 2023) oder USB-C, den neuen Standardanschluss, kaufen.

Suchen Sie einen neuen Kopfhörer oder Lautsprecher, nehmen Sie entweder gleich ein Gerät mit dem passenden Stecker oder kaufen eines, das über den Kurzstreckenfunk **Bluetooth** angesteuert wird. Dazu schalten Sie am Smartphone in den **Einstellungen** (Zahnradsymbol) **Bluetooth** ein, ebenso am Kopfhörer oder Lautsprecher. Nun sollte das neue Gerät in der Liste koppelbarer Geräte erscheinen. Tippen Sie jetzt beim Smartphone auf **„Verbinden",** und schon können Sie die Musik „in Groß" genießen.

Übersetzungsfunktion des Smartphones nutzen

Will man z.B. in der Türkei oder in Spanien wissen, was „Taxistand" in der Landessprache heißt, zückt man heute das Smartphone. Entweder Sie geben im Internet-Programm „Taxistand" und „türkisch" ein oder Sie nutzen die Übersetzungsfunktion. Sie finden die App meist in den **Dienstprogrammen** oder bei **Informationen.** Öffnen Sie die App und stellen Sie die beiden Sprachen ein, zwischen denen übersetzt werden soll, also z.B. Deutsch und Türkisch. Tippen Sie danach auf das Mikrofonsymbol und sprechen Sie den gesuchten Begriff ins Smartphone, wo er auf dem Bildschirm angezeigt wird. Dazu müssen Sie der App in den Einstellungen den Zugriff auf das Mikrofon erlaubt haben, ebenso die Verwendung mobiler Daten, da Ihr Suchbegriff zur Übersetzung an Google oder Apple geschickt wird.

Alternativ muss Ihr Gerät mit einem WLAN verbunden sein. Nach wenigen Sekunden erscheint die Übersetzung schriftlich auf dem Bildschirm und wird Ihnen zusätzlich vorgelesen. Da die App auch ganze Sätze übersetzt, können Sie in passenden Situationen (wie z.B. Nachfragen bei einem Passanten) mit wechselseitigem Tippen auf die Ausgangssprachen richtige Unterhaltungen führen.

SO KLAPPT'S AUCH

In vielen Internet-Programmen wie der beliebten „Google"-App finden Sie im Eingabebereich eine Funktion wie „Texte übersetzen mit der Kamera". Erlauben Sie der App in den Einstellungen den Zugriff auf die Kamera und richten Sie das Objektiv anschließend z.B. auf die griechische Speisekarte im Restaurant auf Kreta. Eine Datenverbindung über Mobilfunk oder WLAN vorausgesetzt, erscheinen die Gerichte kurz darauf auf Deutsch und in lateinischer Schrift auf dem Bildschirm.

Sprachmemo aufnehmen

Sie haben Stift und Papier nicht zur Hand, das Tippen auf dem Bildschirm ist auch nicht so Ihr Ding – aber Sie möchten etwas notieren?! Gut, dass man auf den meisten Smartphones ohne Zusatz-App ein Sprachmemo aufnehmen kann. Die **App „Sprachmemos"** oder ähnlich finden Sie meist bei den **Dienstprogrammen.** Nach dem Öffnen sehen Sie einen roten Aufnahmeknopf. Einmal angetippt und Sie können Ihre Notiz – wie früher bei einem Diktiergerät mit Kassette – in das Gerät sprechen. Nochmals angetippt und die Aufnahme wird gestoppt und samt Aufnahmezeit und Aufnahmelänge als Sound-Datei in der App abgespeichert. Zum Abspielen tippen Sie auf die Starttaste, vor und zurück geht es mit den Links- und Rechts- bzw. Sekundentasten. Und ist Ihnen ein Dateiname wie „Neue Aufnahme" zu allgemein, tippen Sie diesen etwas länger an – über die Tastatur können Sie ihn dann z.B. in „Einkaufszettel" oder „Parkplatz" umbenennen.

Informationen über QR-Codes abrufen

Spätestens mit den Coronaimpfungen sind die pixeligen QR-Codes bekannt geworden. Oft dienen Sie aber nicht dazu, einzelne Daten verschlüsselt bereitzustellen, sondern zu einer Internet-Seite weiterzuleiten. Auf dem Smartphone öffnen Sie dazu die **Kamera-App** (oder eine spezielle QR-Code-Scanner-App) und halten das Gerät mit dem Objektiv in Richtung des gedruckten – oder auf einem Bildschirm angezeigten – QR-Codes. Der beste Abstand ist etwa 25 cm. Hat die Kamera den QR-Code erfasst, öffnet sich entweder gleich die Internet-Seite, auf die der Code verweist, oder Sie müssen noch kurz auf das eingeblendete Feld tippen. Beachten Sie, dass die Weiterleitung nur funktioniert, wenn beim Mobilfunk des Smartphones die mobilen Daten einge-schaltet sind oder wenn das Gerät über ein WLAN auf das Internet zugreifen kann.

Wichtige Ziele mit dem Smartphone suchen

Ist man auf der Suche nach der nächsten Apotheke, Tankstelle oder einem anderen wichtigen Ort, gelingt dies mit dem Smartphone schnell. Öffnen Sie dazu eine **Karten-App,** z.B. „Google Maps". Ist Ihr Gerät mit dem Internet verbunden und haben Sie in den **Einstellungen** den **Zu-griff auf den Standort über GPS** erlaubt, sehen Sie nach wenigen Sekunden die Karte Ihrer Umgebung mit Ihrer Position als Punkt. Anschließend reicht es, in der Suche z.B. „Apotheke" einzugeben – kurz darauf werden Ihnen auf der Karte alle Apotheken in der näheren Umgebung angezeigt. In der Ergebnisliste unterhalb der Karte finden Sie die Apotheken noch-

mals nach Entfernung aufgelistet – er-gänzt durch den Namen, die Adresse, die Öffnungszeiten und ein Telefonsymbol. Tippen Sie darauf, um die Nummer einzu-blenden, und mit einem weiteren Tippen, um anzurufen. Alternativ können Sie auf das benachbarte blaue **Routensymbol mit Pfeil** tippen – die App zeigt Ihnen nun den kürzesten Weg von Ihrem Standort zur Apotheke, wahlweise mit dem Auto, zu Fuß oder einem anderen Verkehrsmittel.

In manchen Restau-rants – gerade auch in Urlaubsregio-nen – gibt es die Speisekarte nur noch über einen QR-Code als Online-service.

Navigieren mit dem Smartphone

Hatte man früher einen Atlas oder eine Karte dabei, nutzt man heute eine **App für die Navigation** – meist „Google Maps". Die App ist grundsätzlich als Online-Navigation gedacht, d.h., unterwegs kom-men der aktuelle Kartenausschnitt und

Zusatzinfos wie Staumeldungen über das mobile Internet. Sie benötigen dazu einen Mobilfunkvertrag mit größerem Datenvolumen, z.B. fünf Gigabyte. Außerdem sollten Sie ein Ladekabel für den Zigarettenanzünder oder eine USB-Buchse dabei haben, da das GPS viel Strom benötigt. Erlauben Sie der Navigations-App vor dem Start in den **Einstellungen** (Zahnradsymbol) den **Zugriff auf den Standort und die mobilen Daten.** Die Routeneingabe beginnen Sie mit einem Tip auf das blaue **Routensymbol** mit dem Pfeil. Geben Sie nun den Start und das Ziel in die leeren Felder ein und tippen Sie auf das Autosymbol bei den Verkehrsmitteln. Das Smartphone zeigt Ihnen dann mehrere Routenvorschläge an – wählen Sie den für Sie sinnvollsten aus. Bei **„Schritte"** oder ähnlich erhalten Sie eine Übersicht über alle relevanten Punkte der Fahrt als Liste, bei **„Vorschau"** oder **„Karte"** alternativ als Kartenausschnitte. Die eigentliche Navigation starten Sie dann durch Tippen auf **„Starten",** als Ansicht ist meist die klassische Straßenkarte am besten.

Mit einer enstprechenden Halterung an der Windschutzscheibe oder z. B. an den Lüftungsschlitzen lässt sich das Smartphone als Navigationsgerät nutzen – inklusive der weniger ablenkenden Bedienung durch Sprachbefehle.

Den Kompass des Smartphones verwenden

Auch wenn man mit Straßen- oder Wanderkarte noch auf herkömmliche Weise navigiert, ist das Smartphone hilfreich. Fast alle Geräte haben außer dem GPS-Modul eine **Kompass-App** eingebaut. Sie finden die App meist bei den **Dienstprogrammen.** Öffnen Sie die Kompass-App und halten Sie das Smartphone mit dem Ladeanschluss zu sich. Für eine korrekte Anzeige der Himmelsrichtungen muss es außerdem wie ein klassischer Kompass **waagerecht gehalten** werden – die beiden Fadenkreuze sollten sich überdecken. Das kleine rote Dreieck zeigt Ihnen nun Norden an, der größere weiße Strich die Himmelsrichtung bzw. Gradzahl, in die Sie blicken.

Beachten Sie, dass Sie vor dem Losfahren, Losradeln oder Loswandern die Karte und den Kompass so halten müssen, dass Norden (also der obere Kartenrand) und Norden des Kompasses in die gleiche

Richtung weisen, damit Sie auch wirklich die richtige Himmelsrichtung zum Ziel ablesen können.

Den eigenen Standort manuell übermitteln

Beim Wählen des Notrufs wird der Standort vom Smartphone automatisch an die Rettungsleitstelle übermittelt, doch meist geht es um „positive Orte" wie einen Aussichtspunkt, wenn man den Standort manuell übermitteln möchte.

- Öffnen Sie dazu die **Karten-App,** z.B. „Google Maps". Haben Sie in den **Einstellungen** (Zahnradsymbol) den **Zugriff auf die GPS-Ortung** erlaubt, sehen Sie nach wenigen Sekunden Ihren Standort als Punkt. Mit einem Tip darauf öffnet sich ein Feld, um sich mit Benutzernamen (ID) und Kennwort (Passwort) beim Google-Benutzerkonto (Account) anzumelden. Anschließend können Sie Ihren Standort teilen.
- Um den Standort auf „Google Maps" ohne Anmeldung zu teilen, verwenden Sie eine **App** wie z.B. **„GPS to SMS",** der Sie ebenfalls den GPS-Zugriff erlauben müssen. Haben Sie den Standort per SMS oder E-Mail versendet, erhält der Empfänger eine Nachricht mit einem Link, der beim Antippen automatisch „Google Maps" öffnet.
- In **„Apple Karten"** klappt die Standortübermittlung nach erlaubtem GPS-Zugriff ähnlich: Unterhalb des Karten-

SO GING'S BEI MIR

Katharina Z. aus M. schreibt: Mein Mann und ich nutzen unterwegs gerne „Google Maps". Nach unserem letzten Italienurlaub waren wir aber über unsere Mobilfunkrechnung erschrocken. In der Schweiz kostete uns die Navigation ein Heidengeld. „So ist das in einigen Nicht-EU-Ländern", klärte man uns auf Nachfrage auf. Nun haben wir eine Alternative gefunden: Einige Apps wie z.B. „HERE WeGo" bieten reine Offline-Navigation, dort kann man die gewünschten Länderkarten zu Hause laden, unterwegs können dann keine weiteren Kosten anfallen.

ausschnitts mit dem Standort gibt es ein Feld **„Standort teilen",** das unter anderem zur Nachrichten- und zur E-Mail-App führt.

Wetter-App verwenden

Ist einem der Wetterbericht in Radio oder Fernsehen zu wenig informativ, kann man einen Blick auf die Wetter-App im Smartphone werfen. Erlaubt man der App in den **Einstellungen** (Zahnradsymbol) **den Zugriff auf den Standort über GPS** und die **Datennutzung über das Mobilfunknetz,** so zeigt sie einem beim Öffnen „auf den Meter genau" die aktuelle Temperatur, aber auch Hinweise wie z.B. eine Unwetterwarnung. Die App kann aber noch wesentlich mehr:

- Die **„Stündliche Vorhersage"** zeigt Ihnen die Prognose für Temperatur und Niederschlag der nächsten 24 Stunden samt Sonnenaufgang und -untergang.
- Die **„Mehrtägige Vorhersage"** bringt eine Übersicht der Temperatur- und Niederschlagsentwicklung für bis zu zehn Tage.
- Der **„UV-Index"** ist ein guter Indikator, ob man Sonnencreme auftragen sollte.
- Der Punkt **„Feuchtigkeit"** enthält meist auch Informationen zum Taupunkt und damit zur Wahrscheinlichkeit von Straßenglätte.
- Und möchten Sie all diese Informationen für mehrere Orte haben, so tippen Sie auf das meist **gestrichelte Listensymbol** in der App, suchen dann mit der Lupe einen Ort und tippen auf **„Hinzufügen".**

SO KLAPPT'S AUCH

So wie Sie in WhatsApp Nachrichten an Gruppen verschicken können, sind auch Gruppenanrufe möglich. Im Gruppen-Chat tippen Sie dazu auf das grüne Telefonsymbol und anschließend auf das Feld „Gruppe anrufen". Werden Sie selbst angerufen, können Sie das Gespräch bei einem Android-Smartphone mit dem grünen oder roten Telefonsymbol annehmen oder ablehnen, bei einem Apple-Gerät mit iOS mit der blauen oder roten Taste. Ebenso können Sie Gruppenvideotelefonate führen, indem Sie im Gruppenchat auf das Kamerasymbol tippen.

Warnmeldungen auf dem Smartphone erhalten

Ob Hochwasser oder starker Schneefall – rechtzeitige Gefahrenhinweise für die eigene Region sind Gold wert. Um Warnmeldungen auf dem Smartphone zu erhalten, laden Sie am besten eine **von den Behörden unterstützte App** wie „Nina" oder „Katwarn" auf Ihr Gerät, die über mobile Daten oder WLAN aktualisiert werden. Halten Sie sich meist am selben Ort oder wenigen Orten auf, geben Sie die Namen in der App unter dem Punkt **„Meine Orte"** oder ähnlich ein. Zusätzlich oder alternativ können Sie hier **„Aktuellen Standort"** auswählen – dazu müssen Sie der App in den **Einstellungen** (Zahnradsymbol) den **Zugriff auf den Standort über GPS erlauben.** In den **Einstellungen** der App können Sie dann noch festlegen, ab welcher Warnstufe Wetterwarnungen und Hochwasserwarnungen, aber auch Bevölkerungswarnungen wie z.B. Gefahren für die öffentliche Infrastruktur angezeigt werden sollen.

WhatsApp-Gruppe einrichten

Messenger-Apps wie WhatsApp haben die SMS nahezu ersetzt – auch wegen der **Gruppenfunktion,** die Nachrichten an zahlreiche Empfänger gleichzeitig ermöglicht. Eine WhatsApp-Gruppe für die Familie oder den Verein ist schnell eingerichtet. Tippen Sie dazu in der App bei einem Android-Smartphone auf die drei Punkte oben rechts und dann auf **„Neue Gruppe",** bei einem iOS-Smartphone direkt auf **„Neue Gruppe".** Wählen Sie anschließend aus Ihren Kontakten aus, wen Sie der Gruppe hinzufügen möchten, und tippen Sie dann bei Android auf den **grünen Pfeil,** bei Apples iOS auf **„Weiter".** Vergeben Sie noch einen passenden Gruppennamen wie „Familie Müller" und schließen Sie den Vorgang bei Android mit einem Tip auf den **grünen Haken,** bei iOS mit **„Erstellen"** ab.

Die neue Gruppe erscheint nun oben bei Ihren Chats (so heißen in WhatsApp die verschiedenen „Gesprächsverläufe") – um eine Nachricht an alle Mitglieder zu versenden, tippen Sie auf den Gruppennamen und schreiben dann den Text.

Während der Coronapandemie waren Videoanrufe zeitweise die einzige Möglichkeit, sich von Angesicht zu Angesicht zu sprechen.

Telefonate und Videotelefonate über WhatsApp

WhatsApp ermöglicht auch Telefonate und Videotelefonate über die mobilen Daten oder ein WLAN. Um ein Telefonat zu starten, gehen Sie zunächst zu dem **Chat** (Gesprächsverlauf) der Person, die Sie über WhatsApp anrufen möchten. Tippen Sie danach auf das **grüne Telefonsymbol** oben rechts – sobald die Verbindung steht, können Sie sprechen. Um das Telefonat zu beenden, tippen Sie auf das **rote Telefonsymbol** mit dem aufgelegten Hörer.

Wenn Sie möchten, können Sie bei WhatsApp auch ein **Videotelefonat** führen. Tippen Sie dazu während eines bestehenden Sprachanrufs einfach auf das **kleine Kamerasymbol** unten. Ihr Gesprächspartner erhält daraufhin eine Anfrage, ob er ebenfalls auf Video umschalten möchte – falls ja, sehen Sie sich nun auf den Bildschirmen. Um einen Videoanruf direkt zu starten, tippen Sie im Chat oben rechts gleich auf das Kamerasymbol.

Fahrplanauskunft, Preisinformationen und Ticketkauf – das alles geht mit der App der Bahn oder des entsprechenden Verkehrsverbundes auf dem Smartphone.

Bahnauskunft und ÖPNV am Smartphone

Möchten Sie eine Reise mit der Bahn oder eine Fahrt mit dem öffentlichen Personennahverkehr machen, können Sie dies daheim planen. Laden Sie sich dazu die App **„DB Navigator" oder die des regionalen Verkehrsverbunds** aus dem App-Store auf Ihr Smartphone. Die Verbindungssuche in den Apps ist ähnlich. Öffnen Sie die App und geben Sie in der Suche den Start und das Ziel ein – achten Sie darauf, bei mehreren vorgeschlagenen Haltestellen die richtige auszuwählen. Wichtig sind auch Datum und Uhrzeit. Machen Sie hier keine speziellen Angaben, schlagen Ihnen die Apps nur die zeitlich

nächsten Verbindungen vor. Außerdem können Sie fast immer einzelne Verkehrsmittel ausschließen und längere Umsteigezeiten auswählen, falls dies für Sie wichtig ist. Im „DB Navigator" ist für die Preisauskunft ferner relevant, wie alt Sie sind, ob Sie 1. oder 2. Klasse reisen wollen und eine Ermäßigung wie eine BahnCard 50 oder 25 besitzen.

Zugticket mit dem Smartphone kaufen

Von der Fahrplanauskunft ist es auf dem Smartphone nicht weit zum Fahrkartenkauf. Wählen Sie im **„DB Navigator"** zunächst bei **„Buchen"** die passende

Zugverbindung aus und tippen Sie anschließend auf **„Zur Angebotsaus-wahl".** Entscheiden Sie sich nun für eines der angebotenen Tickets (z.B. 2. oder 1. Klasse, mit oder ohne Sitz-platzreservierung) und tippen Sie auf **„Zur Buchung".** Haben Sie bereits ein Kundenkonto mit hinterlegter E-Mail und Zahlungsoption, so melden Sie sich bei „Login" mit Ihrem Benutzernamen und Passwort (Kennwort) an und schlie-ßen den Kauf des Zugtickets ab.

Alternativ müssen Sie zunächst bei „Registrieren" ein neues Kundenkonto anlegen. Das gekaufte Ticket sehen Sie anschließend in der App unter „Reisen" und können es so später dem Kontrolleur im Zug zeigen. In den Apps der regionalen Verkehrsverbünde läuft der Fahrkarten-kauf ähnlich wie bei der Bahn, d.h. über ein Kundenkonto samt E-Mail und Zah-lungsoption.

Lupe-App verwenden

Der Beipackzettel eines neuen Arzneimit-tels oder das Preisschild im Supermarkt – manchmal ist die Schrift so winzig, dass man sie selbst mit der Lesebrille kaum entziffern kann. Zum Glück haben viele Smartphones bei den **Dienstprogram-mmen** eine **Lupe-App,** die die Kamera nutzt. Öffnen Sie die Lupe-App durch **Antippen** und richten Sie das Smartphone auf die unleserliche Schrift. Wischen Sie anschließend auf der Vergrößerungsleiste

von – in Richtung +, damit die Schrift für Sie besser lesbar wird. Oft gibt es noch ein **Sonnensymbol,** bei dem sich eine Leiste zur Einstellung der Helligkeit öffnet, ebenso ein **Kontrastsymbol** (halbgefüllter Kreis), um das Lupenbild weiter zu ver-bessern. Und ist es wirklich zu dunkel, können Sie das Bild meist durch einen Tip auf das Taschenlampensymbol zusätzlich beleuchten.

Maßband-App verwenden

Möchte man kurzfristig etwas abmessen, hat man ja meist nicht gerade zufällig einen Meterstab zur Hand. Da hilft das Smartphone in der Jackentasche. Praktisch ist nämlich, dass es bei den **Dienstpro-grammen** meist auch ein **App-Maßband** gibt. Wenn Sie auf das App-Symbol tippen, schaltet sich zugleich auch die Kamera ein. Richten Sie diese mit dem Zielkreis auf ein Ende des Objekts, das Sie ab-messen wollen, z.B. die Tischplatte. Tippen Sie nun auf das Plussymbol oder ähnlich, um die Messung zu starten. Bewegen Sie das Smartphone langsam und parallel zum Objekt zu dessen ande-rem Ende und tippen Sie dort erneut auf das Plussymbol – nun sehen Sie die ge-samte abgemessene Entfernung als Linie samt Angabe der Länge in Zentimeter. Erfahrungsgemäß ist das Ergebnis der App ziemlich exakt, im Zweifelsfall führen Sie einfach zwei Messungen durch und bilden den Mittelwert.

UNSER HAUSTIER

Hunde, Katzen, Kaninchen & Co. bereichern unser Leben. Aber unsere liebenswerten Begleiter bringen auch immer wieder kleinere oder größere Probleme mit sich. Ob die Fischgesellschaft stimmen muss, der Hund eine Tablette schlucken soll oder dem Meerschweinchen die Krallen geschnitten werden — stets gibt es Tricks und Kniffe, die das Zusammenleben von Mensch und Tier erleichtern.

Welches Haustier eignet sich für kleine Kinder?

„O, wie süß! So einen möchte ich auch haben!" Kinder lieben Tiere, da fällt es schwer, immer wieder Nein zu sagen, wenn der Nachwuchs oder die Enkel sich einen tierischen Begleiter wünschen. Das muss man auch nicht, man sollte allerdings bei der Auswahl eines Haustieres sowohl die Wünsche und Fähigkeiten der Kinder als auch die Bedürfnisse des Tieres berücksichtigen.

- **Kinder im Alter von drei bis sieben Jahren:** Kleine Nagetiere wie Mäuse, Meerschweinchen und Kaninchen können eine gute Wahl für sehr junge Kinder sein. Von Meerschweinchen und Kaninchen sollten immer mindestens zwei gehalten werden. Sie sind pflegeleicht, lassen sich recht schnell zähmen. Die Kleinen können sich durchaus um viele Belange der Tiere kümmern, was ihnen wiederum dabei hilft, die Übernahme von Verantwortung zu lernen. Eltern oder Großeltern tragen jedoch trotzdem die Hauptlast bei der Pflege. Hamster eignen sich weniger gut, da sie nachtaktiv sind und tagsüber eher schlecht auf Kontakt reagieren.
- **Kinder im Alter von acht bis zwölf Jahren:** Neben den genannten Kleintieren kommen auch Katzen infrage, da sie unabhängiger als Hunde sind. Vögel, Fische und Reptilien sind ebenfalls geeignet, sie bieten aber kaum Möglichkeiten für direkten Kontakt.

Seriöse Züchter finden

Wer sich für ein Haustier entscheidet, möchte verständlicherweise ein gesundes Tier von einem **verantwortungsbewussten Züchter:** Diese sorgen dafür, dass die Jungtiere gesund und wohlversorgt aufwachsen, was Frauchen und Herrchen auch langwierige Tierarztbesuche erspart. Am besten verfolgen Sie die Anzeigen: Werden regelmäßig Tiere angeboten, ist der Handel gewinnorientiert oder ist es eher eine liebevolle Hobbyzucht? Bietet der Züchter Einblicke in sein Hinterzimmer, zeigt er etwa Käfige oder Terrarien? Überzeugen Sie sich selbst, ob die Herkunftsumgebung artgerecht ist.

SO GING'S BEI MIR

Katrin W. aus B. schreibt: Mein Enkel Jonathan wünschte sich ein Zwergkaninchen. Meine Tochter und ihr Mann waren nicht begeistert: „Wer kümmert sich dann wirklich darum? Und was machen wir in den Ferien?" Da habe ich angeboten, dass Jonathan und ich uns den kleinen Nager „teilen". Die meiste Zeit lebt das Zwergkaninchen bei meinem Enkel und er bringt ihn regelmäßig mit, wenn er mich besuchen kommt. Bei Wochenendausflügen, in der Urlaubszeit oder wenn es in der Schule stressige Phasen gibt, zieht das Kaninchen dann zu mir. Da ist es gut versorgt und die Familie kann ohne Stress verreisen oder sich anderen Dingen widmen.

Ein Tier aus einem Heim zu „erlösen", kann eine gute Erfahrung gerade auch für Kinder sein.

Tier aus dem Tierheim – ohne Überraschungen

Immer wieder kommen Haustiere in Mode, die ihre Halter überfordern: Beliebte Fernsehserien oder erfolgreiche Kinofilme führen dann zu einer hohen Nachfrage, die von den Züchtern bedient wird. Auch in der Weihnachtszeit kommt es häufig vor, dass Tiere als Geschenk neue und nicht vorbereitete Besitzer finden. Das Ergebnis ist leider oft genug, dass nicht wenige von ihnen dann nach kurzer Euphorie im Tierheim landen.

Wer sich selbst für ein Heimtier entscheidet, kann diesen Geschöpfen ein neues Zuhause geben und damit sich selbst, aber auch dem Tier (neue) Lebensfreude schenken. Bei einem solchen Tier hat man allerdings die Erziehung nicht von Anfang an in der Hand, daher sollte man auf ein paar Dinge besonders achten.

- Hat das Tierheim einen **guten Ruf** und einen seriösen Träger, z.B. den Deutschen Tierschutzbund e.V.?
- Informieren Sie sich vor dem Tierheimbesuch gut über die gewünschte Tierart: Welche **Symptome** deuten auf **Krankheiten** hin, etwa tränende Augen bei Nagern oder ein glanzloses Fell bei Katzen?
- Welche **Verhaltensweisen** lassen sich gegebenenfalls abtrainieren, welche nicht? Ein bissiger Hund, der zu einer charakterstarken Hunderasse gehört, lässt sich nur mit sehr viel Zeit und Training auf dem Hundeplatz erziehen.

Um den Haltern entgegenzukommen und pflegeleichte Tiere anbieten zu können, werden diese manchmal unter artwidrigen und umstrittenen Bedingungen aufgezogen. Erkundigen Sie sich genau, welche Philosophie der Züchter verfolgt: Papageien aus Handaufzucht oder besonders „schöne" Katzen können mit viel vermeidbarer Tierqual verbunden sein. **Meiden Sie generell seltene Exoten,** denn hier sind Wildfänge immer noch wahrscheinlich. Doch diese oft rücksichtslosen Eingriffe in den natürlichen Lebensraum bedrohen die Artenvielfalt. Außerdem sterben viele Tiere auf den meist langen Transportwegen.

Lebendige Vielfalt im Aquarium

Sorgen Sie vor, bevor es bei Ihnen heißt: „Der Kampffisch muss weg!" Durch die richtige Auswahl pflegeleichter Arten können Sie einen stabilen Bestand aufbauen. Achten Sie auf **unterschiedliche Größen** der Fische und bleiben Sie lieber deutlich **unter den maximal empfohlenen Bestandszahlen** für Ihre Aquariengröße: Wird den Fischen der Lebensraum zu eng, kommt es nämlich eher zu Krankheiten und Auffälligkeiten oder Störungen im Verhalten untereinander.

Die **Eigenschaften der Fischarten** sollten sich ergänzen. Welse etwa wühlen den (Sand-)Boden auf, um nach Nahrung zu suchen; zu viel Aktivität – durch zu viele Tiere – jedoch kann das Wasser ständig trüben. Der Schwarzgebänderte Buntbarsch („Jack Dempsey") wiederum gräbt gelegentlich den Boden um und dabei die lebenswichtigen Wasserpflanzen aus. Berücksichtigen Sie außerdem verschiedene Arten für Boden, Mitte und Oberfläche.

Neben den oben bereits erwähnten Kampffischen können auch andere Arten **aggressiv** auftreten, vorzugsweise männliche Exemplare. Halten Sie also beispielsweise von Schwertträgern oder Segelflossern (Skalaren) nur je ein männliches Exemplar – und sorgen Sie für die übrigen Aquariumsbewohner in jedem Fall für ausreichende Möglichkeiten, sichere Verstecke aufzusuchen.

So erhalten Sie ein energiesparendes Aquarium

Strom ist teuer geworden, manch einen hält die Sorge um die Kosten vom Einstieg ins Aquarienhobby ab. Dabei gibt es auch hier einige Spartipps, wenn man die drei Bereiche Heizung, Pumpe und Beleuchtung in den Blick nimmt.

So ist etwa eine **Heizungsanlage** nur für tropische Fischarten nötig, anderen – insbesondere heimischen – Arten hingegen genügt Wasser in der normalen Raumtemperatur. Zu ihnen gehören etwa Schleierschwanz, Kardinalfisch oder Prachtflossensauger. Zusätzlich lässt sich Heizenergie sparen, wenn man das Aquarium oben teilweise abdeckt und Boden und Rückseite dämmt.

AUFGEPASST

Wer ein Aquarium plant, sieht meist nur die direkten Anschaffungskosten für Becken und Zubehör. Die laufenden Kosten – z.B. der Strom, den Heizung, Pumpe und Beleuchtung verbrauchen – führen sich die wenigsten vor Augen. Bedenken Sie, dass es hier große Unterschiede gibt: Ein Salzwasseraquarium mag die beeindruckendsten Fischarten beherbergen, für Anschaffung, die alle zwei Tage fällige Kontrolle der Salzkonzentration und nicht zuletzt den Fischbestand fällt aber rund das Doppelte der Kosten im Vergleich zum Süßwasseraquarium an.

Aquarienpumpen filtern das Wasser und reichern es mit Sauerstoff an, die Unterschiede zwischen energieeffizienten Geräten und Stromfressern können sehr groß sein. Das Abschalten der Pumpe in der Nacht ist unter Aquarianern umstritten, befürchtet werden negative Folgen für die Wasserqualität. Probieren Sie es im Zweifel einfach mal aus und kontrollieren dabei regelmäßig die Wasserwerte mit Teststreifen.

Seit der Einführung von LED-Lampen fällt die **Beleuchtung** bei den Kosten nicht mehr so stark ins Gewicht. Auch wer das Tageslicht sinnvoll nutzt, kann hier sparen, doch aufgepasst: Gelangt dauerhaft zu viel Licht ins Becken, ruft dies starkes Algenwachstum hervor.

Kinder sind immer wieder fasziniert vom „Schlauchtrick" und helfen daher gern beim Wasseraustausch.

Jungfische im Aquarium aufwachsen sehen

Wer hätte das gedacht: Im Becken gibt es Nachwuchs, doch schon nach wenigen Tagen sind alle kleinen Fische wieder verschwunden. War die Wasserqualität schlecht oder sind sie gar in den Filter geraten? Oft sind einzelne Fischarten verantwortlich, die sich nicht nur pflanzlich vom Fischfutter ernähren, sondern auch **räuberisch Jagd auf kleinere Jungfische** machen. Wenn Sie nicht grundlegend in Ihren Bestand eingreifen und beispielsweise Skalare oder Neonfische aus dem Becken verbannen wollen, versuchen Sie Folgendes:

- Sorgen Sie für ausreichend **Versteckmöglichkeiten,** unzugänglich für größere Fische: Wasserpflanzen, aber auch Höhlen sollten nicht fehlen.
- Sogenannte **Laichbecken** bzw. Ablaichbecken schwimmen unauffällig an der Oberfläche: Wenn Sie bemerken, dass ein Mutterfisch trächtig ist, isolieren Sie ihn rechtzeitig, damit die Jungen – oder die Eier als Fischlaich – im geschützten Raum abgesetzt werden.

Sauberes Aquarium

„Das sieht aber toll aus", hören Aquarianer gern, wenn Besucher vor dem gepflegten Becken stehen. Leider kann sich der Eindruck schnell umkehren: Algen an den Scheiben wirken „schmutzig", trübes Wasser trübt auch den Blick. Mit nur wenigen Maßnahmen bleibt Ihr Aquarium jedoch stets ansehnlich.

Ergänzen Sie Ihren Fischbestand um ein oder zwei **Schilderwelse** für klare Sicht: Mit ihren Saugnäpfen suchen diese die Scheiben nach Bewuchs ab, von dem sie sich unter anderem ernähren. Im Fachhandel gibt es zur Unterstützung sogenannte Magnetbürsten, mit denen Sie von außen die Scheibe entlangfahren und die dann parallel innen reinigen.

Wird das **Wasser trübe,** sollten Sie zunächst die Filterleistung kontrollieren und den Filter gegebenenfalls öfter reinigen. Bestimmen Sie zudem die Färbung der Trübung:

- **Grünlich-milchig:** zu viele Schwebealgen durch Nährstoffe oder Licht. Reduzieren Sie das Futter, verzichten Sie auf Pflanzendünger, suchen Sie einen schattigeren Ort ohne Tageslichteinfall.
- **Grau:** Substratreste aus dem Bodenbelag wie Sand oder Kies. Verzichten Sie auf „wühlende" Fische wie Panzerwelse.
- **Gelbbraun:** Stoffe aus Wurzeln oder Zapfen. Entfernen Sie diese und setzen auf Steine und andere Gestaltungselemente.

Etwa alle zwei Wochen sollte ein **Wasserwechsel** von rund einem Drittel erfolgen. Bedenken Sie, dass dies immer einen größeren Eingriff in Ihr kleines Ökosystem darstellt. Folgen Sie den natürlichen Kreisläufen: Ausreichend Wasserpflanzen produzieren Sauerstoff, der Besatz an Fischen sollte zudem nicht zu hoch sein.

SO KLAPPT'S AUCH

Mit diesem Trick geht der Wasserwechsel ganz einfach: Platzieren Sie einen Eimer unter dem Aquarium. Füllen Sie Ihren etwa 1,5 m langen Aquarienschlauch mit Leitungswasser und halten Sie beide Enden fest verschlossen. Tauchen Sie ein Ende ins Wasser, das andere in den Eimer. Geben Sie nun zuerst die Öffnung in Bodennähe des Aquariums frei, danach das Ende im Eimer: Das Wasser fließt nun „von selbst" – achten Sie darauf, nicht zu viel abfließen zu lassen, etwa 20–30 % reichen für die regelmäßige Pflege aus.

Terrarium reinigen – leicht gemacht

Um Krankheiten bei Ihren Tieren, aber auch eine mögliche Geruchsbelästigung zu vermeiden, sollten Kot und wenn möglich auch Urin täglich aus dem Terrarium entfernt werden. Verwenden Sie eine Schaufel, wie sie für Katzentoiletten angeboten wird, und je nach Tierart eine spezielle **Terrarien-Einstreu** – keine Katzenstreu! Ansonsten gilt:

- **Waschen** Sie sich vor und nach der Reinigung gründlich (20 bis 30 Sekunden) die **Hände.**
- **Spülen** Sie **Futter- und Wassernäpfe** nur mit bloßem heißem Wasser aus – Desinfektionsmittel können den Tieren schaden.
- Reinigen Sie auch die **schmutzige Scheiben** nur mit **heißem Wasser** und gegebenenfalls mit einem **Spritzer Zitronensaft.**

AUFGEPASST

Manche Tabletten haben eine spezielle Hülle, damit die Wirkstoffe erst im Darm und nicht bereits im Magen freigesetzt werden. Sprechen Sie daher zuerst mit Ihrem Tierarzt, ob ein Öffnen der Kapsel oder Zermahlen der Tablette in Ordnung ist oder ob dadurch eventuell die Wirksamkeit des Medikaments beeinträchtigt wird.

Sie wollen den Pflegeaufwand auf ein Minimum reduzieren? Das gelingt mit einem sogenannten **ewigen Terrarium:** Nach der einmaligen Einrichtung wird das Gefäß dauerhaft und luftdicht verschlossen. Es entsteht ein **geschlossenes Ökosystem,** in dem der natürliche Kreislauf durch Pflanzen und Tiere wie Insekten, Würmer oder Schnecken erhalten bleibt. Ein ewiges Terrarium hält nicht wirklich ewig, aber ein bis vier Jahre kann das System tatsächlich funktionieren.

Hühner im Garten

Ist das leckere Frühstücksei aus dem Supermarkt wirklich bio? Mit Hühnern im eigenen Garten können Sie ganz genau wissen, wo es herkommt. **Hühner gelten als Kleintiere** und dürfen daher auch in Wohngebieten gehalten werden. Besprechen Sie Ihr Vorhaben aber sicherheitshalber vorher in der direkten Nachbarschaft, rein rechtlich sind bis zu 20 Tiere erlaubt. Ohne Hahn werden sie auch wenig stören, dann sollte man aber maximal fünf Hennen halten. Auf keinen Fall dürfen die sozialen Tiere einzeln gehalten werden. Achten Sie auf ausreichend Auslauffläche, zehn Quadratmeter sollten jedem Tier zur Verfügung stehen.

Hühner sind pflegeleicht, der Stall muss jedoch regelmäßig ausgemistet werden. Ansonsten sind die Tiere **Allesfresser,** können also neben speziellem Futter gut Küchenabfälle verwerten.

Medikamente geben

Das Problem kennen die meisten Tierhalter: „Er stürzt sich auf jedes Fressen,
das ich ihm vorsetze, aber wenn es um
Tabletten geht, macht unser Hund einen
großen Bogen darum." Doch Sie kennen
Ihr Tier besser – nutzen Sie seine Charak-
tereigenschaften aus:

■ Der Hund isst gerne Leberwurst?
  **Mischen Sie die Tablette in einen
  halben Teelöffel Leberwust,** eventuell
  in kleinen Stücken.

■ **Medikamente als Paste können Sie
  auf gut erreichbare Fellpartien oder
  direkt auf die Tatzen schmieren:**
  Katzen, aber auch viele Nagetiere
  werden sie abschlecken, denn ein
  sauberes Fell ist ihnen wichtiger als
  der schlechte Geschmack.

■ Ihr Hund wird nach dem Parieren
  stets mit einer Kleinigkeit belohnt?
  Heute gibt es als vierte **Belohnung
  die Tablette anstelle des Leckerlis.**

Freiwillig schlucken
nur wenige Hunde
die notwendigen
Tabletten.

Haustier transportieren

Den meisten Haustieren ist ihre gewohnte Umgebung am liebsten, dennoch sind Wege manchmal unvermeidlich, etwa zur Tierpension, wenn Sie in Urlaub fahren wollen. Wenn Sie feststellen, dass es Ihrem Liebling unterwegs nicht gut geht, suchen Sie nach Alternativen.

Wenn Sie eine Transportbox besitzen, prüfen Sie möglichst schon zu Hause, ob es für Ihren Liebling besser ist, wenn sie **Blicke nach außen** erlaubt oder wenn sie umgekehrt **mit einem Tuch zugedeckt** ist. Manche Tiere mögen es zudem eher **enger,** andere brauchen **etwas Raum,** um sich nicht eingesperrt zu fühlen.

Je nach Verkehrsmittel kann eine Fahrt für Ihr Tier verstörend wirken, weil die Bewegungen seinen Gleichgewichtsorganen nicht vertraut sind. Vielleicht können Sie den Weg auch zu Fuß zurücklegen? Wenn Sie Box oder Käfig auf einem **handlichen Trolley oder einer Sackkarre** befördern, bewegen Sie sich in überschaubarer Schrittgeschwindigkeit, ohne dass Sie Ihre eigenen Kräfte dabei überfordern.

Stressfreier Weg zum Tierarzt

Insbesondere größere Haustiere wie Hunde oder Katzen scheinen bevorstehende Arztbesuche regelrecht zu spüren: Manche Tierhalter berichten davon, dass ihr Liebling dann die besten Verstecke ausfindig macht, um der ungewünschten Situation zu entgehen. Wenn wir davon ausgehen, dass die Tiere keine übersinnlichen Fähigkeiten besitzen, muss ihnen also unser eigenes verändertes Verhalten Hinweise geben – selbst wenn dies unbewusst geschieht. Versuchen Sie Folgendes:

- Falls Sie für den Tierarzt spezielle Unterlagen bereitlegen: **Erledigen Sie das bereits Tage vor dem Termin,** damit Ihr Tier keine Verbindung zu dem Besuch herstellen kann.
- Dasselbe gilt für **Decken, Transportkisten** oder andere Hilfsmittel. Holen Sie diese nicht erst in der letzten Minute aus dem Keller, sondern **bereits einige Zeit zuvor:** Hund und Katze können sich dann erst einmal verstecken und wieder hervorkommen – wenn es wirklich losgeht, nutzen Sie das Überraschungsmoment.

Vergiftung bei Tieren vermeiden – im Notfall handeln

Wer noch wenig Erfahrung mit der Haustierpflege besitzt oder gerade ein neues (Jung-)Tier angeschafft hat, sorgt sich häufig um mögliche Gefahren im Haus. Das oberste Ziel ist es, Unfälle zu vermeiden, wichtig ist aber auch zu wissen, was im Notfall zu tun ist.

Halten Sie **gefährliche Substanzen außer Reichweite:** Hunde oder Katzen sollten z.B. auch keine Möglichkeit erhalten, an Reinigungsmitteln zu riechen oder zu lecken und die Flaschen womöglich umzuwerfen. Versetzen Sie sich dann in die Perspektive Ihres Tieres: Welche frei liegenden Kabel könnten angenagt werden, welche Ritzen oder Löcher zum Verhängnis werden, etwa gekippte Fenster? Notieren Sie die Nummer Ihres Tierarztes und der Tiergiftzentrale, kleben Sie diese von innen an die Tür Ihres Medikamentenkastens.

Bei **Verdacht auf Vergiftung:** Fahren Sie sofort zum Tierarzt und nehmen Sie die auslösende Substanz mit. Führen Sie ohne ärztlichen Rat kein Erbrechen herbei!

Ringelblumensalbe hilft bei Wunden.

Tiermedikation mit Hausmitteln

Die Kosten stehen sicher nicht an erster Stelle, wenn wir uns darum sorgen, dass es unseren treuen Begleitern gut geht. Doch Tierarztbesuche und Medikamente können selbst die Preise von Arzneien für uns Menschen übersteigen. Bevor Sie sich eine teure Krankenversicherung für Ihr Haustier leisten, lassen Sie sich in jedem Fall von einer Verbraucherzentrale beraten, denn hier gibt es viele Ausschlusskriterien. Denken Sie außerdem an die Möglichkeit von Hausmitteln, die auch uns Menschen oft gute Dienste leisten:

- Die Wunde an der Pfote will einfach nicht abheilen? **Salben mit pflanzlichen Wirkstoffen aus der Ringelblume** leisten hier gute Dienste, auch **Zink** kann sehr hilfreich sein.

- Zur allgemeinen Stärkung des Immunsystems unterstützen einige Tropfen

SO GING'S BEI MIR

Bert K. aus L. schreibt: Unsere Hündin ist schon etwas älter und runder, sie liegt viel herum. In den Hautfalten am Bauch hatte sich ein Hautpilz angesiedelt und der Tierarzt riet mir, die Stelle regelmäßig mit Apfelessig abzutupfen. Gesagt, getan, der Pilz war nach einigen Tagen bereits sichtbar auf dem Rückzug und auf chemische Mittel konnten wir am Ende zum Glück völlig verzichten.

Echinacea im Futter die Heilung vieler Krankheiten.

- Fragen Sie den Tierarzt Ihres Vertrauens nach **weiteren alternativen Medikamenten,** die sich mit etwas Geschick selbst herstellen lassen.

ausgeschlossen werden können. Außerdem sollten Sie bei der „Knoblauchkur" noch genauer als sonst beobachten, ob sich Verdauungsbeschwerden, Leistungs- oder Stimmungsprobleme bemerkbar machen.

Insektenschutz für Pferde (und Reiter)

Auf Pferde- und Viehweiden, in Ställen und im Wald: Plagegeister wie Mücken, Bremsen und Kriebelmücken machen nicht nur Menschen, sondern auch ihren Pferden das Leben schwer. Dabei sind die Stiche dieser Insekten nicht nur nervend, es können auf diesem Weg auch Krankheiten übertragen oder allergische Reaktionen ausgelöst werden. Grund genug, Ross und Reiter bestmöglich zu schützen – am besten von innen.

Neben den bisweilen teuren Präparaten zum Aufsprühen oder Einreiben bieten **Nahrungsergänzungen** wirksame Hilfe, allen voran der altbekannte **Knoblauch:** Beginnen Sie mit 25 g frischem Knoblauch täglich für ein Pferd, das etwa 500 kg auf die Waage bringt. Sie können die Menge auf das Doppelte (50 g) steigern, wenn Ihnen die Wirkung nicht ausreichend erscheint. Eine noch höhere Dosierung sollten Sie jedoch auf keinen Fall verabreichen, da Gesundheitsgefahren nicht

Flohschutz selber herstellen

Viele Tierhalter wünschen sich eine chemiefreie Haustierapotheke, gerade wenn es sich um regelmäßige Anwendungen etwa gegen Flohbefall handelt, die Tiere entsprechend stark belasten können. Hinzu kommt, dass spezielle Präparate aus der Tierhandlung in der Regel viel

Wenn sich der Hund kratzt, könnte ein Flohbefall vorliegen, aber auch eine Zecke dahinterstecken.

Geld kosten – dabei gibt es durchaus wirksame Alternativen.

Damit Ihr Tier erst gar nicht von Flöhen befallen wird, geben Sie ein paar Tropfen ätherisches Öl auf das Halsband oder auf den Nacken Ihres Tieres. Gut geeignet sind **Eukalyptus-, Lavendel-, Rosmarin-, Minz-, Zedern- oder Zitronenöl,** am besten mischen Sie mehrere der genannten Öle zusammen.

Ihr Tier kratzt sich ständig und Sie haben bereits einige Flöhe im Fell entdeckt? Mischen Sie **Essig und Wasser** zu gleichen Teilen, geben Sie noch einen Schuss **Zitronensaft** hinzu und sprühen Sie das Gemisch auf das Fell Ihres Tieres, bis dieses ganz durchtränkt ist. Spülen Sie nach einer Einwirkzeit von zehn Minuten alles gründlich ab. Wiederholen Sie die Prozedur für mindestens zehn Tage, bis Sie sicher sind, dass alle Flöhe und deren Nachkommen verschwunden sind.

Natürlicher Zeckenschutz

„Schon wieder eine Zecke!" – in manchen Gegenden oder auf bestimmten Wiesen sind die kleinen Blutsauger eine ernst zu nehmende Plage. Dann ist z.B. nach dem Spaziergang mit dem Hund erst einmal eine gründliche Zeckenkontrolle nötig. Sie können aber auch etwas zur Prävention unternehmen: Machen Sie Ihren treuen Begleiter für Zecken unattraktiv – mit **ätherischem Teebaum-, Schwarzkümmel- und Kokosöl,** die für das Ungeziefer

AUFGEPASST

Die Zeckenabwehrtropfen aus ätherischen Ölen eignen sich am besten für Hunde oder Kleintiere wie Kaninchen oder Meerschweinchen, die z.B. Auslauf im Garten haben. Bei Katzen hingegen ist besondere Vorsicht geboten: Hier ist der Putzdrang zu stark ausgeprägt. Katzen versuchen meist, sich die Öle so schnell wie möglich vom Fell zu schlecken – was insbesondere im Falle des Teebaumöls ungesund ist und sogar zu Vergiftungen führen kann.

ungenießbar sind. Mischen Sie hierfür ein Teil Kokosöl mit einem Teil Schwarzkümmelöl und fügen Sie ein paar Tropfen Teebaumöl hinzu. Wärmen Sie die Mischung leicht an, bis sie flüssig ist, und träufeln Sie **ein paar Tropfen auf den Nacken** Ihres Tieres. Mit einer Bürste verteilen Sie die Öle dann fein am ganzen Körper, insbesondere an den Läufen und am Bauch, wo Zecken die Reise auf ihrem Wirt beginnen.

Zecke entfernen

Trotz aller Vorsichtsmaßnahmen sind nicht alle Zeckenbisse vermeidbar. Haben Sie eine Zecke entdeckt, heißt es schnell zu handeln, damit möglichst keine Krankheitserreger übertragen werden. Dafür eignen sich Spezialwerkzeuge wie

Zeckenkarte, -hebel, -zange oder -schlinge am besten. Die Karten passen in jedes Portemonnaie, dort haben Sie sie bei Bedarf immer zur Hand.

Kein Werkzeug parat? Es gibt eine Notlösung: Suchen Sie sich ein **dünnes, aber stabiles Stück Plastik,** etwa den durchsichtigen Deckel einer Frischkäseverpackung. Trennen Sie hervorstehende Kanten ab, schneiden Sie dann an einer Ecke einen Winkel von etwa 30–45° aus – vergleichbar der Einkerbung an einer Zeckenkarte. Schieben Sie Ihr Hilfsmittel behutsam von hinten unter die Zecke und hebeln diese vorsichtig nach oben. Im Prinzip ist das Vorgehen nun dasselbe wie bei den Spezialwerkzeugen.

Es ist wesentlich leichter, wenn man beim Krallenschneiden zu zweit ist.

Ohren säubern

Schmutz oder Ohrenschmalz kann in den Gehörgängen unserer pelzigen Freunde für einiges Unbehagen sorgen. Besser ist es, mit Pflege und Reinigung nicht zu warten, bis sich das Tier offensichtlich kratzt oder die Ohren gar unangenehm riechen und schließlich ein Besuch beim Tierarzt nötig ist. Geben Sie ein sanftes Reinigungsmittel auf ein Wattepad, z.B. **Babyöl oder Apfelessig,** und entfernen Sie damit Schmutz und Ablagerungen. Dringen Sie nicht tiefer in den Gehörgang, als es Ihnen möglich ist, wenn Sie das Wattepad um Ihren kleinen Finger wickeln. Während manche Tiere die Prozedur geradezu genießen und von selbst stillhalten, ist es anderen unangenehm. Halten Sie das Tier während des Reinigungsvorgangs dann gut fest, eventuell mit der Hilfe einer weiteren Person. Reden Sie dabei permanent beruhigend auf es ein – und ein Leckerli danach lässt den Besuch beim „Ohrenarzt" gleich in viel besserer Erinnerung bleiben.

Krallen kürzen

In der freien Wildbahn gäbe es diese Situation nicht, bei unseren Haustieren kommt es dagegen regelmäßig vor: Die Krallen sind zu lang geworden und müssen gekürzt werden. Doch leider ist die Prozedur für die Tiere unangenehm, weswegen sie oft nervös werden und nicht ohne weiteres stillhalten.

Gewöhnen Sie Ihr Tier langsam an den Vorgang, indem Sie die Pfoten sanft berühren. Lassen Sie die Bewegung bei den normalen Streicheleinheiten zur Routine werden. Verwenden Sie dann **spezielle Krallenschneider** oder **abgestumpfte Nagelscheren,** an denen sich Ihr Tier auch dann nicht verletzen kann, wenn es plötzlich hochfährt und zuckt. Womöglich sind zwei Personen erforderlich, eine zur Ablenkung – etwa mit dem Lieblingsspielzeug –, die andere mit der Schere.

Loben und belohnen Sie Ihr Tier nach jedem erfolgreichen Schnitt mit einer Streicheleinheit oder einem kleinen Leckerli, damit es die Prozedur als positives Ereignis abspeichert.

Pflegeshampoo für Katzen

Katzen zählen sicherlich von Natur aus zu den reinlichsten Tieren, kaum eine Redewendung trifft die Realität schlechter als die sprichwörtliche „Katzenwäsche". Wahr ist aber auch, dass viele Katzen Wasser meiden – ob Ihr Stubentiger also eine Fellwäsche genießt oder eher als Tortur empfindet, müssen Sie selbst herausfinden. Für Gesundheit und Hygiene Ihrer Katze sind Reinigungsmittel jedenfalls in der Regel nicht nötig. Allenfalls sehr alte Katzen, die nicht mehr alle Körperstellen erreichen können oder die bei der Fellpflege nachlässig geworden

sind, brauchen gelegentlich Unterstützung durch uns Menschen.

Mischen Sie für ein Katzenshampoo dann milde, **parfümfreie Babyseife, Kokosöl und Wasser im Verhältnis 1:1:2.** Damit können Sie das Fell Ihres Tieres sanft reinigen, ohne die Haut zu reizen. Fügen Sie eventuell ein paar Tropfen Lavendelöl für einen beruhigenden Duft hinzu. Da Katzen aber empfindlich auf Gerüche reagieren, sollten Sie damit zurückhaltend sein.

Selbst gemachtes Pflegeshampoo für Hunde

„Oh nein, wie der wieder aussieht!" – unter Hunden gibt es richtige Dreckspatzen, die sich gern und ausdauernd in Schlamm oder Schlimmerem wälzen. Zur Abhilfe reicht die Dusche mit klarem Wasser manchmal nicht. Andererseits sollte der natürliche Säureschutzmantel der Hundehaut durch Reinigungsmittel nicht zerstört werden. Völlig ungeeignet ist daher unser eigenes Shampoo.

Ein spezielles Hundeshampoo lässt sich jedoch sehr einfach selbst herstellen: Mischen Sie ein Glas **Apfelessig** mit drei Gläsern **warmem Wasser.** Raspeln sie von einer **naturbelassenen Seife** ohne Duftstoffe oder Sulfat etwa drei Esslöffel in Ihre Mischung, fügen Sie einen Löffel Speiseöl – z.B. **Kokos- oder Olivenöl** – hinzu. Füllen Sie das Shampoo in eine Flasche, schütteln Sie diese und wenden

Auch Tieren können winterliche Verhältnisse Schwierigkeiten bereiten.

gegen Kälte und Salz. Die in der Regel nicht so appetitlich schmeckende Vaseline verhindert zudem, dass unser Begleiter sich die aufgetragene Pfotenpflege sogleich wieder ableckt. Spülen Sie die Pfoten nach dem Spaziergang mit lauwarmem Wasser ab und trocknen Sie sie sorgfältig. Eine **Pfotenmassage mit Kokosöl** spendet dann wieder die nötige Feuchtigkeit.

Sie die Lotion beim Hundewaschgang sparsam an. Wird Ihr Hund nach dem Bad öfter von Juckreiz geplagt, fügen Sie eine Tüte **Backpulver** hinzu. Das gibt zudem weißem Fell seine helle Farbe zurück.

Pfotenpflege für den winterlichen Spaziergang

Eisfreie Wege sind zur Verkehrssicherheit wichtig, für unsere vierbeinigen Begleiter aber bedeutet die Winterzeit eine echte Herausforderung. Denn gerade die Verbindung von kaltem Wetter und Streusalz kann deren empfindliche Pfoten schädigen. So können die Ballen austrocknen und Risse entstehen. Tragen Sie daher vor dem Winterspaziergang oder dem Freigang Ihrer Katze ein wenig einfache **Vaseline** oder einen **speziellen Pfotenbalsam** aus natürlichen Inhaltsstoffen auf. Die Fettschicht bildet einen Schutz

Ungeziefer von Polstern oder Teppichen entfernen

Es ist kein Zeichen mangelnder Hygiene und kann jeden Haustierhalter treffen: Plötzlich juckt es überall! Flöhe, Läuse oder Milben haben sich in Polstern, Teppichen, auf dem Autositz oder der Hundedecke breitgemacht. Zunächst sollten wir in Ruhe unser Tier absuchen und parallel behandeln, bei starkem Befall auch einen Tierarzt zurate ziehen. Gehen Sie dann wie folgt vor:

- **Saugen** Sie die betreffenden Stellen in Ihrer Wohnung **gründlich** ab. Dazu gehören auch Ritzen und Leisten am Boden, in deren Nähe sich Ihr Haustier häufig aufhält. Wechseln Sie danach den Staubsaugerbeutel am besten direkt über dem Mülleimer.
- Alle waschbaren Stücke sollten Sie dann bei möglichst hoher Temperatur in die **Waschmaschine** geben. **Bügeln** Sie Decken und Kleidungsstücke danach **bei höchster Einstellung** oder geben

Sie diese wenn möglich in Ihren **Trockner** – Hitze tötet sowohl die Parasiten als auch deren Eier.

- Wo dies nicht möglich ist: Streuen Sie **Natron** auf die Polster und in die Ritzen, arbeiten Sie es mit einer Bürste gut in das Gewebe ein. Nach einer längeren Einwirkzeit wird das Natron wieder abgesaugt. Mischen Sie dann zu gleichen Teilen **Essig mit Wasser** – gegebenenfalls auch die neutralere Essigessenz im entsprechenden Verhältnis –, sprühen Sie die Lösung auf und lassen Sie ebenfalls einwirken bzw. trocknen.
- Um einen neuen Befall zu verhindern, setzen Sie auf **Zitronen-Lavendel-Spray:** Verdünnen Sie Zitronensaft mit etwas Wasser und mischen Sie einige Tropfen Lavendelöl dazu. Besprühen Sie damit die betroffenen Stellen.

Tierhaare entfernen

Manchmal stören keine angeschleppten Parasiten, sondern schlicht die Haare unserer Haustiere: Kleidung scheint loses Fell magnetisch anzuziehen, gerade in der Zeit des Wechsels von Sommer- zu Winterfell und umgekehrt.

Durch **regelmäßiges Kämmen** reduzieren Sie lose Haare, am besten gehen Sie dafür auf Balkon oder Terrasse – und investieren in eine gute Bürste. Eine **Fusselbürste** oder ein einfaches **Klebeband** sind ebenfalls sehr zu empfehlen: Wickeln Sie Letzteres um Ihre Hand und

tupfen Sie damit Ihre Kleidung ab, die Haare bleiben zuverlässig kleben. Für **Staubsauger** gibt es auch **spezielle Aufsätze,** mit denen Tierhaare effektiv entfernt werden können – in Kombination mit einem handlichen Akkugerät sind Sie damit besonders flexibel.

Katzenhaare loswerden

Katzenhaare sind besonders schwer loszuwerden, es scheint, als würden sie mit kleinen Widerhaken an der Couch haften. Verzichten Sie auf teure Fusselrollen, greifen Sie zu einem herkömmlichen **Gummihandschuh** für die Geschirrreinigung: Feuchten Sie den Handschuh leicht an und streichen damit über die Flächen, auf denen Sie die Haare stören.

SO GING'S BEI MIR

Larissa F. aus G. schreibt: Wir hatten schon immer Katzen und lieben diese Tiere ganz besonders. Lola und Marleen dürfen bei uns fast alles, da sind wir nicht empfindlich. Allerdings sind die Katzenhaare in der Kleidung doch ein Störfaktor. Freunde, die ebenfalls Katzenhalter sind, wiesen uns dann darauf hin, dass es heute Waschmaschinen mit einem speziellen Tierhaar-Entfernungsprogramm gibt. Das lästige Säubern der Waschtrommel, das bei herkömmlichen Maschinen nötig ist, entfällt dabei.

Ein effinzienter Luftreiniger kann dazu beitragen, die Allergiegefahr zu verringern.

Tierhaarallergie vorbeugen

Wann und warum bei Menschen eine Allergie ausgelöst wird, ist wissenschaftlich nicht abschließend geklärt. Tatsache ist, dass eine solche körperliche Reaktion

das Wohlbefinden stark beeinträchtigt. Bevor wir uns aber Sorgen machen – es ist ganz leicht, Maßnahmen zu ergreifen, die das Risiko einer Allergie vermindern bzw. deren Symptome lindern:

- Durch **regelmäßiges Bürsten** des Haustiers können Sie lose Haare und damit Allergene in der Umgebung reduzieren – am besten an der frischen Luft und eventuell mit aufgesetzter Staubmaske.
- Ein guter **Luftreiniger** mit hocheffizientem Partikelfilter (HEPA-Filter) entfernt Tierhaare und Allergene, Milben und Schimmelsporen aus der Luft.
- **Lüften** Sie Decken, Bettwäsche und Räume regelmäßig, waschen Sie auch Tierdecken von Zeit zu Zeit in der Waschmaschine.
- Achten Sie bei der Wahl eines neuen Vierbeiners auf **hypoallergene (Hunde-)Rassen,** bei denen im Durch-

AUFGEPASST

Die gute Nachricht lautet, dass Kleinkinder, die mit Haustieren Kontakt haben, sogar seltener von Allergien betroffen sind als die Durchschnittsbevölkerung: Die Tiere trainieren das Immunsystem der Kinder. Bei Erwachsenen funktioniert dieses Training leider längst nicht mehr so gut. Ältere sollten im Gegenteil die Menge an Allergenen überschaubar halten, etwa durch einen Pollenfilter im Staubsauger.

schnitt eine deutlich geringere Belastung durch Allergene auftritt.

Sichtbarkeit von Hunden erhöhen

Im Winterhalbjahr heißt es: dunkle Tage, schlechte Sicht. Manch einer macht sich in dieser Zeit Gedanken, wie er seinen Hund für Auto- oder Radfahrer besser sichtbar macht – gerade wenn er nicht immer auf das erste Kommando hört.

Leuchtende **Halsbänder mit LED-Lampen** sind eine gute Lösung, denn sie sind leicht und stören den Hund nicht. Weniger auffällig und natürlicher wirken **passive Reflektoren an Halsband oder Geschirr,** es gibt auch Hundemäntel oder -westen, die damit bestückt sind. Werden diese von einer Lampe angestrahlt, so reflektieren sie stark zurück. Und wenn Sie auch bei Dämmerung oder im Dunklen mit Ihrem Hund spielen wollen, kaufen Sie Bälle oder anderes **Spielzeug mit eingebautem LED-Licht.**

Versorgung von Haustieren bei Abwesenheit

Ob es der lang ersehnte Urlaub ist, ein nötiger Krankenhausaufenthalt oder eine wünschenswerte Erholungskur: Es ist nie auszuschließen, dass Sie für einige Tage das Haus verlassen und sich jemand in dieser Zeit um Ihr Haustier kümmern muss. Bauen Sie rechtzeitig vor, damit Sie im Ernstfall nicht zu einer unbefriedigenden Lösung gezwungen sind.

- Am besten engagieren Sie einen zuverlässigen **Haustier-Sitter,** der während Ihrer Abwesenheit täglich vorbeikommt, Ihr Tier füttert, mit ihm spielt und sich um seine Bedürfnisse kümmert. Fragen Sie zunächst im Freundeskreis oder in Ihrer Nachbarschaft. Sie können auch in den Kleinanzeigen suchen oder dort selbst eine Anzeige aufgeben, doch seien Sie vorsichtig: Sie gewähren der Person Zugang zu Ihrer Wohnung und sollten entsprechend Vertrauen haben.
- Die professionellere, aber auch teurere Lösung ist die **Tierpension:** Dort wird Ihr Tier betreut und oft genug findet es hier Abwechslung durch die Gesellschaft von Artgenossen.

Haustier ein Wochenende lang allein lassen

Freunde haben Sie zum Kurzurlaub über ein langes Wochenende eingeladen, Sie wollen Ihr Haustier aber weder mitnehmen noch zu den Nachbarn geben. Denn es handelt sich ja nur um zwei Übernachtungen und Kleintiere und Katzen fühlen sich in ihrer gewohnten Umgebung am wohlsten. Zwei bis drei Tage können einige Haustiere allein verbringen, sofern Sie die richtigen Vorkehrungen treffen. So sollte **ausreichend Wasser und Futter** vorhanden sein, bei Nagetieren bedeutet das z.B. Knollengemüse und Heu, die nicht sofort verzehrt werden. Käfig oder Katzentoilette sollten selbstverständlich frisch gereinigt sein und Verletzungsgefahren in der Wohnung möglichst ausgeschlossen werden.

Es gibt auch **automatische Futter- und Wasserspender,** die in regelmäßigen Abständen bestimmte Mengen abgeben. Teilweise kann man sie aus der Ferne steuern und dabei sogar mit den Tieren kommunizieren. Diese Geräte sind allerdings recht kostspielig.

Futter für Reisen abpacken

Bevor Sie mit angebrochenen Dosen hantieren oder Ihnen gar komplett die Nahrung für Ihren treuen Freund ausgeht: Planen Sie den Proviant für Reisen gut voraus. Es empfiehlt sich, das gewohnte Futter zu verwenden, um Umstellungs-

SO GING'S BEI MIR

Roswitha U. aus K. schreibt: Ich war mir nicht sicher, ob unserer Hundeoma wirklich die Reise in den Süden zuzumuten wäre. Wir haben das in unseren Plänen berücksichtigt und am Ende sogar besonders schöne Orte entdeckt, weil wir uns stets um Zugang zu einem kühlen See oder Fluss bemüht haben.

probleme zu vermeiden. Verzichten Sie aber wenn möglich auf Nassfutter und packen Sie das leichter transportierbare **Trockenfutter in Tagesrationen** in Plastikbeutel. Denken Sie unbedingt an eine leichte Wasserflasche und eine Schüssel für das Tier. Packen Sie außerdem ein paar spezielle Reiseleckerlis und etwas zusätzliches Futter für den Notfall ein, falls die Reise unerwartet länger dauert als geplant.

Tieren in Hitzeperioden helfen

Wenn es im Sommer richtig heiß wird, leiden nicht nur viele Menschen unter den hohen Temperaturen. Neben dem bisweilen dichten Fell kommt bei einigen Tieren noch erschwerend hinzu, dass sie kaum über Schweißdrüsen verfügen, etwa Hunde und Katzen, andere wie Meerschweinchen oder Kaninchen haben sogar nicht einmal die Möglichkeit zum Hecheln oder Schwitzen.

Sorgen Sie außer für **ausreichend frisches Wasser** stets auch für **kühle Bereiche im Revier.** Feuchte Erde in einer schattigen Gartenecke etwa kann ein guter Rückzugsort sein. Mit **Kühlakkus** unter einem umgedrehten Topfuntersetzer oder einer Steinplatte können Sie ebenfalls den Boden kühlen. Oder Sie legen das Kühlpad unter den Käfig, genau an die Stelle, wo das Tierhaus Ihrer Nagetiere steht.

Vorsicht ist hingegen mit Ventilatoren oder offenen Fenstern geboten, viele Tiere vertragen Zugwind und Durchzug nur schlecht, sie erkälten sich dann.

Hunde- und Katzeneis für heiße Tage

Die Sonne sticht, schon wächst die Lust auf ein kühles Eis – und auch unseren Haustieren kommt solch eine leckere Abkühlung sehr entgegen. Mit **selbst gemachtem Eis** können Sie Ihren Lieben eine echte Freude machen, dafür gibt es einige einfache Rezepte: Verdünnen Sie z.B. **Hühnerbrühe** mit Wasser und frieren Sie diese **in Eiswürfelformen** ein. Achten Sie auf den Salzgehalt, verwenden Sie keine Fertigsuppen und salzen bzw. würzen Sie auch Ihre selbst gemachte Suppe erst, nachdem Sie die Ration für Ihr Haustier abgefüllt haben.

Hat Ihr Tier ein Lieblingsobst oder -gemüse? Bananen etwa eignen sich sehr gut als „Natur-Eiscreme": Frieren Sie eine geschälte **Banane** ein und servieren Sie diese **als kühlen Snack.** Auch Tiere können empfindliche Zähnen haben, dann kann es besser sein, die Früchte nur im Kühlschrank aufzubewahren oder vor dem Füttern zumindest leicht anzutauen – so sind sie auch etwas weicher.

Gefrorene Leberwurst- oder Joghurtdrops eignen sich als kleine Sommerleckerbissen, z.B. zur Belohnung. Gießen Sie die Masse in Formen und frieren diese ein.

Gewichtsverlust von Haustieren verhindern

Krankheiten lassen sich trotz bester Hygiene und Pflege bei unseren Haustieren nicht immer vermeiden. Einige Symptome haben oft jedoch ganz harmlose Ursachen, dazu kann auch der Gewichtsverlust zählen. Sollten Sie also feststellen, dass Ihre Katze, Ihr Meerschwein oder das Zwergkaninchen immer dünner wird, untersuchen Sie zunächst Folgendes:

- Bei Hunden und Katzen ist oft ein **Bandwurm** verantwortlich. Die Parasiten nisten sich im Darm der Tiere ein, die nun sozusagen „für zwei" essen müssen. Würmer sind trotz regelmäßiger Wurmkuren nicht vermeidbar. Sollten Sie einen Befall feststellen, suchen Sie auf jeden Fall den Tierarzt auf.

Auch ein ausgehölter Baumstamm spendet einem hitzegeplagten Vierbeiner etwas Schatten.

- Bei Nagetieren fehlt vielfach Material im Käfig, mit dem sie ihre Zähne abschleifen können, etwa **harte Salzbrocken oder Bimssteine.** Die vorderen Zähne wachsen bei den Nagern tatsächlich nach und können so lang werden, dass die Tiere kein Futter mehr aufnehmen können. Dann muss der Tierarzt die Zähne kürzen.

Wenn der Hund fremde Kleidung verschmutzt

Braune Pfotenabdrücke oder Schmutzspritzer auf dem hellen Trenchcoat von Ihrem Nachbarn? Gerade bei jungen, lebensfrohen und aktiven Hunden kommt es bisweilen vor, dass andere Menschen belästigt werden, beispielsweise weil sich Ihr treuer Begleiter nach dem Bad in der Pfütze ausgiebig neben einem Spaziergänger geschüttelt hat. Ergreifen Sie langfristige und kurzfristige Maßnahmen, um sich vor vermeidbarem Ärger zu schützen:

Schließen Sie eine **Haftpflichtversicherung** für Ihren Hund ab. Diese sollte sämtliche mögliche Schäden abdecken, also auch die Kosten für eine Kleidungsreinigung.

Investieren Sie aber auch Zeit in **Erziehung und Training** Ihres Hundes, damit er besser gehorcht. Spezielle Kommandos können ihn dazu bringen, nicht an anderen Menschen hochzuspringen. Hört er prompt auf Ihre Anweisungen, können Sie ihn aus jeder Situation zu sich – und damit aus der Problemzone – herbeirufen.

Große Feste wie Silvester ohne Stress feiern

Veranstaltungen mit vielen Menschen und hohem Lautstärkepegel sind nicht nur für uns selbst anregend, sie versetzen auch Haustiere in eine gewisse Nervosität. Manche Hunde laufen dann etwa bei privaten Feiern hektisch von einem Hausbesucher zum anderen, viele Katzen verkriechen sich an Silvester oder anlässlich eines Kirmesrummels in der Nähe ängstlich in den letzten Winkel. Wie also schützt man die Tiere vor Stress?

- Schaffen Sie einen ruhigen, sicheren Raum, an den sich das Tier **zurückziehen** kann.
- Spielen Sie **leise Musik** oder Radiosendungen ab, um laute, plötzliche Geräusche zu übertönen und eine

SO KLAPPT'S AUCH

Manchen Situationen können wir fast nicht aus dem Weg gehen, etwa den Böllern an Silvester. Wo es aber möglich ist, sollten wir Tiere vorausschauend von zu viel Aufregung fernhalten: Vielleicht lässt sich der runde Geburtstag auch ohne die Katze außer Haus feiern oder, wenn zu Hause gefeiert wird, der Hund am Festtag beim Nachbarn unterbringen?

entspannte, wohltönende Umgebungs-kulisse zu schaffen.

- **Beschäftigen** Sie sich mit Ihrem Tier, lenken Sie es eventuell mit einem neuen Spielzeug oder Kauprodukten ab: Sind Hund oder Katze in das Abnagen eines Knochens vertieft, wird die Umwelt weniger wichtig.
- Bei extrem ängstlichen Tieren und besonderen Belastungen kann der Tierarzt **beruhigende Medikamente** verschreiben, auch im Tierhandel gibt es entsprechende Produkte. Verwenden Sie derartige Beruhigungssprays, -tropfen und Ähnliches aber nur nach Rücksprache mit Ihrem Tierarzt, um mögliche Nebenwirkungen richtig einschätzen zu können.
- In manchen Fällen ist die „**Flucht**" der beste Ausweg. Machen Sie dann das Beste aus der Situation. Buchen Sie über Silvester eine ruhige Ferienwohnung auf dem Land und machen Sie es sich gemeinsam gemütlich.

Hund und Katze stubenrein

Nicht jedem Tier liegt eine natürliche Hygiene in den Genen. Katzen etwa werden in der Regel sehr viel schneller stubenrein als Hunde. Hier genügt es meist, die Tiere **regelmäßig** nach dem Schlafen und Fressen **in die vorgesehene Katzentoilette zu setzen.** Zudem sollten Sie natürlich dafür sorgen, dass diese immer erreichbar ist, damit die Mieze nicht vor

verschlossenen Türen steht. Achten Sie außerdem darauf, dass Ihre Putzmittel kein Ammoniak enthalten: Der Stoff ist auch im Urin enthalten und könnte das Tier verunsichern, den wirklich richtigen Ort für die Notdurft anzusteuern.

Hunde brauchen etwas mehr Aufmerksamkeit – zumindest bei einem Welpen, der die Aufgabe ganz neu erlernen muss. Hier ist wichtig, dass Sie das **Tier genau beobachten und ins Freie bringen,** bevor möglicherweise ein Malheur in der Wohnung passiert ist. Das ist wichtig, damit sich Ihr Begleiter das richtige Verhalten direkt einprägt und nicht verunsichert wird. Geht es doch einmal schief, sollten Sie jedoch nicht schimpfen, loben Sie ihn allerdings umfänglich, wenn es wie vorgesehen draußen geklappt hat. Haben Sie Geduld: Bei manchen Hunden kann der Weg zur Stubenreinheit ein paar Monate dauern.

Haustiere vom „Betteln" abhalten

So gern wir unsere treuen Lieblinge haben, das Bettelverhalten von Hunden – und auch manchen Katzen – ist einfach nervig, und das nicht nur, wenn Gäste zu Besuch sind. Die gute Nachricht: Jedes Tier lässt sich erziehen, Sie müssen ein unliebsames Verhalten auf die Dauer nicht hinnehmen. Doch Ihre Aufgabe ist nicht leicht, hat sie doch in erster Linie mit maximaler Konsequenz zu tun.

- **Verweisen Sie Ihren Vierbeiner auf seinen eigenen Platz,** wenn Sie essen. Dulden Sie nicht, dass er Ihnen zu Füßen liegt und Sie bettelnd anschmachtet.
- **Ignorieren Sie „Werbemaßnahmen":** Ihre Aufmerksamkeit wäre eine Belohnung für das Tier, die sich einprägt.
- **Bleiben Sie klar in Ihren Abläufen,** füttern Sie Ihre Tiere nur zu festen Zeiten aus ihrem eigenen Napf. So festigt sich ein Ritual.

- Spielt das Tier mit Ihren Füßen unter dem Tisch, beißt womöglich sogar hinein, fördern Sie **Spiel- und Jagdtrieb** durch Alternativen.
- Springt Ihre Katze auf den Tisch, ist darin eine besondere **Form des Bettelns** zu sehen: Reagieren Sie konsequent mit klaren Anweisungen („Nein!"), füttern Sie sie vor Ihren eigenen Mahlzeiten und halten Sie für eine Weile all Ihre eigenen Lebensmittel für die Katze unerreichbar, etwa mit einem Deckel verschlossen.

Katzen erziehen

Stubentigern eilt der Ruf voraus, sie wären gewissermaßen die Anarchisten unter den Haustieren und ließen sich keine Regeln beibringen. Ist niemand im Raum, so machen Sie sich über Sahne oder Butter auf dem Tisch her, auch das antike Sofa wird gnadenlos zum Wetzen der Krallen genutzt. Doch es gibt ein **paar Tricks** gegen die schlechten Manieren:

- Sorgen Sie für Möglichkeiten, die grundlegenden Bedürfnisse zu stillen, etwa durch einen **Kratzbaum** oder **Spielzeuge.**
- Verleiden Sie schlechtes Verhalten, z.B. können Sie zeitweise die **Sofabeine mit Alufolie** umwickeln. Katzen hassen Gefühl und Geräusch, wenn ihre Krallen auf diesem Untergrund kratzen.

Steht einer Katze ein Kratzbaum zur Verfügung, verschont sie wahrscheinlich Ihr Sofa.

Haustiere wiegen oder untersuchen

Natürlich lassen wir unsere Haustiere am liebsten in Ruhe und tun möglichst nichts gegen ihren Willen. Doch manchmal muss z.B. die Katze gewogen werden, die nicht auf die Waage will. Oder das Meerschweinchen hat eine Wunde, die regelmäßiger Säuberung bedarf, während es sich sträubt und windet. Wiegen Sie größere Tiere einfach auf Ihrem Arm: Digitale Personenwaagen

sind bis auf 100 g genau, **wiegen Sie sich zunächst allein und danach mit Ihrem Haustier.** Oder Sie wiegen eine Transportbox oder den Käfig einmal mit und anschließend einmal ohne das Tier. Die jeweilige Differenz entspricht dem Körpergewicht.

Zur Vorbereitung von Untersuchungen oder Pflegemaßnahmen empfiehlt sich ein einfaches altes **T-Shirt, in das Löcher für die Beine des Tieres geschnitten werden:** Führen Sie die Beine vorsichtig hindurch, so lässt es sich bequem und schmerzfrei hochheben und von allen Seiten begutachten.

Echte „Model-Fotos" von Ihrem Haustier

Viele Haustiere sind zwar generell sehr fotogen, doch leider halten sie im entscheidenden Moment oft nicht still und sie werfen sich für ein Foto sicher nicht in Pose. Überlisten Sie Ihren tierischen Freund mit einem kleinen Trick und **halten Sie einfach ein Leckerli in der Kamerahand:** Ihr Tier wird den Blick nicht davon abwenden und genau in die Kamera schauen.

Hilfreich ist es auch, mit der Kamera **die Perspektive Ihres Tieres bzw. seine Augenhöhe** einzunehmen. Achten Sie hierbei auf geeignete Lichtverhältnisse – Gegenlicht oder das Fotografieren in dunkle Ecken führen in der Regel nur zu bescheidenen Ergebnissen.

Geruch im Nagerkäfig loswerden

Ein regelmäßiger **Wechsel der Einstreu** ist die Grundvoraussetzung für einen hygienisch sauberen Nagerkäfig, das ist klar und wird von Ihnen konsequent erledigt. Dennoch kann es vorkommen, dass sich ein unangenehmer Geruch ausbreitet, den man sich zunächst nicht erklären kann. Prüfen Sie die folgenden Lösungsmöglichkeiten:

- Gibt es eine besondere **„Toilettenecke"** im Käfig, die extrem stark beansprucht wird? Entfernen Sie Kot und feuchte Streu hier täglich, Sie müssen dazu nicht den ganzen Käfig reinigen.
- Spülen Sie den Käfig mit einfachem **kochendem Wasser** aus, wenn Sie die Einstreu komplett wechseln. Spezielle chemische Desinfektionsmittel sollten Sie vermeiden, um Ihr Haustier nicht mit den giftigen Stoffen zu belasten.

SO GING'S BEI MIR

Werner H. aus G. schreibt: Unser Kater mag es gar nicht, wenn man ihn auf den Arm nimmt – doch unser Einkaufskorb ist eines seiner Lieblingsverstecke, vielleicht wegen dem Geruch nach Lebensmitteln. Wenn wir den Kater wiegen müssen, stellen wir ihn nun einfach mit diesem Korb auf unsere Küchenwaage: So bleiben alle entspannt.

- **Stellen Sie das Futter um:** Manche Gemüse – etwa bestimmte Kohlsorten – führen zu Abbauprodukten im Urin, die besonders stark riechen.
- Platzieren Sie **ätherische Duftkräuter wie Lavendel oder Kamille** in Käfignähe. Diese verbessern nicht nur den Geruch, sie können womöglich auch Ihren Nager beruhigen.

Unkomplizierter Wiesenauslauf für Kleintiere

Es sind milde Frühlingstage und Sie wollen Ihrem Nagetier, vielleicht auch dem Wellensittich, ein kleines Abenteuer im Freien verschaffen? Bevor Sie dafür ein aufwendiges Drahtgehege bauen, nutzen Sie einfach das Käfigoberteil ohne untere Schale: **Setzen Sie das Tier auf die Wiese und stülpen den Käfig darüber.** Damit es Ihnen später nicht wegläuft,

AUFGEPASST

Wenn Sie Ihrem Tier im Frühjahr Auslauf gewähren: Gewöhnen Sie Ihr Tier langsam an die Natur, erhöhen Sie nach und nach die Zeiten unter freiem Himmel. Gerade das erste Grün im Jahr ist sehr nährstoffreich, Kaninchen oder Meerschweinchen können sich leicht überfressen, ein schmerzhafter Blähbauch oder Durchfall sind mögliche Folgen.

wenn Sie es wieder einfangen wollen, stellen Sie das vertraute Tierhäuschen dazu: Dort wird es sich verstecken, wenn Sie sich am Gitter zu schaffen machen, so können Sie es entspannt hochnehmen.

Für Nager bieten sich auf Dauer ein bis zwei Meter **Maschendraht** an, den Sie mit einigen Eisenstangen aufrecht stehend im Rasen befestigen. Achten Sie auf einen festen Abschluss zum Boden mit einigen Drahtbügeln, denn Kaninchen versuchen oft, sich nach außen zu buddeln.

Kosten für Einstreu, Stroh und Heu reduzieren

Kleine Tiere, kleine Mengen – doch umso höher scheint im Einzelhandel bisweilen der Preis für die grundlegendsten Tierprodukte. Kaufen Sie Einstreu daher am besten in **Großpackungen,** am günstigsten finden Sie diese in Geschäften für Pferdebedarf. Für Heu und Stroh empfiehlt es sich, nach **landwirtschaftlichen Betrieben in Ihrer Nähe** zu suchen: Vereinbaren Sie mit einem vertrauenswürdigen Landwirt eine regelmäßige feste Abnahme, Sie werden verblüfft sein, wie viel Sie sparen können.

Auch wenn es naheliegt: Die Holzabfälle von der Schreinerei in Ihrem Viertel sollten Sie nicht als Einstreu nutzen. Zu groß ist die Gefahr, dass darunter Reste von giftigen Farben und Lacken sind oder gar spitze Nägel oder Schrauben, an denen sich Ihr Tier verletzen könnte.

Sie haben Rasen oder Wiese im Garten? Lassen Sie das Grün einmal wachsen und schneiden Sie es dann mit der Schere oder Sense statt mit dem Rasenmäher – nach dem Trocknen können Sie für eine Weile Ihr eigenes Heu verwenden.

Tierfutterkosten reduzieren

Natürlich wünschen wir unseren Tieren die beste Ernährung – warum Fertigfutter ein Vermögen kosten muss, erschließt sich dennoch nicht jedem Tierhalter. Schließlich handelt es sich oft ohnehin nur um Mischungen günstiger Zutaten – könnten wir da nicht Geld sparen?

- Bei Körnerfutter erkennen Sie die Bestandteile oft mit bloßem Auge: Kaufen Sie dann **Großpackungen der einzelnen Zutaten** und bereiten Sie sich Ihre eigene Spezialmischung.
- Für gesundes Hunde- oder Katzenfutter **finden Sie im Internet zahlreiche Rezepte,** so ernähren Sie Ihre Tiere gesund und kostengünstig. Fragen Sie in Ihrer **Metzgerei** nach kostenlosen Fleischabfällen, die Sie dann natürlich noch kochen müssen.

Nicht so bequem wie Rasenschneiden mit dem Mäher, aber mit der Schere oder Sense ist es einfacher, das Gras als Heu weiterzubenutzen.

nicht ausnahmslos in die Voliere einzusperren. Voraussetzung ist, dass die Tiere einigermaßen **zahm** sind und den Weg in ihren Käfig von selbst wiederfinden – sonst ist das Einfangen großer Stress.

Machen Sie Ihre Räume dann „**vogelsicher".** Dazu zählt etwa, **Fliegengitter an den Fenstern** anzubringen sowie **Spalten und Ritzen hinter Möbeln** zu verschließen. Auch **verwirrende Spiegel** und **giftige Zimmerpflanzen** sollten entfernt werden.

Vögel frei fliegen lassen

Zu einer tiergerechten Haltung gehört auch, Vögeln einen regelmäßigen Flug durch das Zimmer zu ermöglichen und sie

Vögeln Sprechen beibringen

Es gibt einige Vogelarten, die nicht nur besonders kommunikativ sind, sondern zusätzlich über die Fähigkeit verfügen, menschliche Laute nachzuahmen. Neben

Amazonen, anderen Papageien oder Beo können auch ihre kleinen Verwandten aus den Sittichfamilien regelrechte Plappermäuler werden. Versuchen Sie folgende Übungen – Voraussetzung ist natürlich, dass Ihr Vogel bereits zahm ist und Sie sein Vertrauen gewonnen haben.

- **Setzen Sie sich sehr nahe an den Vogelkäfig** oder halten Sie Ihr Tier direkt auf der Hand etwa 15 cm vor Ihren Mund.
- Sprechen Sie dann **nur ein oder zwei Worte,** langsam und überbetont, mit deutlicher Lippenbewegung. Die Worte sollten möglichst vokalreich und nicht zu schwierig sein.
- Die tägliche „Sprechstunde" dauert **maximal 15 Minuten,** mehr Konzentration sollten Sie Ihrem Tier nicht abverlangen.
- Wenn Sie mehrere Vögel halten: Gehen Sie **zum Üben in ein anderes Zimmer,** damit Ihr Schüler nicht abgelenkt wird.

Leider gibt es keine Garantie für Talent: Haben Sie Geduld, doch sollte Ihr gefiederter Freund trotz intensiven Trainings auch nach einigen Monaten nicht sprechen lernen, bringt Ihr Tier diese Fähigkeit wohl einfach nicht mit.

Kreatives Tierspielzeug selber basteln

Natürlich gibt es in der Tierwarenhandlung zahlreiche Produkte, mit denen sich unsere Haustiere die Zeit vertreiben können, doch wäre hier etwas Selbstgemachtes nicht viel origineller – und zudem preiswerter? Werden Sie kreativ, behalten Sie nur im Hinterkopf, dass Sie in jedem Fall **ungiftige und ungefährliche Materialien** verwenden, um Verletzungs- oder Vergiftungsgefahren zu vermeiden. Auch Kleinteile, bzw. Spielzeuge, von denen kleinere Teile abbrechen können, die dann verschluckt werden, sind tabu.

- Bewahren Sie **alte Kleidungsstücke** in Zukunft auf, anstatt sie wegzuwerfen. Für Hunde lassen sich aus Baumwollstreifen z.B. fest geflochtene Kauknochen basteln. Ein ausgedienter, teilweise aufgeribbelter Wollpullover ist eine herrliche „Beute" für die Katze.
- Aus den **leeren Papprollen** von Küchenkrepp oder Toilettenpapier lässt sich ein abwechslungsreicher Parcours für kleine Nager wie Hamster oder Meerschweinchen, aber auch für Wellensittiche basteln.

Hat der Wellensittich erst einmal sprechen gelernt, „schwatzt" er gern ausgiebig in seinem liebenswerten Idiom vor sich hin.

Halsband oder Kissen selbst machen

Auch die Dinge, die unsere Haustiere benutzen, unterliegen dem Verschleiß und müssen eines Tages erneuert werden. Alte Hemden, T-Shirts, Pullover oder Hosen lassen sich mit etwas Geschick leicht zu nützlichen Accessoires für Tiere umarbeiten.

Ein schickes Halsband für Ihren Hund etwa können Sie aus einer **alten Jeanshose** anfertigen. Schneiden Sie dazu die Hosenbeine in lange dünne Streifen und flechten Sie sie zu einem dickeren Strang. An jedes Ende knoten Sie einfach einen Schlüsselring, um dort die Leine mit dem Karabiner einzuhängen.

Als Unterlage im Hunde- oder Katzenkorb eignet sich sehr gut ausgediente Oberbekleidung: Wählen Sie ein altes **T-Shirt als „Bezug"** und stopfen es mit einem gefalteten Pullover aus. Die Öffnungen an Ärmel und Bauch können Sie dann zunähen oder einfach nach innen einschlagen.

Tiere im Garten versorgen

„Möglichst natürlich" lautet das Motto vieler Gartenliebhaber, auch Vogeltränke, Nistkasten oder Futterhaus sollen sich somit harmonisch in das Gesamtbild fügen. Warum also keine Alltagsgegenstände nutzen, die wenig auffallen, den Zweck aber ebenso gut erfüllen? Für Höhlen- und Halbhöhlenbrüter wie Meisen und Rotkehlchen etwa eignen sich alle geschlossenen Behältnisse mit passender Öffnung. Das kann auch eine **alte Gießkanne** sein, die – Ausguss verschlossen – mit der Unterseite an eine Wand gehängt wird. Wer sagt, dass ein Vogelhäuschen zur Fütterung ein architektonisches Meisterwerk mit Schrägdach sein muss? Bauen Sie doch mal einen Futterspender aus einer **alten Keksdose,** die Sie unten aufschlitzen, oder schieben Sie zwei bis drei hölzerne **Mandarinenkisten** ineinander. Eine einfache Wassertränke lässt sich aus einem großen, tönernen **Topfuntersetzer** bauen: Legen Sie noch einige Steine hinein, damit auch kleine Tiere wieder herausgelangen, die nicht so gut schwimmen können.

Für ein simples Insektenhotel lassen sich aufgesammelte **Tannenzapfen** und **Rindenstücke** verwenden, die mit engmaschigem Drahtgeflecht umwickelt und an einen Baum gehängt werden.

SO KLAPPT'S AUCH

Tiere lieben Herausforderungen! Spielen Sie beispielsweise mit ihnen Verstecken: Ein Leckerbissen, den sie in ein fest geschnürtes Heubällchen oder ein Wollknäuel wickeln, ist eine tolle Abwechslung und weckt den Ehrgeiz – dann gilt auch für Ihr Haustier „ohne Fleiß kein Preis".

UNTERWEGS MIT RAD UND AUTO

Wenn wir unterwegs sind, aber nicht zu Fuß, dann meistens mit dem Fahrrad, dem E-Bike oder mit dem Auto. Sie sind unverzichtbare Hilfsmittel, die uns mobil und unabhängig machen – ob im Beruf, im Alltag oder in der Freizeit. Aber Fahrzeuge wollen richtig benutzt, gepflegt und hin und wieder repariert werden. Das alles ist kein Problem mit den praktischen Tipps auf den folgenden Seiten.

Beschlagene Frontscheibe frei bekommen

Wenn die Frontscheibe im Auto von innen beschlagen ist, kann man wegen der unzureichenden Sicht nicht fahren. Damit die Zwangspause nicht zu lang währt, müssen Sie beim Gebläse den **Luftstrom** komplett **nach oben auf die Frontscheibe** einstellen. Drehen Sie zusätzlich den blau-roten Kalt-Warm-Regler vollständig auf **„Warm"** und die **Gebläsestärke auf die höchste Stufe.** Besitzt Ihr Auto eine **Klimaanlage,** so schalten Sie diese durch Drücken der Taste mit dem Schneeflockensymbol kurzfristig mit ein – auch im Winter, da die Klimaanlage der Luft Feuchtigkeit entzieht. Achten Sie darauf, dass die **Luftzufuhr auf Frischluft** – nicht auf Umluft – steht, da dies das Freiwerden der Frontscheibe ebenso beschleunigt wie das kurzfristige Herunterlassen der Seitenscheiben um ein paar Zentimeter.

Auto ohne Klimaanlage abkühlen

Wenn das Auto keine Klimaanlage hat oder nach einigen Jahren weniger Kühlmittel im System ist und die Anlage nicht richtig kühlt, muss man sich im Sommer anders behelfen, um das Auto abzukühlen. Als Erstes sollten Sie vor der Fahrt einige Minuten **querlüften,** damit so die größte Hitze aus dem Auto entweicht. Öffnen Sie dazu neben allen Türen auch die Heckklappe und das Schiebedach, falls Ihr Auto damit ausgestattet ist. Später während der Fahrt sollten Sie das **Lüftungsgebläse etwas höher** drehen. Zusätzlich können Sie die **hinteren Fenster etwas herunterlassen,** um den Luftaustausch zu erhöhen. Ein Schiebedach in der Kippstellung oder leicht geöffnet unterstützt den Effekt weiter. Und am Ende der Fahrt suchen Sie sich am besten einen Parkplatz im Schatten, damit sich das Auto nicht sofort wieder stark aufheizt.

Klimaanlage einstellen

Eine Klimaanlage im Auto ist eine feine Sache – sie optimal einzustellen kein Hexenwerk. Bei einer **Klimaautomatik** können Sie – meist für die Fahrer- und Beifahrerseite getrennt – Ihre **Wunschtemperatur** wie z.B. 20 °C einstellen und dann einfach die **Tasten „Auto"** sowie **„AC"** (für Air Condition, alternativ: Schneeflockensymbol) drücken oder über das Menü am Display auswählen. Ist das Auto sehr aufgeheizt, kann es dann aber passieren, dass Ihnen anfangs aus allen Lüftungsdüsen Eiseskälte entgegenkommt – dann sollten Sie die Klimaautomatik „manuell" fahren. Schalten Sie „Auto" aus und stellen Sie die **Richtung des Luftstroms** über die Tasten **auf** **„Oben", „Mitte", „Unten"** oder eine Kombination daraus ein und anschließend das Gebläse auf die Stufe, die Sie vom Luftzug her noch als angenehm empfinden. Die Klimatisierung selbst erfolgt durch Drücken der Taste **„AC"** (oder Schneeflocke).

Defekten an der Klimaanlage vorbeugen

Die Klimaanlage im Auto besitzt bewegliche Teile, die sich bei längerer Nichtbenutzung festsetzen können, wenn kein Kühlmittel durch die Anlage fließt. Um eine teure Reparatur zu vermeiden, sollten Sie die Klimaanlage **alle ein, zwei Wochen für ein paar Minuten laufen lassen,** damit alles „gut geschmiert" wird. Dies gilt auch für das Winterhalbjahr, wenn man die Kühlleistung eigentlich nicht benötigt – stellen Sie einfach eine Temperatur wie z.B. 22 °C ein und drü-

cken Sie zusätzlich die Taste mit dem Schneeflockensymbol.

Ein weiterer Missstand, den es bei der Klimaanlage zu verhindern gilt, ist schlecht riechende Luft. Diese ist ein Zeichen für Bakterien oder Schimmel an der Anlage, entstanden durch viel Restfeuchtigkeit am Verdampfer. **Schalten Sie** daher auch im Sommer **etwa fünf Minuten vor dem Ziel die Klimaanlage aus,** damit keine neue Feuchtigkeit mehr entsteht und die bestehende während der Fahrt noch komplett abtrocknen kann.

Sonnenschutz für die hinteren Scheiben nachrüsten

Die Sommer werden tendenziell immer wärmer, aber viele ältere Autos besitzen noch keine Klimaanlage. Müssen vorn die Scheiben aus Sicherheitsgründen frei bleiben, kann man hinten leicht selbst für Sonnenschutz sorgen.

Geht es nur um wenige Fahrten – und sind empfindliche Personen an Bord –, hilft oft schon **ein Handtuch** oder Ähnliches. Fahren Sie hinten auf der in Richtung Sonne gelegenen Seite das Fenster etwas herunter, halten Sie das Handtuch von innen so davor, dass dessen oberes Ende etwas aus dem Fenster ragt, und schließen Sie dann das Fenster wieder.

Sind Sie öfter bei Hitze unterwegs, können **Jalousien zum Nachrüsten** für die hinteren Seitenscheiben und die Heckscheibe die richtige Lösung für Sie sein.

SO KLAPPT'S AUCH

Bei einer manuellen Klimaanlage drücken Sie zum Einschalten die Taste mit dem Schneeflockensymbol oder der Aufschrift „AC". Bei den beiden Reglern für die Richtung des Luftstroms und die Gebläsestärke können Sie alles so einstellen, wie wenn das Auto keine Klimaanlage hätte, beim Kalt-Warm-Regler mit der blau-roten Markierung müssen Sie ausprobieren, wie viel Kälte Sie als angenehm empfinden.

Sie erhalten sie für fast jeden Autotyp passgenau im Autohaus oder im Zubehörhandel. Angebracht werden sie meist mit Saugnäpfen. Damit diese gut halten, müssen Sie die Scheiben vorher innen mit Fensterputzspray reinigen.

Ölstand prüfen und Öl nachfüllen

Eine regelmäßige Ölstandkontrolle ist wichtig, um Probleme bis hin zum Motorschaden durch Ölverlust zu vermeiden. Hat Ihr Auto einen klassischen Ölmessstab, messen Sie den Ölstand bei kaltem Motor oder wenn das Auto nach dem Fahren einige Minuten stand. Ziehen Sie den **Ölmessstab** am runden Griff oben aus dem Motorblock heraus, **putzen Sie ihn mit Papier ab** und stecken Sie ihn wieder ganz in die Öffnung. Wenn Sie den **Ölmessstab** nun **erneut herausziehen**, sehen Sie den **aktuellen Ölstand** darauf glänzen. Ist er unter der unteren Markierung, muss ein halber bis ganzer Liter des richtigen Motoröls nachgefüllt werden. Dieser Wert gilt auch bei einer Messung über den Bordcomputer. Nachgefüllt wird das Öl durch den großen – oft mit „Oil" beschrifteten – Deckel oben auf dem Motorblock. Füllen Sie zunächst einen halben Liter Öl nach und kontrollieren Sie nach ein paar Minuten erneut den Ölstand, ob noch mehr Öl nötig ist – maximal aber bis zur oberen Markierung. Achten Sie zum Schluss darauf, dass der

Ölmessstab fest steckt und der Nachfülldeckel gut verschlossen ist.

Genug Öl vorhanden? Dann kann die Fahrt beruhigt losgehen.

Kühlwasser prüfen und nachfüllen

Wie das Motoröl sollte auch der Kühlwasserstand regelmäßig überprüft werden. **Prüfen** Sie das Kühlwasser **am besten bei kaltem Motor** – heiße Kühlflüssigkeit steht unter Druck und Sie könnten sich verbrühen, wenn Sie den Deckel des Einfüllstutzens sofort nach dem Abstellen des Motors komplett öffnen. Der Einfüllstutzen selbst befindet sich in der Regel vorn im Motorraum neben dem eigentlichen Kühler. Darunter ist ein **halb transparentes Rohr mit Markierungsstrichen oder** es gibt einen **rundlichen Ausgleichsbehälter.** Sowohl im Rohr als auch im

stand passt wieder, wenn die Füllmenge bis zur oberen Markierung des Rohrs oder des Ausgleichbehälters reicht und der Einfüllstutzen gut verschlossen ist, damit nichts beim nächsten Motorstart entweichen kann.

Scheibenwischerblätter wechseln

Gute Sicht ist eine Voraussetzung für eine sichere Autofahrt. Je nach Fahrleistung sollte man daher etwa alle zwei Jahre die Scheibenwischer wechseln – ein Besuch der Werkstatt ist aber nicht nötig. Kaufen Sie im Zubehörhandel **passende Wischerblätter.**

Sehen Sie dann zu Hause im Fahrzeughandbuch nach, ob Sie die Wischerarme hochklappen können oder ob diese erst in eine **Wartungsposition** gebracht werden müssen. Die Wartungsposition wird meist dadurch aktiviert, dass man die Zündung einschaltet, wieder ausschaltet und dann innerhalb von zehn Sekunden den Scheibenwischerhebel betätigt. **Lösen Sie** nun **das alte Wischerblatt** durch Hin- und Herbewegen vom Wischerarm. Merken Sie sich die Richtung, in der es eingesetzt war, damit Sie **das neue Wischerblatt** von unten **korrekt einsetzen,** bis es mit einem „Klick" einrastet. Setzen Sie den „neuen" Scheibenwischer wieder auf der Scheibe auf und tauschen Sie den zweiten – und gegebenenfalls den an der Heckscheibe – ebenfalls aus.

Schlechte Scheibenwischer stellen – insbesondere bei sehr starkem bzw. bei einsetzendem Regen – ein erhebliches Sicherheitsrisiko dar.

Ausgleichsbehälter sehen Sie von außen die (fehlende) Füllmenge. Achten Sie beim Nachfüllen von größeren Fehlmengen darauf, dass Sie die rosafarbene Kühlflüssigkeit verwenden, die zugleich einen Frostschutz für Ihren Motor enthält. Bei kleineren Mengen – und im Sommerhalbjahr – können Sie stattdessen aber auch Leitungswasser nehmen. Der Kühlwasser-

> **!**
>
> ## AUFGEPASST
>
> Leuchtet unterwegs einmal die Kühlwasserwarnleuchte auf und Sie haben keine Möglichkeit, „richtige" Kühlflüssigkeit oder Leitungswasser nachzufüllen, sollten Sie nicht mehr weiterfahren, sondern besser einen Pannendienst anrufen. Ist der Kühlwasserstand bei wieder abgekühltem Motor nämlich an oder unter dem Minimum, droht bei einer Weiterfahrt innerhalb weniger Kilometer ein teurer Motorschaden.

Scheibenwischerwasser prüfen und nachfüllen

Die Scheibenwaschanlage sorgt beim Auto dafür, dass man während der Fahrt immer eine klare Sicht behält. Das Scheibenwischerwasser zu überprüfen und nachzufüllen, geht ganz leicht. Öffnen Sie dazu die Motorhaube und sehen Sie nach einem **Kunststoffbehälter mit einem meist farbigen Deckel,** auf dem ein stilisierter Wasserstrahl vor einem Fenster zu sehen ist. Im Sommerhalbjahr reicht es auch, klares Leitungswasser in den Behälter zu füllen, bis der Wasserstand die obere Markierung erreicht hat, und dann den Deckel wieder fest zu verschließen. Besser ist es wegen der Reinigungswirkung aber, hellblauen Scheibenreiniger zu verwenden, den man an der Tankstelle kaufen kann. Sehen Sie auf dem Kunststoffkanister nach, in welchem Mischungsverhältnis der Scheibenreiniger und das Leitungswasser bei welchen Temperaturen verwendet werden sollen. Dies ist vor allem im Herbst und Winter wichtig, da der Scheibenreiniger auch ein effektiver Frostschutz für die Waschanlage ist.

Sicht für Nachtfahrten verbessern

Autofahrten bei Nacht empfinden viele Fahrer als etwas unangenehm, da man dann andere Verkehrsteilnehmer, Schilder usw. weniger gut wahrnimmt. Mit ein paar kleinen Kniffen kann man die Sicht für Nachtfahrten aber verbessern:

- **Reinigen Sie** regelmäßig – z.B. beim Tanken – die durchsichtige **Abdeckung der Abblend- und Fernlichter** mit klarem Wasser.
- **Reinigen Sie** drei, vier Mal pro Jahr auch die **Frontscheibe** von innen mit Fensterputzspray und achten Sie darauf, dass beim Abwischen keine Schlieren entstehen.
- **Kontrollieren Sie** regelmäßig, ob genug **Scheibenreiniger** in der Scheibenwaschanlage ist.
- **Tauschen Sie** bei einer defekten **Halogenlampe** gleich die **auf der anderen Seite mit aus,** da diese meist kurz danach kaputtgeht.
- **Verwenden Sie** nur **Halogenlampen von Markenherstellern** und überlegen Sie sich, ob Sie statt der typischen

SO KLAPPT'S AUCH

Haben Sie im Herbst und Winter gerade kein Leitungswasser zur Hand, füllen Sie den hellblauen Scheibenreiniger einfach pur ein, damit die Flüssigkeit im Behälter selbst, den Schläuchen Richtung Windschutzscheibe und den Düsen unter der Scheibe nicht einfriert. Betätigen Sie daher am besten auch nach der Nachfüllaktion zwei bis drei Mal den Hebel der Scheibenwaschanlage, damit die „neue Mischung" durch die Schläuche und Düsen fließt.

Wer Enteisungs-
spray zur Hand hat,
kann sein Tür-
schloss auch bei
Minusgraden pro-
blemlos öffnen.

Long-life-Lampen auf eine der neueren
Halogenlampen umsteigen, die etwa
30 % heller sind und zudem etwa 40 m
weiter leuchten.

Nebellampen als Hilfslicht bei defektem Abblendlicht

Lampen gehen ja immer dann kaputt,
wann es gar nicht passt. Sind Sie abends
mit dem Auto unterwegs und haben keine
Ersatzlampe für das Abblendlicht parat,
die Sie selbst auf die Schnelle einsetzen
können, sind die **Nebellampen vorn**
hilfreich. Mit einem Tastendruck am
Armaturenbrett fahren Sie dann beim
Ausfall eines der Abblendlichter mit drei
„Augen". Aber nur für eine kurze Fahrt –
nach Hause oder besser direkt zur Werkstatt. Seien Sie sich aber bewusst, dass dies

ein **Kompromiss für Notfälle** ist und Sie
bei einer Polizeikontrolle mit einem Buß-
geld rechnen müssen. Passen Sie daher auf
jeden Fall Ihre Geschwindigkeit entsprechend an.

Eingefrorenes Türschloss öffnen

Bei Minusgraden kann es passieren, dass
das Türschloss des Autos einfriert. Ohne
Funkschlüssel müssen Sie das Problem
anders lösen.

- Haben Sie ein Fläschchen **Enteisungs-flüssigkeit** zur Hand, das es an Tankstellen gibt, halten Sie die Dosierspitze
  direkt an das Schloss und spritzen die
  Flüssigkeit hinein.
- Parkt das Auto an einem Haus oder
  einer Mauer und hat es auch ein

Schloss an der Beifahrertür, prüfen Sie, ob dieses nicht zugefroren ist – ein Haus strahlt ja etwas Wärme ab und eine Mauer schützt vor Wind.

- Wenn die Temperatur nur knapp unter 0 °C liegt, reicht es oft, den **Schlüsselbart gut mit dem warmen Atem anzuhauchen,** ihn danach vorsichtig ins Schloss zu stecken und ihn ohne zu viel Kraft zu drehen.
- Ist es kälter, können Sie ein **Feuerzeug** zuerst an das **Schloss** halten, dann den **Schlüsselbart** sehr vorsichtig damit anwärmen und ihn anschließend behutsam ins Schloss stecken und drehen.

Türgummis pflegen

Die Türgummis beim Auto altern im Laufe der Jahre – ein Austausch ist nicht ganz billig. Besser ist es, diesen Prozess durch regelmäßige Pflege zu verlangsamen. Reinigen Sie mindestens einmal pro Jahr die Türgummis und die Gummis der Heckklappe gut mit Wasser und achten Sie darauf, dass Sie auch **lose Verunreinigungen** zwischen den Gummis und dem Blech **entfernen.** Eine weiche saubere **Zahnbürste** kann dabei hilfreich sein. Lassen Sie anschließend die Gummis komplett trocknen, indem Sie z.B. die Türen und die Heckklappe über Nacht in der eigenen Garage offen lassen. Zum Schutz der Gummis tragen Sie dann ein **Pflegemittel auf Silikon- oder Glyzerinbasis** aus dem Zubehörhandel auf. Haben

Sie im Haushalt Hirschtalg, Babypuder oder einen Lippenpflegestift, können Sie auch dies verwenden. Ideal ist es, die Pflegeaktion im Spätherbst durchzuführen, da dann die Gefahr stark sinkt, dass die Türgummis bei Minustemperaturen und Feuchtigkeit festkleben.

Richtig sitzen im Auto

Autositze sind ebenso verschieden wie die Rücken der Fahrer – den Sitz korrekt auf die Bedürfnisse des Wagenlenkers einzustellen, geht aber leicht. Generell sollten Sie den Fahrersitz so einstellen, dass Sie sowohl das Lenkrad samt Hebeln und Schaltern als auch die Pedale gut erreichen. **Treten Sie zum Test das Kupplungspedal komplett durch** – bei einem Automatikauto das Bremspedal. „Fehlt" am Schluss etwas Beinlänge, muss der Sitz weiter nach vorn.

Die Sicht nach vorn und zu den Seiten können Sie dadurch verbessern, dass Sie den Sitz ganz hochfahren. Ist Ihre Statur eher zierlich – und haben Sie ein Auto mit kleinen Scheiben –, ist ein **zusätzliches Sitzkissen** aus dem Zubehörhandel hilfreich. Besitzt Ihr Auto eine **Lordosenstütze,** drehen Sie diese zur Unterstützung der Lendenwirbel nach vorn. Achten Sie darauf, dass die Höhe der **Kopfstütze** mit der Ihres Kopfes übereinstimmt. Besitzt Ihr Sicherheitsgurt eine **Gurthöhenverstellung?** Er sollte unterhalb des Halses über die Schulter laufen.

Radwechsel vermeiden

Viele Autofahrer empfinden den Radwechsel im Frühjahr und im Herbst als lästig. Da die Qualität von Ganzjahresreifen in den letzten Jahren sehr verbessert wurde, können diese eine Alternative sein,

- wenn Sie wissen, dass Sie insgesamt **nicht mehr als** etwa **10 000 km** im Jahr unterwegs sind,
- wenn Sie **vorausschauend fahren,** da bei Ganzjahresreifen der **Bremsweg** im Vergleich zu Sommer- oder Winterreifen etwas **länger** sein kann,
- wenn Sie eher in der **Stadt oder stadtnah** wohnen und nicht regelmäßig zum Skifahren in die Berge wollen,
- und wenn Sie **zur Not im Winter** auch einmal **zwei, drei Tage** auf Ihr Auto **verzichten** können.

SO GING'S BEI MIR

Johannes K. aus M. schreibt: Zuletzt holte ich den Rasenmäher aus der Garage, als ich sah, dass der Reifen meines Autos recht platt wirkte. Die nächste Tankstelle liegt bei uns weit weg, da habe ich kurzerhand unsere Fahrradluftpumpe hergenommen. Ich hatte gelesen, dass das geht. Und tatsächlich: Die große Standluftpumpe für Mountainbikes ist für große Volumen ausgelegt und hat einen Pumpenkopf für ein Autoventil sowie ein Manometer. 70-mal musste ich pumpen – aber Sport ist ja gesund.

Lesen Sie vor dem Kauf der Ganzjahresreifen die Testberichte in Autozeitschriften und wählen Sie hochwertige Reifen, deren Leistung bei Schnee, Nässe und Trockenheit entweder sehr ausgewogen ist oder die in dem Bereich besonders punkten, der für Ihren persönlichen Fahrstil am wichtigsten ist. Achten Sie vor allem auf das **Symbol des dreizackigen Berges mit der Schneeflocke** – nur solche Ganzjahresreifen gelten als vollwertiger Winterreifenersatz.

Reifendruck prüfen

Hat ein Autoreifen zu wenig Luftdruck, steigt der Kraftstoffverbrauch, bei deutlich zu wenig Luft leidet sogar die Fahrsicherheit. Daher sollten Sie den Wert alle zwei Wochen an der Tankstelle überprüfen. Leihen Sie sich das tragbare Mess- und Füllgerät oder fahren Sie zu einer der neuen Stationen, in die man meist einen Euro einwerfen muss. Sehen Sie auf dem **Aufkleber im Rahmen der Fahrertür oder der Innenseite des Tankdeckels** nach, welchen Luftdruck welcher Reifen bei Ihrem Auto haben muss (Sommer- oder Winterreifen, unterschiedliche Breite oder Beladung). Stecken Sie den Pumpenkopf des Mess- und Füllgeräts nacheinander auf die vier Ventile – meist **fehlt Luft, die Sie durch Drücken der Plus-Taste nachfüllen,** bis die Anzeige den richtigen Wert erreicht. An der Luftdruckstation geht es noch komfortabler: Tippen Sie den

Sollwert ein – z.B. zwei Bar – und stecken Sie den Pumpenkopf auf die vier Ventile. Die Station pumpt den Istwert jeweils bis zum Sollwert auf und beendet dann den einzelnen Vorgang.

Sprit sparen

Ist man noch mit einem Benziner oder Diesel unterwegs, gibt es ein paar Kniffe, um in der Praxis an die meist etwas geschönten Verbrauchsangaben aus dem Prospekt näher heranzukommen.

- **Vermeiden Sie Kurzstrecken,** da der Motor dabei nicht seine optimale Betriebstemperatur erreicht und überdurchschnittlich viel verbraucht.
- Lassen Sie die **Klimaanlage** bei Kurzstrecken **aus** und fahren Sie stattdessen die Seitenscheiben runter.

- **Schalten Sie** bei einer Handschaltung **frühzeitig hoch** – oft gibt es eine Anzeige, wann Sie den nächsten Gang einlegen sollten.
- **Fahren Sie vorausschauend** – häufiges Abbremsen und Beschleunigen kostet viel Kraftstoff.
- Halten Sie sich auch auf einer unbeschränkten Autobahn an die **Richtgeschwindigkeit von 130 km/h.**
- Achten Sie auf den **richtigen Reifendruck** entsprechend der Plakette im Rahmen der Fahrertür oder auf der Innenseite des Tankdeckels.

Lackstift verwenden

Auch kleine Lackschäden, die z.B. durch einen Steinschlag entstehen, sollten ausgebessert werden, um auf längere Sicht

Ein guter Sicherheitsabstand verhindert Staus und Unfälle – und spart auch noch Spritkosten und CO_2.

Korrosion am Blech zu verhindern. Kaufen Sie sich am besten für wenige Euro in der Fachwerkstatt einen **Lackstift in der Originalfarbe** Ihres Autos und im Baumarkt einen **Silikonentferner.** Reinigen Sie die Stelle, die lackiert werden soll, mit dem Silikonentferner und rauen Sie dann die Kante zum Bestandslack mit einer kleinen **Drahtbürste** auf, die bei vielen Lackstiften im Deckel mit dabei ist. Anschließend tragen Sie vorsichtig die Farbe aus dem Lackstift auf und lassen Sie sie gut trocknen. Der Korrosionsschutz an der beschädigten Stelle ist damit nun wieder gegeben. Damit auch die ursprüngliche Optik wiederhergestellt ist, können Sie noch zu feinem 800er- oder 1000er-Schleifpapier greifen. Rauen Sie damit die neu lackierte Stelle etwas auf, polieren sie diese anschließend sanft mit dem Schleifpapier und wischen Sie zum Schluss alles mit einem feuchten Tuch ab.

Feuchtigkeit im Auto vermeiden

Größere Feuchtigkeit im Auto ist eine unangenehme Sache, doch sie lässt sich mit ein paar Kniffen ganz gut eindämmen.

- Lassen Sie nachts in der eigenen Garage die **Fenster einen Spalt offen,** damit Feuchtigkeit aus dem Wagen entweichen kann.
- **Schließen** Sie das **Schiebedach komplett,** wenn das Auto draußen parkt und Regenwetter angesagt ist.

- Führen Sie in der Türablage ein **kleines Handtuch** mit, mit dem Sie Regenspuren von den Türverkleidungen abwischen oder eine verschüttete Flüssigkeit auftupfen können.
- **Ersetzen Sie** Feuchtigkeit aufsaugende **Stofffußmatten durch Gummifußmatten,** die man bei Matschwetter samt Inhalt einfach ausleeren kann.
- Schalten Sie im Winter **zusätzlich** zur Heizung auch **die Klimaanlage** ein, da so die Luft im Auto schneller entfeuchtet wird.

Lebensmittel bei Hitze im Auto transportieren

Autos heizen sich im Sommer innen sehr auf – viele Lebensmittel vertragen aber keine große Hitze. Kritisch kann es wegen Salmonellen vor allem bei Hackfleisch, Geflügel, frischem Fisch oder rohen Eiern werden. Legen Sie Tiefkühlware und empfindliche Lebensmittel daher erst am Schluss Ihres Einkaufs in den Wagen. Ist die Heimfahrt länger als fünf bis zehn Minuten, sollten Sie ab einer Außentemperatur von 25, spätestens aber 30 °C überlegen, eine **Kühltasche mit Kühlakkus** mitzunehmen. In diese können Sie die empfindlichen Lebensmittel nach dem Bezahlen noch im Supermarkt umpacken. Eine Notlösung ist eine Plastiktüte mit kleinen Handtüchern, die Sie im Vorraum der Kundentoilette unter kaltes Wasser halten, bevor sie samt den eingeschweißten Lebensmitteln in die Tüte kommen. Im Auto selbst sollte **der Einkauf** dann nach dem Querlüften im Fahrgastraum **auf dem Boden** stehen, da hier die Temperatur am niedrigsten ist.

Ausgelaufene Milch vom Stoffsitz entfernen

Gelangt im Auto Milch auf ein Sitzpolster aus Stoff, eine Textilfußmatte oder den Bodenteppich, muss man schnell reagieren, da die Milch nach kurzer Zeit sauer wird und ein unangenehmer Geruch entsteht. Tupfen Sie zunächst alle sichtbaren nassen Flecken gründlich mit einem **Handtuch oder Papiertüchern** ab. Entfernbare **Sitzbezüge** und **Textilfußmatten** ohne Gummi können Sie danach bei 30 °C in die **Waschmaschine** geben. Bei fest montierten Stoffsitzen oder dem Bodenteppich müssen Sie nach dem Abtupfen kurz ins Küchenregal greifen: Mischen Sie **Branntweinessig und Leitungswasser im Verhältnis 1:4,** füllen Sie die Mischung in eine Sprühflasche und besprühen Sie dann die Milchflecken, bis diese wieder komplett feucht sind. Die Essigmischung muss ca. vier Stunden einwirken, um die verbliebenen Milchenzyme im Stoff biochemisch aufzuspalten – Frischluft durch leicht geöffnete Autofenster unterstützt dabei den Prozess. Tupfen Sie danach den Stoff erneut gründlich ab – nun sollte der störende Geruch endgültig verschwunden sein.

Autoschlüssel im geschlossenen Kofferraum

Wenn der Autoschlüssel beim Beladen im Kofferraum ist und man dann die Klappe schließt, muss man nicht sofort zu Hause wegen des Zweitschlüssels oder gar beim Pannendienst anrufen.

Ist bei einem älteren Auto noch eine Tür offen, sehen Sie innen nach, ob im Bereich des Armaturenbretts eine **Entriegelung für den Kofferraum** vorhanden ist. Oft gibt es auch oben links und rechts an der Rückbanklehne eine **Taste zum Umklappen der Lehne,** um so von innen in den Kofferraum zu kommen.

Ist bei einem neueren Auto noch eine Tür offen, sehen Sie besser gleich nach, ob es **in der Mitte der Rückbanklehne** (hinter der Armstütze) **eine kleine Öffnung** gibt, deren Deckel man vom Innenraum aus entfernen kann. Greifen Sie anschließend hindurch und tasten Sie

AUFGEPASST

Ein nicht zugänglicher Schlüssel im Kofferraum kann auf einer weiteren Fahrt zu einem größeren Problem werden. Nehmen Sie daher besser einen Zweitschlüssel mit, den im Idealfall der Beifahrer aufbewahrt. Sind Sie allein unterwegs, tragen Sie den Schlüssel in einer anderen Tasche am Körper oder in einem Gepäckstück, das Sie immer mitnehmen.

nach links und rechts oben, um die Entriegelungshebel im Kofferraum zu erreichen.

Auto trotz leerem Funkschlüssel öffnen

Wenn beim Funkschlüssel die Batterie oder der Akku leer ist, heißt das nicht, dass man gar nicht mehr ins Auto kommt. Sieht der Funkschlüssel wie ein „normaler" Autoschlüssel aus, stecken Sie ihn in das Türschloss und öffnen die Tür „wie früher". Auch das Anlassen mit dem Funkschlüssel im Zündschloss sollte dann klappen, da hier keine Funktechnik im Spiel ist. Um wieder den Komfort des Funkschlüssels genießen zu können, **tauschen** Sie die leere **Batterie** selbst aus, indem Sie den Batteriefachdeckel abnehmen. Bei einem Funkschlüssel, der auf den ersten Blick keinen Bart mehr besitzt, können Sie oft noch auf der Seite einen

Schlüssel herausklappen oder herausziehen. Öffnen Sie damit die Tür und klicken Sie vor dem Starten den wieder geschlossenen Funkschlüssel in die dafür bestimmte Aussparung im Armaturenbrett, wo der leere Akku im Schlüssel während der Fahrt geladen wird.

Pannendienst erreichen

Manchmal ist es unterwegs nicht damit getan, eine leere Batterie zu überbrücken oder einen defekten Reifen zu wechseln bzw. abzudichten. Den Pannendienst erreichen Sie auf verschiedenen Wegen. Neuwagen sind seit einigen Jahren mit dem **Notrufsystem eCall** ausgerüstet, das sich bei einem Unfall automatisch aktiviert. Bei einer „normalen" Panne können Sie den roten – meist mit SOS beschrifteten – Knopf drücken, der sich oben im Bereich des Spiegels befindet. Sie werden dann mit einem Callcenter verbunden, das Ihnen einen Servicewagen organisieren kann. Als Mitglied des **ADAC** oder eines anderen **Automobilclubs** laden Sie sich am besten die jeweilige App auf das Smartphone. Bei einer Pannenmeldung über die App meldet diese in der Regel den Standort Ihres Autos mit, damit Sie die Hilfe schneller erreicht.

Haben Sie kein Smartphone, sondern ein klassisches Handy, so programmieren Sie sich einmal daheim in Ruhe die **Service-Rufnummer eines Automobilclubs** ins Telefonbuch ein.

SO KLAPPT'S AUCH

Wenn Sie ohne fremde Hilfe überbrücken wollen, kaufen Sie sich ein Starterpack. Die Lithiumakkus mit integriertem rot-schwarzem Überbrückungskabel gibt es in verschiedenen Leistungsstufen – hubraumstärkere Motoren sowie Diesel benötigen ein stärkeres Pack, damit Sie sich bei Bedarf selbst erfolgreich Starthilfe geben können.

Autobatterie überbrücken

Oje, die Autobatterie ist leer! Starthilfe durch ein anderes Auto geht mit einem Überbrückungskabel aber leicht:

Parken Sie das andere Auto so, dass **die Batterien gegenüberliegen,** z.B. Motorhaube an Motorhaube, und **stellen Sie den Motor ab.**

■ **Verbinden** Sie das **rote Kabel mit dem Pluspol der vollen Batterie** des Spenderautos, **danach mit dem Pluspol der leeren Batterie** des Pannenautos.

■ **Verbinden** Sie das **schwarze Kabel mit dem Minuspol der Batterie des Spenderautos,** danach aber **beim Pannenauto mit dem Massepunkt** oder einer anderen metallischen Stelle im Motorraum, um so Funkenflug zu vermeiden.

■ **Lassen Sie das Spenderauto** an – die Handbremse muss angezogen und der **Leerlauf** eingelegt sein bzw. der Wählhebel der **Automatik auf P** für Parken stehen.

■ **Wiederholen Sie den Vorgang** mit den gleichen Einstellungen **beim Pannenauto** – überbrückt sollte es wieder anspringen.

■ **Lassen Sie beide Motoren laufen,** bis die leere Batterie durch die eigene Lichtmaschine etwas nachgeladen hat. Stellen Sie **nach ein, zwei Minuten** den Motor des Spenderautos ab, **lassen** Sie **den des Pannenautos aber an.**

■ Klemmen Sie das **schwarze Kabel** von der Batterie des Spenderautos, **danach vom Massepunkt des Pannenautos** ab. Danach können Sie das **rote Kabel** zuerst **vom Spenderauto** und **dann vom Pannenauto** entfernen.

■ **Fahren** Sie, ohne den Motor abzustellen, mit Ihrem Auto **ca. 20 km,** um die Batterie wieder aufzuladen.

Dieselfahrzeuge benötigen mehr Strom als Benziner. Am besten sollten Dieselfahrzeuge daher von anderen Dieselfahrzeugen Starthilfe erhalten.

Defekten Reifen provisorisch abdichten

Neuere Autos werden oft mit einem Reifenreparaturset ausgeliefert, das aus einer Dichtmittelflasche und einem Kompressor besteht und bei Löchern bis ca. sechs Millimeter Größe gute Dienste leistet. Das Abdichten eines defekten Reifens geht so:

- Fahren Sie eine sichere Parkmöglichkeit an, ziehen Sie die **Warnweste** an und stellen Sie das **Warndreieck** auf.
- Ziehen Sie die **Handbremse** an und legen Sie den **ersten Gang ein,** damit das Auto stabil steht (bei **Automatik** muss der Wählhebel **auf P** wie Parken).
- Kontrollieren Sie, ob noch ein **Nagel** oder **Glassplitter** im Reifen steckt, und **entfernen** Sie diesen.
- **Schrauben** Sie den **Anschlussstutzen** der Dichtmittelflasche **auf das Ventil** des defekten Reifens und **schließen** Sie den **Kompressor an die Flasche und** den **Zigarettenanzünder** oder eine Zwölf-Volt-Buchse **an.**
- **Schalten** Sie den **Kompressor ein,** damit das Dichtmittel in den Reifen gedrückt wird. Das Manometer muss zum Schluss den vorgeschriebenen Luftdruck im Reifen anzeigen.
- **Bewegen** Sie das **Auto ein wenig,** damit sich das Dichtmittel gleichmäßig im Reifen verteilt und beim Trocknen das Loch verschließt.
- **Kontrollieren** Sie nach zehn Minuten erneut **den vorgeschriebenen Luftdruck,** um zu sehen, ob die Reparatur erfolgreich war.
- Fahren Sie mit **maximal 80 km/h** zur nächsten **Werkstatt –** diese sollte nicht weiter als 50 km entfernt sein, da ein abgedichteter Reifen **kein vollwertiger Ersatz** ist.

AUFGEPASST

Wenn der aufgezogene Reservereifen deutlich älter, ein anderer Typ des gleichen oder anderen Herstellers oder gar ein Sommerreifen statt eines Winterreifens (oder umgekehrt) ist, sollten Sie bei der Weiterfahrt vorsichtig sein. Kontrollieren Sie nach 50–100 km die Festigkeit der Radmuttern und klären Sie daheim mit einer Werkstatt, ob Sie besser einen neuen passenden Reifen nachkaufen.

Defekten Reifen wechseln

Ein defekter Reifen wegen Materialermüdung kommt heutzutage selten vor, einen Nagel oder Glassplitter kann man sich immer einfahren. Der Reifenwechsel mit dem Wagenheber geht aber zügig:

- Fahren Sie eine sichere Parkmöglichkeit an, ziehen Sie die **Warnweste** an und stellen Sie das **Warndreieck** auf.
- Ziehen Sie die **Handbremse** an und legen Sie den **ersten Gang** ein, damit das Auto stabil steht (bei **Automatik** muss der Wählhebel **auf P** wie Parken).

- Setzen Sie den **Wagenheber unter dem Türschweller an –** bei einer Panne vorn ist der vorgesehene Punkt etwa 20 cm hinter dem Radkasten, bei einer Panne hinten etwa 20 cm davor – und **kurbeln** Sie das **Auto hoch,** bis unter dem defekten Rad **fünf Zentimeter** Luft sind.
- **Demontieren** Sie mit dem Radkreuz oder einem Schraubenschlüssel **die Radmuttern** des defekten Rads und nehmen Sie dieses ab.
- **Setzen** Sie das intakte **Reserverad** an und **ziehen** Sie die **Radmuttern über Kreuz** in zwei Durchgängen wieder an – einmal, bis Sie einen ersten großen Widerstand spüren, und anschließend noch einen kleinen Extradreh.
- **Kurbeln** Sie den Wagenheber wieder **runter** und verstauen Sie das defekte Rad und das Werkzeug.

Elektrische Geräte im Auto laden oder betreiben

Im Alltag gibt es immer mehr elektrische Geräte wie Smartphone, Tablet, Navigationsgerät, Laptop oder Kühlbox, die man im Auto laden oder betreiben möchte. „Klassisch" erfolgt der Anschluss über den **Zigarettenanzünder,** den man in fast jedem Auto in der Mitte des Armaturenbretts findet. Den runden **Ladeadapter** für Ihr Gerät erhalten Sie für wenige Euro im Elektronikfachmarkt. Achten Sie darauf, dass die Ladeleistung mindestens dem entspricht, was z.B. das Smartphone benötigt. Im Zweifelsfall kaufen Sie einen Ladeadapter, der zwei USB-Schnittstellen hat – dann reicht die Leistung auch für ein größeres Gerät wie ein Tablet. Bei Verbrauchern wie einer Kühlbox können Sie

Autoreifen zu wechseln ist einfacher, als viele denken. Am besten man probt es beim saisonalen Reifenwechsel zu Hause, dann fühlt man sich im Fall einer Panne gerüstet.

Moderne Falträder bringt man in jedem Kofferraum unter – und sie leisten auch auf der Fahrt auf zwei Rädern beste Dienste.

den mitgelieferten Ladeadapter ebenfalls in den Zigarettenanzünder stecken. Falls Ihr Auto eine zusätzliche runde **Zwölf-Volt-Buchse** im Kofferraum hat, ist diese aus Platzgründen aber die bessere Option. Und bei neueren Fahrzeugen finden Sie meist am Armaturenbrett ein, zwei **USB-Anschlüsse** – in der Regel vom größeren Typ A.

Haustier sicher im Auto mitnehmen

Ob bei einer „normalen" Fahrt oder auf dem Weg zum Tierarzt – nimmt man ein Haustier im Auto mit, sollte man immer auf die Sicherheit des Tieres und der Menschen im Fahrzeug achten. Ist das Auto ein Kombi oder ein SUV mit Heck-klappe, ist eine verschließbare **Transport-box** im Kofferraum die erste Wahl. Diese

bietet dem Tier auch einen gewissen Rückzugsort – wichtig, wenn es nicht an „große" Fahrten gewohnt ist. Ist der Kofferraum zu klein oder hat man eine klassische Limousine, kann die Box auf die Rückbank. Achten Sie darauf, dass sie durch Herumführen eines Sicherheitsgurtes oder das komplette Zurückfahren des Beifahrersitzes nicht verrutschen kann. Ist Ihnen eine dauerhafte Transportbox im Kofferraum zu sperrig und möchten Sie ein häufiges Hinein- und Herausheben vermeiden, ist eine **Gitterabtrennung** oberhalb der Rücksitzlehne eine Alternative – dies klappt außer bei Kombis und SUVs auch bei Kompaktwagen mit Heck-klappe gut.

Fahrrad im Auto mitnehmen ohne Fahrradträger

Um ein Fahrrad im Auto mitzunehmen, brauchen Sie es nicht unbedingt auf einen Dachgepäckträger hochwuchten und müssen auch keinen Heckgepäckträger für die Anhängerkupplung besorgen – oft reichen ein, zwei Umzugsdecken und ein kleiner Schraubenschlüssel. Bei einem Kombi oder größeren SUV legen Sie die Umzugsdecken auf den Kofferraumboden und die umgeklappte Rückbanklehne und heben das Fahrrad hinein. Meist tut man sich leichter, wenn man das **Rad mit dem Heck zuerst** in den Kofferraum verfrachtet. Dies gilt besonders für Limousinen mit einer Durchladevorrichtung. Bei

Limousinen – wie auch bei Kompakt- wagen mit Heckklappe – müssen Sie eventuell das **Vorderrad für den Trans- port ausbauen.** Öffnen Sie dazu an der Achse den Schnellspanner oder lösen Sie die Mutter mit dem Schraubenschlüssel. Nun können Sie auch den Lenker samt der leeren Radgabel drehen, was mit montier- tem Vorderrad zuvor nicht ging, weil der Kofferraumdeckel nicht zugegangen wäre.

Lange Gegenstände im Innenraum transportieren

Bretter aus dem Baumarkt oder ein Regal aus dem Einrichtungshaus – Sie brauchen nicht gleich einen Dachträger, um lange Gegenstände sicher zu transportieren. Bei einem Kombi oder SUV **klappen** Sie die **Heckklappe auf** und die **Rücksitzbank um** und auch bei einer Limousine kön- nen Sie meist vom Kofferraum aus durch- laden. Fast immer haben Sie dann Platz für Gegenstände bis ca. 1,70 m Länge. Sind Sie sich nicht ganz sicher, ob die Länge, die Breite und die Höhe ausreichen, so messen Sie vorab kurz mit einem Meter- stab nach. Ragt die Ladung dann doch noch etwas nach hinten aus dem Koffer- raum heraus (erlaubt sind maximal 1,50 m), so müssen Sie die **Heckklappe gut mit ein, zwei Gurten sichern** – und am Ende der Ladung eine kleine rote Fahne anbringen, damit die anderen Verkehrsteilnehmer auf die Überlänge der Fracht aufmerksam werden.

Fahrsicherheit eines Wohnwagens überprüfen

Macht man mit dem Wohnwagen Urlaub, ist es für die Fahrsicherheit wichtig, die Stützlast vorab zu überprüfen. Dazu reicht eine **Personenwaage** aus. Rangieren Sie den Wohnwagen so, dass er eben steht. Positionieren Sie dann die Personenwaage **vorn unter der Kupplung der Deichsel** und stellen Sie einen **stabilen Holzstab in der richtigen Länge zwischen Waage und Deichsel,** damit der Wohnwagen weiterhin waagerecht steht. Die Personen- waage zeigt nun die Stützlast an, mit der der Wohnwagen auf der Anhängerkupp- lung des Zugwagens aufliegen würde. Welches Gewicht bei Ihrer Anhänger- kupplung und bei Ihrem Wohnwagen vorgesehen ist, steht auf den jeweiligen

SO KLAPPT'S AUCH

Möchten Sie Ihr Fahrrad öfter in einem kleineren Auto mitnehmen, sollten Sie über ein Faltrad nachdenken. Gute Falträder sind nicht mit den typischen Klapprädern der 1970er-Jahre vergleich- bar, sondern trotz ihrer 20-Zoll-Räder eine echte Alternative zu „großen" Modellen mit 28-Zoll- Rädern. In unter einer Minute gefaltet – und später wieder entfaltet –, misst das ca. 13 kg schwere „Paket" etwa 80 × 60 × 40 cm und passt damit selbst hinter kleine Heckklappen.

silbernen Aufklebern – weichen die Werte voneinander ab, sollten Sie sich am niedrigeren orientieren. Entspricht die von der Waage angezeigte Stützlast bereits dem Sollwert, passt alles. Ist sie zu niedrig, muss im Wohnwagen zum Ausbalancieren Gewicht nach vorn, ist sie zu hoch, muss Ladung nach hinten.

Passenden Fahrradrahmen auswählen

Ob beim klassischen Fahrrad oder beim E-Bike – die Wahl des passenden Fahrradrahmens und der Reifengröße will gut überlegt sein.

- **Diamantrahmen** – der typische Rahmen für Herrenräder bietet die größte Stabilität, kann aber mit zunehmendem Alter oder körperlichen Einschränkungen umständlich zum Auf- und Absteigen sein (meist 28 Zoll Reifengröße, Mountainbikes auch 29 Zoll).
- **Schwanenhals- und Trapezrahmen** – diese komfortableren Rahmen sind meist bei Damenrädern zu finden und bieten eine geringere Stabilität als ein Diamantrahmen (vereinzelt 26 Zoll, meist 28 Zoll).
- **Waverahmen oder Tiefeinsteiger** – die erste Wahl für Radfahrerinnen und -fahrer, die einen bequemen Einstieg über alles schätzen und dafür bereit sind, bei der Fahrstabilität kleine Abstriche zu machen (meist 28 Zoll).
- **Kompaktrahmen** – die nichtfaltbaren Kompakträder mit einem Radstand „wie die Großen" stellen wegen des leichteren Zustiegs und des insgesamt niedrigeren Schwerpunkts eine Alternative dar (20 Zoll).

AUFGEPASST

E-Bike-Motoren, die den Fahrer mit mehr Newtonmetern unterstützen oder öfter in der höchsten Unterstützungsstufe gefahren werden, benötigen mehr Strom. Bei vielen Herstellern können Sie daher aus zwei oder drei Akkugrößen auswählen, die für einen Aufpreis von etwa 250 Euro jeweils 15–20 % mehr Kapazität bieten. Da Akkus mit der Zeit sowieso etwas an Kapazität verlieren, ist diese Investition meist sinnvoll.

Passenden E-Bike-Motor auswählen

Die üblichsten E-Bikes sind sogenannte Pedelecs mit Tretunterstützung. Bei den Motoren geht der Trend zu solchen, die in der Mitte des Fahrrads unten am Tretlager verbaut sind und unterschiedlich viele Newtonmeter an Drehmoment zur Unterstützung bieten. Unabhängig von der maximalen Stärke der Unterstützung ist diese meist in vier Stufen einstellbar.

- Stufe 1 – eine **sanfte Einstiegsunterstützung** von zusätzlich etwa **40 %**

der Leistung, die man selbst auf die Pedale bringt.

- Stufe 2 – in der Regel zusätzlich 100 % der eigenen Leistung.
- Stufe 3 – meist zusätzlich 160–190 % der eigenen Leistung.
- Stufe 4 – in der Regel zusätzlich über 200 % der eigenen Leistung, bei vielen Motoren statt fester Unterstützung eine „Automatik" mit Stufe 3 von ungefähr 160–300 %.

Um ein Gefühl für den Motor und seine Unterstützung zu bekommen, sollte man daher vor dem Kauf unbedingt eine Probefahrt machen und sich den Einsatzzweck des E-Bikes überlegen. Für den Alltag benötigt man keinen besonders leistungsstarken Motor mit variabler Stufe 4 – wichtiger ist, dass die Motorunterstützung sanft ein- und aussetzt und einen nicht überfordert.

Fahrrad sicher absperren

Je teurer Ihr Fahrrad ist, desto größer ist die Gefahr, dass es gestohlen wird. Mit einigen einfachen Maßnahmen mindern Sie aber die Wahrscheinlichkeit deutlich. Schließen Sie Ihr Rad immer ab und an einem massiven Objekt an, z.B. einem Fahrradständer. Dabei sollte das Schloss auch den Rahmen sichern – und zwar weit oben, damit ein Fahrraddieb einen Bolzenschnei-

der nicht auf dem Boden aufsetzen kann. Das Schloss sollte ein massives Bügel-, Ketten- oder Faltschloss eines Markenherstellers sein. Als Faustregel gilt dabei: Das Schloss darf durchaus fünf Prozent des Preises des Fahrrads kosten. Bei richtig teuren Rädern empfiehlt es sich, sogar zwei unterschiedliche Schlösser zu verwenden, etwa ein Bügel- und ein Kettenschloss. So können Sie beispielsweise das Vorderrad gesondert absichern und erschweren Dieben, die auf eine Bauart spezialisiert sind, die Arbeit.

Fahrraddiebe abschrecken

Auch wenn Sie Ihr Fahrrad gut abgeschlossen haben, spricht nichts dagegen, Fahrraddiebe weiter abzuschrecken, indem Sie das Rad unvollständig und damit unattraktiver machen. Haben Sie einen teuren Ledersattel mit Schnellverschluss der Sattelstange, so nehmen Sie den Sattel in einem kleinen Rucksack mit. Alternativ können Sie beim Abstellen eine alte Plastiktüte über den Sattel stülpen oder den Schnellverschluss durch

Ein einfaches Zahlenschloss ist für geübte Fahrraddiebe leider kein Problem.

eine feste Schraube ersetzen. In den Rucksack passen außerdem andere Einzelkomponenten wie ansteckbare Lichter, ein Fahrrad-Multitool, eine Trinkflasche aus Edelstahl oder das vom Lenker abgenommene E-Bike-Display. Und ist der Rucksack etwas größer, passt auch der teure **E-Bike-Akku** hinein.

Sicherheit beim Radfahren erhöhen

Im Straßenverkehr ist man als Radfahrer einer der schwächeren Teilnehmer. Die Sicherheit lässt sich aber einfach erhöhen.

- Achten Sie darauf, dass Ihr Fahrrad technisch gut in Schuss ist. Dies gilt vor allem für die **Bremsen** und das **Licht.** Überlegen Sie, ob Sie neben den vorgeschriebenen Reflektoren vorn, hinten und zur Seite Ihr Licht noch optimieren: Es gibt für wenige Euros hellere Lichter oder solche, die auch im Stehen noch etwa eine Minute weiterleuchten.
- Ziehen Sie als Fahrer **helle Kleidung** an – eventuell mit einem **Reflexstreifen** oder einer **Warnweste** darüber – und vergessen Sie Ihren **Helm** nicht, den Sie spätestens bei einem E-Bike wegen der höheren Geschwindigkeit unbedingt tragen sollten.
- Fahren Sie **vorausschauend,** damit Sie bei Fahrfehlern anderer besser reagieren können. Nutzen Sie den **Radweg** und fahren Sie dort nicht als „Geisterradler" gegen die Verkehrsrichtung.

Mit Kleidern in Warnfarben und Extralichtern fährt es sich sicherer.

Federungskomfort beim Fahrrad erhöhen

Möchte man beim Fahrrad den Federungskomfort erhöhen, muss man nicht gleich auf ein neues Modell mit Federgabel vorn oder Komplettfederung umsteigen. Es gibt viele wesentlich preiswertere Methoden, mit denen man etwas mehr Bequemlichkeit auf zwei Reifen erreichen kann.

- Fahren Sie Ihr „altes" Fahrrad mit etwas **weniger Luftdruck** – auf der Flanke des Mantels stehen auch der Minimal- und Maximalwert in Bar und psi (engl.: pound per square inch; 1 bar = 14,5 psi), der zulässig ist.
- Wiegen Sie etwas mehr und möchten Sie vermeiden, dass bei der Fahrt mit weniger Luftdruck größere Unebenheiten auf die Felge durchschlagen, lassen Sie den Luftdruck, wie er ist, und ergänzen einen **Federsattel.**
- Möchten Sie den Sattel, den Sie gewöhnt sind, nicht wechseln, können Sie den Komfort auch durch eine **Federsattelstütze** erhöhen.
- **Ergonomische Griffe** aus geschäumtem Material oder aus Kork unterstützen Ihre Handgelenke.
- Meist passen auf eine bestimmte Felgenbreite auch etwas **breitere Reifen,** ohne dass diese innen an der Gabel schleifen – im Fahrradladen kann man dazu Rat erhalten. Die breiteren Reifen federn etwas besser und benötigen bei gleichem Fahrergewicht etwas weniger Luftdruck.

Fahrradbekleidung für die Radtour

Die meisten Radfahrer wollen in ihrer Freizeit kein Rennen gewinnen, sondern ein paar schöne Stunden in angenehmer Bewegung verbringen. Entsprechend muss die Bekleidung nicht aus enger Funktionswäsche bestehen, sondern einfach der Jahreszeit und dem Wetter angepasst sein. Wählen Sie bequeme Kleidung und gehen Sie nach dem **Zwiebelprinzip** vor. Statt einer dicken Jacke gegen Wind und Wetter, in der Sie bei höheren Temperaturen schnell schwitzen, wählen Sie ein leichtes – auch langärmliges – Polohemd, einen dünneren Pullover sowie eine leichte, wind- und regenfeste Jacke. Die Jacke verstauen Sie auf dem Gepäckträger, wenn Sie sie nicht benötigen. Eine **Multifunktionshose,** bei der man mit einem Reißverschluss die unteren Hosenbeine abtrennen kann, ist eine gute Ergänzung. Eine **dünne Mütze** oder ein „Piratentuch" unter dem Helm schützt vor zu viel Sonne, ein **Regenüberzug** für den Helm vor Nässe. Mit speziellen **Radhandschuhen** ist die Ausrüstung dann komplett.

Kühle Getränke auf der Radtour

Zu einer schönen Runde auf dem Fahrrad gehört immer auch eine kleine Pause mit einem erfrischenden Getränk. Wollen Sie

Mit einem passenden Leihrad kann man unbeschwert durch die schöne Urlaubslandschaft radeln.

ganz sicher gehen, dass das Getränk gut gekühlt bleibt, kaufen Sie sich eine kleine **Thermosflasche** aus Kunststoff oder Edelstahl, die statt der üblichen Wasserflasche aus Kunststoff in den Flaschenhalter passt. Achten Sie dabei auf das Volumen – bei gleicher Länge enthalten Thermosbehälter etwa ein Drittel weniger Inhalt, sodass eine längere Ausführung meist die bessere Wahl ist.

Besitzen Sie keine passende Thermosflasche, stellen Sie die gefüllte Fahrradflasche am besten eine Stunde lang in den Kühlschrank, bevor Sie losfahren. Sie können die Dauer des Kühleffekts verlängern, indem Sie beim Rausnehmen noch einige **Eiswürfel** in die Flasche geben. Unterwegs bietet sich dann meist irgendwo die Möglichkeit, kaltes Leitungswasser nachzufüllen oder ein kaltes Getränk zu kaufen und umzufüllen.

Passendes Leihrad auswählen

In vielen Urlaubsorten kann man stunden- oder tageweise Fahrräder ausleihen. Am leichtesten fällt die Eingewöhnung auf ein Leihrad, wenn es in etwa Ihrem eigenen Fahrrad entspricht. Fahren Sie zu Hause z.B. ein Rad mit Diamantrahmen, nehmen Sie beim Verleih am besten wieder eines mit diesem Rahmentyp.

Der Rahmen passt, aber es gibt nicht genau die Rahmengröße, die man selbst nutzt? Im Zweifelsfall ist dann ein **etwas kleinerer Rahmen** sinnvoller als ein zu großer, bei dem man trotz Herunterstellen des Sattels noch immer zu hoch sitzt und bei dem der Lenker zu weit weg ist.

Achten Sie auch auf die Schaltung – zwar sind die Unterschiede zwischen einer Ketten- und einer Nabenschaltung im

Alltag eher gering, aber nur Fahrräder mit einer Nabenschaltung können auch über eine **Rücktrittbremse** verfügen, auf die vor allem weniger geübte Radfahrer oft nicht verzichten möchten.

Einkäufe oder Gepäck sicher auf dem Fahrrad verstauen

Ob der kleinere Einkauf im Supermarkt oder die Regenjacke und anderes Gepäck beim Nachmittagsausflug – alles sollte auf dem Fahrrad sicher verstaut sein.

- Ein **Fahrradkorb vorn** – zum Einhängen, Anklicken oder fest verschraubt – bietet sich dann an, wenn Sie leichteres Gepäck im Blick haben wollen, z.B. bei einer Hand- oder Fototasche. Achten Sie bei der Auswahl darauf, dass der Korb das Frontlicht nicht verdeckt.
- Ein **Fahrradkorb hinten** ist ideal, wenn der Einkauf oder das Gepäck schwerer ist. Haben Sie ein Modell zum Einhängen am Sattel, das mit der Federklappe gesichert wird, oder eines zum Anklicken, so können Sie es gleich als Einkaufskorb verwenden.
- Tendieren Sie zu einer **einzelnen Satteltasche hinten,** wählen Sie am besten ein Modell aus, das sich auch wie ein kleiner Rucksack tragen lässt.
- **Zwei Satteltaschen hinten** bieten sich immer dann an, wenn Sie mehr Gepäck haben, da das Gewicht dann ausbalanciert und mit einem relativ tiefen Schwerpunkt transportiert wird.

Heruntergesprungene Fahrradkette montieren

Mit der Zeit längt sich die Fahrradkette und kann leichter vom Kettenblatt vorn oder den Ritzeln hinten springen. Um weiterfahren zu können, muss sie zurück auf die Zahnräder – ein Tuch ist dabei hilfreich, damit die Finger sauber bleiben.

- Bei einem Rad mit **Kettenschaltung** drehen Sie ein Pedal langsam in Fahrtrichtung, während Sie die **Kette vorn auf** das vorher mit dem Ganghebel eingestellte **Kettenblatt** zurückheben. **Hinten** bringen Sie die **Kette** während des Drehens **auf das Ritzel** zurück, das hier der Ganghebel anzeigt.
- Bei einem **Rad mit Nabenschaltung** öffnen Sie zunächst die Muttern der Hinterachse und **schieben die Achse**

AUFGEPASST

Seien Sie vorsichtig, wenn Sie mit einem Leihrrad losfahren. Oft besitzen diese hydraulische Felgen- oder Scheibenbremsen, die deutlich stärker zupacken, als man es von mechanischen Felgenbremsen gewohnt ist. Machen Sie zu Beginn ein paar Bremstests, um die Wirkung kennenzulernen. Ähnliches gilt für Leih-E-Bikes mit stärkeren Motoren und hoher Durchzugskraft. Nehmen Sie lieber ein Modell mit weniger Newtonmetern Drehmoment oder bleiben Sie in einer der unteren Unterstützungsstufen.

etwa einen Zentimeter nach vorn. So können Sie beim Drehen des Pedals die **Kette** leichter zurück **auf das Kettenblatt und das Ritzel** bringen. Danach schieben Sie die Hinterachse für eine gute Kettenspannung **etwas weiter zurück** als zuvor und verschließen die Muttern fest.

Richtiger Gang beim Fahrrad

Fahrräder haben meist zahlreiche Gänge. Wählen Sie in Alltagssituationen generell besser einen etwas niedrigeren Gang aus, bei dem Sie die Pedale öfter pro Minute treten müssen, als einen zu hohen Gang, bei dem Sie bei jedem (langsameren) Tritt die Belastung in den Knie- und Sprunggelenken spüren. Bei einer Nabenschaltung fahren Sie in einem niedrigeren Gang an und schalten dann ein- oder mehrfach mit dem Hebel auf der rechten Lenkerseite hoch. Haben Sie vor einem Anstieg oder an der Ampel vergessen runterzuschalten, ist dies kein Problem, da Sie bei einer **Nabenschaltung auch im Stand den Gang wechseln** können. Bei einer Kettenschaltung mit einem Kettenblatt vorn starten und fahren Sie ähnlich, müssen aber vor einem Anstieg oder einer Ampel rechtzeitig ein, zwei Gänge runterschalten, da das Rad zum Gangwechsel immer etwas in Bewegung sein muss.

Kettenschaltung pflegen und einstellen

Nabenschaltungen gelten als wartungsarm, aber auch Kettenschaltungen lassen sich gut pflegen und einstellen. Meist reicht es, zu Beginn der Radsaison im Frühjahr und dann noch einmal im Sommer das Kettenblatt vorn, die Ritzel hinten und die Kette mit einer alten **Zahnbürste** gut zu reinigen und dann alles gut mit **Kettenspray** einzusprühen. Funktioniert hingegen der Gangwechsel nicht richtig, müssen Sie die **Zugspannung des Bowdenzugs nachjustieren,** damit die Kette wieder sauber von Ritzel zu Ritzel springt. Die Einstellschraube befindet sich im Anschluss an den Schalthebel oben am Lenker. Drehen Sie die Schraube etwa eine

Diese Kette hat etwas Pflege nötig. Mit der Zahnbürste kommt man gut an die diffizile Mechanik heran.

Vierteldrehung heraus, um die Zugspannung zu erhöhen, wenn die Kette nicht auf den nächsthöheren Gang geht – für weniger Zugspannung um eine Vierteldrehung zurück, wenn die Kette nicht auf den nächstniedrigeren Gang will. Eine kurze Probefahrt zeigt Ihnen, ob Sie noch weiterdrehen müssen.

Gebrochene Speiche entfernen oder sichern

Knackst es unten am Fahrrad, kann eine Speiche gebrochen sein. Wenn das der Fall ist, muss sie ersetzt werden. Ist man gerade unterwegs, kann man mit einer oder zwei gebrochenen Speichen **vorsichtig weiterfahren,** sollte diese aber zuvor entfernen. Ist eine Speiche nahe der Nabe des Laufrads gebrochen, lässt sie sich oft am anderen Ende aus dem Gewinde des Nippels in der Felge drehen. Bei einem Bruch nahe dem Nippel muss man das Entfernen auf der Seite der Nabe probieren, was schwieriger ist. Klappt das Entfernen nicht, sollte die gebrochene Speiche vor der Weiterfahrt mit Draht, Klebeband oder einem Kabelbinder gesichert werden, indem Sie sie zu einer intakten Speiche hinbiegen und dort festbinden. Haben Sie ein Taschenmesser mit einer Kombizange oder einen Speichenschlüssel dabei, ziehen Sie noch auf beiden Seiten der Felge die intakten Speichen vor und hinter der gebrochenen etwas straffer an, um die geringere Stabilität etwas auszugleichen.

Bowdenzug der Bremse einstellen

Viele Fahrräder besitzen Bowdenzüge aus Stahl, mit denen die mechanischen Felgenbremsen – manchmal auch

Mit ein paar einfachen Handgriffen lässt sich die schwächelnde Bremse nachjustieren.

AUFGEPASST

Bei Kettenschaltungen mit mehreren Kettenblättern vorn schalten Sie diese mit dem Hebel am linken Lenker. Wechseln Sie das Kettenblatt vorn und belassen den gleichen Gang auf dem Ritzel hinten, ist der Unterschied meist so groß, dass Sie Ihre Trittfrequenz deutlich ändern müssten. Daher ist es für einen enger abgestuften Gangwechsel sinnvoll, z.B. vorn von Kettenblatt 2 auf 3 hochzuschalten und hinten von Gang 6 auf 5 oder sogar 4 herunter.

mechanischen Scheibenbremsen – betätigt werden. Wenn Sie merken, dass die Bremswirkung beim Zug am Bremshebel geringer als erwartet ist, stimmt meist die Einstellung des Bowdenzugs nicht mehr. Dies können Sie ohne Werkzeug über die Stellschraube im Anschluss an den Bremshebel korrigieren. Öffnen Sie die schmale Kontermutter und **drehen Sie die Stellschraube im Uhrzeigersinn –** so wird die Griffweite des Bremshebels wieder verkürzt. Ziehen Sie den Hebel danach testweise an, ob die Bremsbeläge wieder früher an der Felge oder Bremsscheibe anliegen. Die Einstellung passt, wenn Sie schon beim leichten Anziehen eine Wirkung spüren, da Sie dann bei Gefahr noch genug Reserve zum stärker Bremsen haben. Durch Schließen der Kontermutter beenden Sie den Einstellvorgang.

Defekten Schlauch tauschen

Ein Platten beim Radfahren ist ärgerlich, doch der Tausch des defekten Schlauches geht leicht. Überprüfen Sie zuerst durch Nachpumpen, ob die Luft wegen einer lockeren Mutter am Ventil entweicht – Schrader-(Auto-)Ventile haben keine Mutter. Meist ist aber ein spitzer Gegenstand durch den Mantel gegangen, den Sie entfernen sollten, bevor Sie das Laufrad ausbauen. Lösen Sie vorab auch Schraub- oder Steckverbindungen wie z.B. ein Dynamokabel. Öffnen Sie die Radmuttern oder den Schnellverschluss sowie

bei einer Nabenschaltung die Verdrehsicherung und **entfernen Sie das Rad. Lassen** Sie die **restliche Luft** durch Öffnen der Mutter oder Druck auf das Ventil **aus dem Schlauch,** damit sich der Mantel leichter über den Felgenrand stülpen lässt. Noch leichter geht dies, wenn Sie einen Reifenheber aus Kunststoff als Keil ansetzen und dann hebeln. Entfernen Sie den defekten und legen Sie einen **intakten Schlauch** in den Mantel ein, der bereits **so weit aufgepumpt** ist, dass er seine **runde Form** hat. Ziehen Sie den Mantel wieder auf die Felge und pumpen Sie den Schlauch auf den vorgesehenen Wert auf, der auf dem Mantel steht. Drücken und ziehen Sie abschließend am Mantel, bis er überall gleichmäßig auf der Felge sitzt, bevor Sie das Laufrad wieder einbauen und alles festmachen.

Reichweite beim E-Bike erhöhen

Damit die Tagestour mit dem schwereren E-Bike entspannt ist, sollten Sie darauf achten, dass der Akku für die gesamte Strecke reicht und Sie nicht am Schluss „ohne Rückenwind" treten müssen.

- Fahren Sie immer mit **komplett geladenem Akku** los. Fehlen im Display ein oder gar mehrere Balken, laden Sie den Akku vor dem Start noch nach.
- Fahren Sie im Frühjahr oder Herbst bei einstelligen Plustemperaturen, sollten Sie die **Restreichweite** im Display

regelmäßig **kontrollieren,** da sich der Akku schneller entladen kann. Ergibt Ihre Hochrechnung, dass die Ladung nicht mehr ganz bis nach Hause reicht, sollten Sie die **Motorunterstützung** eine Stufe **zurückschalten,** was ca. 20 % mehr Reichweite bringt.

- Führen Sie bei längeren Touren das **Ladegerät** mit. Wenn Sie dann in einem Biergarten oder Café eine Pause einlegen, fragen Sie einfach nach, ob Sie den Akku etwas nachladen können.

SO KLAPPT'S AUCH

Ist der Schaden am Schlauch nicht groß, können Sie ihn auch mit einem Flicken aus einem Reparaturset abdichten. Pumpen Sie den Schlauch auf, um zu sehen, wo die Luft entweicht. Rauen Sie diese Stelle samt Umkreis etwas mit Sandpapier auf und tragen Sie den Klebstoff auf. Nach fünf Minuten drücken Sie den Flicken kräftig auf die Stelle und warten, bis alles getrocknet ist. Prüfen Sie nun durch erneutes Aufpumpen, ob der Reifen dicht ist. Falls ja, lassen Sie Luft ab und legen den Schlauch in den Mantel.

E-Bike-Motor neu starten

Fällt beim E-Bike einmal der Motor aus, muss es sich nicht um einen Motordefekt handeln. Meist liegt bloß ein Fehler im Umfeld des Motors vor, den man vor dem Neustart beheben muss.

Das **Display** ist auch für die Motorsteuerung wichtig – und bei vielen E-Bikes abnehmbar. **Prüfen** Sie, **ob es fest sitzt.** Falls ja, nehmen Sie das Display ab und **kontrollieren** die **Kontakte** auf Dreck oder Wasser und reinigen Sie sie bei Bedarf mit einem Tuch. Stecken Sie das Display nun wieder fest auf und schalten Sie das E-Bike ein. Zeigt das Display alle Infos, können Sie in der Regel auch mit Motorunterstützung weiterfahren.

Wenn der Fehler nicht am Display liegt, könnte ein Problem bei der **Verkabelung zum Motor** die Ursache sein. Sehen Sie nach, ob ein Schraub- oder Steckkontakt locker oder verdreckt ist und verbunden bzw. gereinigt werden muss. Schließen Sie auch die **Kontakte am Akku** als Fehlerquelle aus, indem Sie ihn entnehmen und die Kontakte am Akku sowie der Halterung abwischen.

Vor einer längeren Fahrt muss das E-Bike aufgeladen werden.

EINKAUFEN

Alltägliche Pflicht oder Freizeitvergnügen? Einkaufen kann natürlich beides sein. Doch obwohl wir alle das jeden Tag und oft ja auch gern tun, lauern hier jede Menge Fallstricke oder kleinere Schwierigkeiten – vom Bezahlen mit Karten, ungewollten Spontankäufen bis zum Einkaufen im Internet. Beherzigen Sie einfach die Tipps aus diesem Kapitel – damit die Freude immer überwiegt.

Sich vor Taschendieben schützen

Bei der Fahrt mit öffentlichen Verkehrsmitteln, auf Märkten oder generell in Menschenmengen kann es zuweilen eng werden. Manchen beunruhigt dann die Sorge, dass jemand in seine Handtasche oder den Rucksack greift und seine Wertsachen stehlen könnte. Zum Glück gibt es einfache und effektive Tricks, um Diebstahl vorzubeugen.

Führen Sie den Riemen Ihrer Handtasche nicht einfach nur über die Schulter, sondern **diagonal über den Oberkörper.** Tragen Sie die Tasche dann vor dem Bauch. So machen Sie es Taschendieben schwer, unbemerkt zuzugreifen.

Setzen Sie auf Taschen mit **Reißverschlüssen** und zusätzlichen Riemen, die nicht unbemerkt geöffnet werden können. **Stabile Materialien** erschweren das Aufschlitzen der Tasche.

Wenn Sie lieber Rucksäcke tragen, bewahren Sie **Wertsachen nicht in den äußeren Taschen** auf und tragen Sie auch den Rucksack in Situationen mit vielen Menschen besser vor dem Bauch.

PIN-Nummern gegen Missbrauch sichern

EC- und Kreditkarten sind aus unserem Alltag nicht mehr wegzudenken und wir kommen nicht umhin, die zugehörigen PIN-Nummern gut zu schützen. Dasselbe gilt für den Code, mit dem wir unsere Smartphones oder Handys entsperren – die von manchen ja auch bereits zum Zahlen an der Kasse genutzt werden.

■ Achten Sie bei der PIN-Eingabe – besonders in engen Bereichen mit vielen Menschen – darauf, das **Nummernfeld mit einer Hand abzudecken.** Üben Sie die „blinde" Eingabe z.B. an den Tasten des heimischen Telefons, dann können Sie unterwegs das komplette Nummernfeld verdecken und niemand kann Ihnen über die Schulter sehen.

■ Schreiben Sie Ihre PIN-Nummer niemals auf, zumindest nicht unverschlüsselt. Wenn Sie sich eine selten genutzte Nummer partout nicht merken können – etwa die von Ihrer Kreditkarte –, speichern Sie die PIN mit einem Code: Erstellen Sie eine angebliche Visitenkarte mit Fantasienamen für Ihre Geldbörse; die PIN wird dann z.B. in der **Telefonnummer** oder **Postleitzahl** versteckt. Oder speichern Sie sie – ebenfalls unter falschem Namen – unter den **Kontakten** in Ihrem Handy.

Sicher mit Kreditkarte zahlen

Die Kartenzahlung ist bequem, für manche Zahlungen im Internet ist eine Kreditkarte zwingend notwendig. Leider birgt gerade diese Zahlungsform jedoch auch das Risiko von Betrug und unbefugter Nutzung, insbesondere, da es damit of

Viele Interneteinkäufe sind mit der Kreditkarte am einfachsten zu erledigen. Achten Sie aber auf die Sicherheit.

eingeben, sollte auf jeden Fall eine https-Kennung haben. Geben Sie Nummer und Sicherheitscode an niemanden weiter.

Sicher mit Smartphone oder Smartwatch zahlen

Für manche wirkt es immer noch wie Science-Fiction: Wer eine App zum Bezahlen auf seinem Smartphone oder seiner Smartwatch einrichtet, zückt an der Kasse weder Portemonnaie noch Karte. Sorgen Sie aber unbedingt dafür, dass Ihre Zahlungsinformationen nicht in die falschen Hände geraten. Dazu sollten Sie in jedem Fall eine **Bildschirmsperre mit PIN oder Fingerabdruck** aktivieren. Im Fall von Diebstahl oder Verlust ist Ihr Gerät und damit der Zugang zu Ihrem Konto nun geschützt. **Begrenzen** Sie außerdem **die maximale Höhe der so abbuchbaren Beträge,** in der Regel wird die Funktion für kleinere Einkäufe genutzt. Installieren Sie außerdem **regelmäßig Updates,** um potenzielle Sicherheitslücken zu schließen, richten Sie am besten die automatische Aktualisierung ein.

schnell gehen soll. Um sich vor bösen Überraschungen zu schützen, müssen Sie Ihre monatlichen **Kreditkartenabrechnungen genau überprüfen.** Falls Transaktionen nicht korrekt sind, reklamieren Sie dies bei Ihrem Kreditkartenanbieter; nun muss dieser oder der Zahlungsempfänger nachweisen, dass Sie den Vorgang autorisiert haben. Verwenden Sie für Online-Einkäufe **sichere Passwörter ohne Bezug zu Ihrem Namen, Ihrer Familie etc.** Öffnen Sie ein neues Internet-Browserfenster für die Eingabe, falls Sie Sorge haben, dass Sie zuvor auf unsicheren Websites unterwegs gewesen sind. Die Seite, auf der Sie die Kartendaten

Schwere Einkäufe „auf die leichte Schulter nehmen"

Lebensmittel wie Milch oder Mehl wiegen eine Menge – und beim Tragen der Einkäufe geraten wir dann leicht aus der

Puste. Dabei können wir es uns im wahrsten Sinne des Wortes auch leicht machen. Mit der richtigen Tasche vermeiden wir Rückenbeschwerden und Überlastung.

- **Verteilen** Sie das Gewicht besser **auf zwei Taschen,** die Sie links und rechts tragen – und gegebenenfalls über der Schulter. Durch die Verteilung ist das Gewicht bereits erheblich besser zu tragen, Ihr Körper wird gleichmäßig belastet.
- Rollen Sie die Einkäufe nach Hause: In einem unauffälligen **Rucksack mit Rollen** oder einem **Einkaufstrolley** bringen Sie sogar schwere Getränkeflaschen einfach ans Ziel.

Mit Lastenrad oder Fahrradanhänger einkaufen

Autofahren ist teuer und viele Menschen wollen auch aus ökologischen Gründen auf ihr Auto verzichten, weil der Verkehr die Umwelt belastet. Doch wie lässt sich dann der größere Wochenendeinkauf bewerkstelligen, womöglich noch in recht weit entfernten Geschäften? Die Lösung lautet: Radfahren.

Schaffen Sie sich am besten ein Lastenrad oder einen leichten Anhänger für Ihr Fahrrad an: Damit bringen Sie auch Großeinkäufe ohne besonderen Aufwand nach Hause – und Sie finden immer einen Parkplatz, selbst in der Fußgängerzone. So müssen Sie schwere Taschen nicht weit zu einem Parkplatz tragen. Ein hochwertiges Lastenrad, etwa als Dreirad, ist dabei während der Fahrt etwas komfortabler als der Anhänger, gerade wenn Sie sich eine **Version mit Elektro-Unterstützung** gönnen. Mit dem Anhänger hingegen sind Sie flexibler, denn Sie können ihn einfach zu Hause lassen, wenn Sie ihn nicht benötigen. In einigen Geschäften ist es zudem erlaubt, den Anhänger mit in den Laden zu nehmen, was Ihre Einkaufstour noch bequemer gestaltet.

Lieferdienste nutzen

Wir alle müssen einkaufen, und das fast jeden Tag. Gerade für Ältere kann der Transport des Einkaufs aber zu einer leidigen Angelegenheit werden. Zum Glück gibt es mittlerweile viele Lieferdienste, die einem das schwere Tragen ersparen, vom Wasserkasten bis zur Konserve, und bis vor die eigene Haustür. Und

AUFGEPASST

Sie können Ihre Kreditkarte zusätzlich sichern, indem Sie die maximale Höhe an bezahlbaren Beträgen begrenzen: Wählen Sie ein Limit, das einen möglichen Verlust überschaubar hält, Sie aber auch nicht zu stark einschränkt, etwa bei der Buchung von einem Mietwagen mit Kaution oder der Bezahlung eines Flugtickets.

nicht immer ist dafür ein Internetzugang nötig. Fast überall gibt es Angebote für sogenannte **Gemüsekisten:** Sie melden sich wie in einem Abonnement an und erhalten in der Regel einmal pro Woche eine Kiste voller saisonaler und meist regionaler Obst- und Gemüsesorten. Wenn Sie auf dem Land wohnen, fragen Sie einmal bei den **Hofläden** in der Nähe an: Manche Landwirte fahren im Hofladen bestellte Waren aus. Auch der unangenehme Transport der Getränke kann entfallen, da beinahe alle **Getränkeshops** die Lieferung ihrer Waren an die Haustür anbieten. Ein breiteres Sortiment haben große **Supermarktketten.** Bei ihnen stellt man – dann doch im Internet – aus einem umfangreichen Angebot seinen Einkauf zusammen, der dann zügig geliefert wird.

Den Wasserkasten nach Hause schleppen, vielleicht noch in den dritten Stock: Das muss nicht sein.

Spontankäufe sicher transportieren

„Verflixt, nun habe ich keine Einkaufstasche dabei!" Jeder kennt die Situation: Auf dem Nachhauseweg wollen wir noch eine Kleinigkeit besorgen, schnell werden es doch einige Teile mehr und wir brauchen eine Tasche. Doch an der Kasse sind Leinentaschen oder Plastiktüten nicht gerade günstig – falls sie überhaupt erhältlich sind –, Papiertüten hingegen reißen leicht und bieten keinen Schutz vor Nässe. Eine praktische Alternative sind **dünne, sehr leichte Nylontaschen,** die sich auf wenige Zentimeter zusammenfalten lassen und für die sich immer ein Platz in der Hand- oder Manteltasche findet. Am besten hat man sie jederzeit in der Tasche dabei. Ausführungen mit zwei längeren Schlaufen lassen sich sogar bequem als Rucksack tragen.

Notzehner im Portemonnaie oder in der Handyhülle

Auch wenn der Trend zur Kartenzahlung geht: Ein bisschen **Bargeld** sollte man für den Notfall immer bei sich haben. So gibt es immer noch Geschäfte wie beispielsweise einige Bäckereien, in denen die Zahlung mit EC- oder Kreditkarte nicht möglich ist oder die die Kartenzahlung erst ab einem Mindestbetrag zulassen. Auch in Cafés ist die Barzahlung vielen sympathischer, weil es dann leichter fällt, ein kleines Trinkgeld zu geben.

Mit einem Notzehner – es können auch 20 oder sogar 50 Euro sein – haben Sie in unerwarteten Situationen immer eine Lösung in der Hinterhand. Bewahren Sie diesen mehr oder weniger kleinen Betrag Bargeld **in einem separaten Fach** in Ihrem Portemonnaie auf, nicht im Hauptfach bei den anderen Scheinen, die Sie kontinuierlich ausgeben. Sie können den gefalteten Schein auch in der Handyhülle oder einer kleinen Dose in einer Handtasche mit sich führen. In jedem Fall haben Sie so immer ein wenig Geld griffbereit, ohne dass Sie lange suchen müssen. Denken Sie aber daran, Ihr Depot wieder aufzufüllen, wenn Sie es einmal genutzt haben.

Mit Barzahlung Budget im Blick behalten

Natürlich hat die Kartenzahlung einige Vorteile, gerade bei höheren Beträgen ist es sicherer, direkt elektronisch zu bezahlen, anstatt zuvor eine Menge Bargeld von der Bank zu holen. Doch für die vielen kleinen alltäglichen Ausgaben, im Supermarkt, beim Friseur, am Stand auf dem Wochenmarkt, ist es ratsam, weiterhin mit Scheinen und Münzen zu zahlen. Denn Sie können Ihre **Ausgaben besser kontrollieren,** indem Sie direkt sehen, was Sie ausgeben, und nicht erst beim Blick auf den Kontoauszug in ein paar

Tagen oder Wochen. Wenn Sie mit Bargeld bezahlen, sind Sie auch eher geneigt, bewusst einzukaufen – und wenn es knapp wird, denken Sie zweimal über unnötige Ausgaben nach.

Übrigens: An der Kasse dauert die Barzahlung im Durchschnitt nicht länger als die Zahlung mit Karte, das haben zahlreiche Tests ergeben.

Verkaufsstrategien im Supermarkt durchschauen

Peter Z. wundert sich regelmäßig, warum sein Haushaltsgeld schon vor dem Monatsende stark zur Neige geht: „Ich gönne mir keine teuren oder exotischen Dinge, aber oft stehe ich zu Hause mit Sachen, die ich eigentlich überhaupt nicht brauche." Herr Z. ist nicht allein, denn Supermärkte nutzen geschickte Verkaufsstrategien, um Kunden zum Kauf zu verleiten.

SO KLAPPT'S AUCH

Müllbeutel braucht jeder Haushalt: Wenn Sie dringend eine Plastiktüte benötigen, kaufen Sie eine Rolle Müllbeutel (mit Henkeln) auf Vorrat. Zwei oder drei davon ineinander ergeben eine stabile, wasserdichte Tragetasche. Oder Sie suchen sich im Markt eine stabile, leere Kartonverpackung, etwa eine Obst- oder Gemüsestiege.

Achten Sie in Zukunft besonders auf die sogenannte Bückware und Ihr Verhalten angesichts des Kassensortiments in der Warteschlange:

■ Produkte auf Augenhöhe sind oft teurer, während sich günstigere Optionen auf den unteren Regalen befinden, etwa die beliebten Eigenmarken. An diese sogenannte **Bückware** kommt man eben nicht ganz so einfach heran und sie wird daher oft übersehen. Für manchen älteren Menschen ist sie sogar überhaupt nicht erreichbar. In diesem Fall sollte man sich nicht scheuen, einen Supermarktmitarbeiter oder einen jüngeren Kunden um Hilfe zu bitten.

■ Es ist Ihnen sicher auch schon aufgefallen, dass Sie im Kassenbereich eine breite Vielfalt an Produkten finden. In Baumärkten etwa treffen Sie hier auf Klebeband, Multifunktionsspray oder Batterien, alles Dinge, die man vielleicht brauchen könnte, eigentlich gerade aber gar nicht kaufen wollte. Indem Sie sich **bewusst machen, dass diese Artikel** oft teurer sind als anderswo – und vor allem **gar nicht auf Ihrer Liste stehen –,** gehen Sie den Verkäufern nicht in die Falle und sparen.

Planen Sie Ihren Einkauf also wenn möglich im Voraus und bleiben Sie diszipliniert, um Ihr Budget zu schonen.

Markenprodukte oder besser Eigenmarken?

Qualität hat ihren Preis, das ist klar. Doch oft stehen wir vor der Frage, ob sich teure Markenprodukte wirklich lohnen, gerade wenn wir feststellen, dass die Produkte der Eigenmarken unseres Lebensmittelmarkts genauso gut schmecken.

Verlassen Sie sich nicht nur auf die Geschmacksprobe, gehen Sie einen Schritt weiter und vergleichen Sie die **Zutatenlisten.** Die Hersteller sind verpflichtet, die Inhaltsstoffe absteigend in der Reihenfolge anzugeben, wie sie mengenmäßig im Produkt enthalten sind. Legen Sie versuchsweise Markenprodukt und Eigenmarke nebeneinander, denn womöglich sind die Listen identisch oder weichen nur ganz geringfügig voneinander ab, z.B. durch andere Bezeichnungen für dieselben Stoffe. Oft genug handelt es sich bei Produkten unter Eigenmarken nämlich eigentlich um Markenprodukte, die nur unter einem anderen Namen und in einer anderen Verpackung – und natürlich günstiger – verkauft werden.

AUFGEPASST

Spontankäufe gibt es auch im Internet, wenn uns aufdringliche Werbung zum Shoppen animiert oder große Einkaufsportale „zu uns passende" weitere Produkte vorschlagen: Auch hier hat sich die Einkaufsliste bewährt, allerdings auf Papier und nicht auf der Händlerseite (mehr dazu siehe S. 227, „Wunschlisten nicht bei Online-Händler führen").

Spontankäufe vermeiden

Beim gemütlichen Shopping-Bummel mögen wir es darauf anlegen, auch einmal ungeplant Geld auszugeben. Beim regelmäßigen Wocheneinkauf jedoch kommen uns die spontanen „Schnäppchen" aber teuer zu stehen – für Produkte, die wir gar nicht benötigen und dennoch im Einkaufswagen landen. Mit zwei Tricks sind Sie gegen ungewollte Ausgaben gefeit:

Schreiben Sie eine **Einkaufsliste** mit dem, was Sie **wirklich benötigen.** Dieser vermeintlich einfache Tipp ist äußerst effektiv. Einkaufslisten helfen Ihnen nicht nur, Ihre Einkäufe zu organisieren, denn in der Regel wissen Sie ja ungefähr, an welcher Stelle Sie im Laden das Gewünschte finden. Sie werden damit nicht nur schneller, sondern können auch die ungewollten Spontankäufe vermeiden.

Gehen Sie außerdem **nicht hungrig in den Supermarkt:** Tatsächlich haben viele Studien belegt, dass Appetit ein schlechter Ratgeber im Lebensmittelladen ist. Wer hingegen mit vollem Magen einkauft – beispielsweise samstags nach dem Mittagessen anstatt am Vormittag –, dem fällt es viel leichter, sich auf die wirklich nötigen Vorräte zu beschränken.

Günstige Packungsgrößen erkennen

„In der XXL-Packung noch billiger!", verspricht die Werbung oft in balkendicken Lettern. Doch stimmt das wirklich? Sind große Gebinde immer günstiger oder verleiten uns die Marketingexperten hier zum sinnlosen Geldausgeben? Tatsächlich kommt beides vor.

- Ermitteln Sie zunächst **die Preise der verschiedenen Packungsgrößen** anhand der angegebenen Vergleichszahlen am Regal: Bei Lebensmitteln wird dort stets klein gedruckt der Preis für 100 g oder ein Kilogramm angegeben, sodass Sie auf einen Blick den Vorteil erkennen können.
- Bedenken Sie, dass Sie durch den Einkauf größerer Mengen womöglich mehr

konsumieren: Bei **Genussmitteln** wie Süßigkeiten etwa ist die Großpackung meist genauso schnell verzehrt, bei **Vorratsprodukten** wie Mehl oder Haferflocken hingegen wird man kaum (unnötig) mehr davon verarbeiten.

- Ebenso sollten Sie berücksichtigen, dass manche Produkte nach dem Öffnen der Verpackung **nur kurze Zeit haltbar** sind. Kaufen Sie daher Mengen, die Sie auch realistisch aufbrauchen können.
- Bei **Waschmitteln** z.B. muss man darauf achten, ob in der Großpackung überhaupt dasselbe Produkt enthalten ist wie in den herkömmlichen kleineren. Ist das Mittel weniger konzentriert, entfällt der Vorteil der günstigeren Menge.

Echte Schnäppchen erkennen – falsche meiden

„Ärgerlich, hier kostet mein Angebot ja noch weniger." Wenn wir feststellen müssen, dass wir bei einem Händler zu viel bezahlt haben, ist das kein gutes Gefühl. Am besten vermeiden Sie vermeintliche Schnäppchen, indem Sie vor dem Kauf die aktuellen Preise vergleichen.

Dazu sind **Vergleichsportale** im Internet eine gute Möglichkeit oder Sie machen die Recherche zu einem Hobby. Wenn Sie unternehmungslustig und gern unterwegs sind, dann nutzen Sie Ihre Ausflüge doch auch zum Sparen. Und bleiben Sie neugierig: Nicht immer ist der nächstgelegene Händler auch der güns-

SO GING'S BEI MIR

Renate P. aus D. schreibt: Mich störten die übergroßen Einkaufswagen in unserem Supermarkt schon lange: Sie sind einfach unhandlich und unpraktisch, wenn man mit ihnen die Gänge versperrt. Als ich dann hörte, dass sie sogar ein Verkaufstrick der Marketingexperten sind, fühlte ich mich regelrecht verschaukelt. Jetzt lege ich meist meine Jacke in den Wagen, damit er schon beim Betreten des Ladens voll wirkt – und ich lade als Erstes große Produkte wie Toilettenpapier oder Milchtüten ein.

tigste: Batterien etwa kosten im Elektro- oder Baumarkt oft mehr als in Supermärkten oder Discountern.

Für große Rabattaktionen, den Aus- und den Schlussverkauf gilt: Vorsicht beim Ausdruck „Reduziert". Womöglich wurden vor der Aktion die Preise mit Blick auf die bevorstehende Rabattierung besonders hoch angesetzt.

Große Einkaufswagen meiden

Haben Sie sich schon einmal gefragt, warum die Einkaufswagen immer größer werden? Tatsächlich handelt es sich dabei um einen psychologischen Trick, der Ihr **Einkaufsverhalten beeinflussen** soll. Anscheinend haben wir Menschen nämlich das Bedürfnis, einen leeren Wagen zu füllen, und ein einzelnes Paket Butter genügt dazu nicht.

Kaufen Sie stattdessen mit einem mitgebrachten **Einkaufskorb** oder einem **Einkaufstrolley** ein. Klären Sie aber vorher mit dem Personal ab, ob Ihr Vorgehen in Ordnung ist: Wenn der Inhalt von außen nicht erkennbar ist – wie bei einem verschlossenen Trolley –, könnte man Ihnen den Vorgang ansonsten als Diebstahlversuch auslegen.

Stellen Sie ansonsten Ihre **Einkaufstasche in den Einkaufswagen:** Ist dort erst genug Platz offensichtlich belegt, so können wir den Anblick schon viel besser ertragen – und müssen nicht unnötig weitere Produkte hineinlegen und kaufen.

Wo viel reingeht, kommt auch viel rein – diesem Marketingprinzip sollten Sie widerstehen.

Zutaten und Allergene im Blick – mit Leselupe

Auch ohne Sehschwäche sind die Zutatenlisten auf vielen Verpackungen kaum zu entziffern, gerade bei kleinen Artikeln sind den Herstellern hier wirklich winzige Buchstabengrößen erlaubt. Das ist vor allem bei Lebensmitteln und Hygieneprodukten ärgerlich, da wir bei diesen häufiger bestimmte Stoffe ausschließen wollen, beispielsweise um Allergien oder tierische Zutaten zu vermeiden.

Einige wenige Einkaufsmärkte machen es vor und haben eine Lupe am Wagen angebracht: Nehmen Sie sich ein Beispiel

AUFGEPASST

Achten Sie bei Apps für Smartphone und Tablet stets darauf, wer der Anbieter ist und woher die Informationen stammen: Besser Sie investieren ein paar Euro für die App einer unabhängigen Organisation, als dauernd Werbeeinblendungen zu ertragen.

und packen Sie eine handliche **Lupe in die Einkaufstasche.** Am besten funktionieren die kleinen, günstigen Helfer, wenn eine Lampe integriert ist. Alternativ können Sie auch die Kamera an Ihrem Smartphone verwenden und den Text damit auf dem Display vergrößern.

Gütesiegel richtig bewerten

„Bei all den verschiedenen Labels weiß ich überhaupt nicht mehr, was ich kaufen soll!" Kein Wunder: Rund 100 Gütesiegel, Labels und Logos gibt es hierzulande, die für die verschiedensten Kriterien stehen und bei vielen Verbraucher für Verwirrung sorgen. Mit ein paar Tipps gelangen Sie trotzdem ans Ziel und unterscheiden bald zuverlässig und schnell seriöse von aussagelosen Siegeln.

■ Nehmen Sie sich in einer Mußestunde Zeit, Ihren **letzten Einkauf zu analysieren:** Welche Produkte haben Sie erworben und welche Gütesiegel sind darauf angegeben? Recherchieren Sie im Internet, welche Kriterien aufgrund der verschiedenen Logos versprochen werden – und wie vertrauenswürdig die Klassifizierung auf Sie wirkt.

■ Greifen Sie bei noch unbekannten Produkten am Einkaufsregal zu jenen, deren **Gütesiegel Sie kennen** und denen Sie vertrauen.

■ Achten Sie bei Labels auf **unabhängige Zertifizierer:** Steht eine Verbraucher- oder Umweltorganisation dahinter oder eine Verbandslobby? Verleiht sich der Hersteller das Siegel womöglich selbst oder kann es einfach gegen eine Gebühr verwenden?

■ Sind die **Kriterien wirklich etwas Besonderes** oder werden nur allgemeine Qualitätsmerkmale beworben, die ohnehin im Rahmen von gesetzlichen Vorschriften eingehalten werden müssen?

■ Sind die Begriffe, mit denen geworben wird, **gesetzlich geschützt?** Für das „Bio-Logo" etwa gibt es gesetzliche Kontrollen, „regional" darf sich hingegen theoretisch jedes Produkt nennen, denn der Begriff ist nicht durch gesetzliche Vorgaben definiert.

Schädliche Inhaltsstoffe mit Produktscanner-App erkennen

Sie finden die Herstellerangaben verwirrend und unübersichtlich? Da sind Sie nicht allein, manche Inhaltsstoffe werden in englischer Sprache angegeben und beispielsweise bei verschiedenen Zuckerarten sind die Produzenten ebenfalls einfallsreich und tricksen. Eine schnelle Lösung, um Gesundheitsgefahren zu erfassen, bieten sogenannte **Produktscanner-Apps.**

- Laden Sie eine entsprechende App auf Ihr Smartphone, am besten von einer **unabhängigen Verbraucherorganisation.**
- Am Einkaufsregal **scannen Sie den Strichcode** auf einer Verpackung.
- Je nach Funktionsweise der App gelangen Sie so nicht nur zu einer gut lesbaren Liste der Inhaltsstoffe, sondern auch zu Hintergrundinformationen über die

einzelnen Bestandteile. So erfahren Sie, ob etwa Gluten oder Laktose enthalten sind oder welche Probleme sich hinter Nanopartikeln und synthetischen Hilfsmitteln in Kosmetika auftun. Damit können Sie sicher sein, dass Sie genau wissen, was Sie kaufen.

Schadstoffe schnell erkennen

Sie sind besonders besorgt um Ihre Gesundheit – oder die Ihrer Kinder oder Enkel? Auch für diesen Anlass gibt es spezielle **Smartphone-Apps,** die nach dem Scan des Barcodes über schädliche Inhaltsstoffe in Produkten informieren. Insbesondere bei Kosmetik und Spielzeug sind diese Angaben wichtig, etwa mit der App „Tox-Fox". Dabei geht es nicht allein um die eigene Gesundheit im Umgang mit den Produkten, sondern auch um umweltschädliche Folgen beispielsweise für unsere Gewässer.

Günstig Saisonobst und -gemüse kaufen

Sommer und Herbst sind die besten Jahreszeiten, um heimisches Obst und Gemüse zu genießen. Dabei sind die

Praktisch – einmal gescannt, schon sieht man detaillierte Produktinformationen, die bei der Entscheidungsfindung helfen.

Produkte vom nahe gelegenen Acker oder aus dem Obstgarten nicht nur frischer und gesünder, sie sind auch oft sehr günstig, etwa auf dem Wochenmarkt, neben der Straße oder im Hofladen. Doch die Angebotsphase währt nur kurz – besinnen Sie sich also auf das Konservieren.

Durch **Einfrieren** und **Einmachen** profitieren Sie nicht nur finanziell, sondern auch geschmacklich. Frieren Sie je nach Sorte entweder portionsweise ein oder zerkleinern Sie Obst und Gemüse bereits in Scheiben oder Würfel, sodass Sie stets nur die benötigte Menge aus dem Gefrierfach nehmen können. Beim Einkochen verarbeiten Sie alles zu süßen Marmeladen und herzhaften Chutneys. Achten Sie auf eine hygienische Verarbeitung, dann sind solche Gläser an kühlen, dunklen Aufbewahrungsorten mindestens einen Winter lang haltbar.

Kauft man Obst oder Gemüse direkt vom Feld, ist es am frischesten. Und oft stimmt auch der Preis, da hier kein Händler mitverdient.

Problemlose Rücksendungen, besonders bei Online-Käufen

Bei Bestellungen über das Telefon, aus dem Katalog oder über das Internet haben Käufer stets ein Widerrufsrecht innerhalb von 14 Tagen, da es sich um sogenannte Fernabsatzgeschäfte handelt. Sie können die Ware also zurückgeben, denn anders als beim Kauf im Laden konnten Sie das Produkt vor Erhalt ja noch nicht selbst in Augenschein nehmen. Damit Sie zuverlässig auch Ihr Geld zurückerhalten, sollten Sie folgende Tipps beachten:

- Kaufen Sie bei Anbietern mit Gütesiegel, bei Online-Käufen z.B. das gelbe **„Trusted Shops"-Label.**
- Lesen Sie bereits vor dem Kauf nach, welche **Rücksendegebühren** Sie tragen müssten: Grundsätzlich gehen solche Versandkosten zulasten des Kunden, die Hinsendung jedoch zulasten des Händlers. Wird aber eine besonders schnelle Versandart gewählt, können dem Käufer auch hier Kosten entstehen. Die Händler haben in diesem Bereich also einen gewissen Spielraum.

Seriöse Internet-Händler ausfindig machen

„Ich habe das Geld überwiesen, das Produkt aber nie erhalten." Wer seinen Teil eines Vertrags zuverlässig erfüllt, erwartet zu Recht, dass ihm die Ware auch zugestellt wird. Doch wie erkenne ich schnell und sicher, dass ich mich auf die korrekte Kaufabwicklung verlassen kann? Was sind Hinweise auf einen möglichen Betrug?

Zunächst sollten Sie auch im Internet nicht mit allzu günstigen Schnäppchen rechnen: Markenprodukte, die weit unter Preis angeboten werden, sind vielfach **Fälschungen oder der „Händler" plant von vornherein, nicht zu liefern.** Unabhängige Siegel für seriöse Händler geben eine gewisse Sicherheit (z.B. „Trusted Shops", „Trustpilot"). Im Impressum einer Seite bzw. der Händlerbeschreibung auf einer Plattform sollten zudem klare Datenschutzrichtlinien und Kontaktinformationen – darunter eine echte, nachvollziehbare Postadresse, möglichst im Inland – zu finden sein. Geben Sie den Händlernamen auch in eine externe Suchmaschine ein: Sollte er bereits negativ aufgefallen sein, wurde er womöglich schon von anderen Käufern entsprechend bewertet (siehe auch nächster Tipp).

Relevante Bewertungen und Rezensionen erkennen ...

Das Internet bietet eine nahezu perfekte Möglichkeit, von den Erfahrungen anderer Menschen für eine eigene Einschätzung zu profitieren. Dazu dienen Bewertungen von anderen Kunden, oft auch Rezensionen genannt. Doch leider nutzen betrügerische Anbieter die Funktion zu ihrem eigenen Vorteil, indem sie Bewertungen fälschen oder selbst positive Rezensionen verfassen.

- Seien Sie kritisch: Niemand erhält **von allen Kunden ausschließlich „5 Sterne"** für den besten Service – die Punkte könnten in so einem Fall vom Anbieter selbst vergeben worden sein.

- Lesen Sie besonders auch die negativen Kommentare: **Wirken die Worte hier realistischer** als das überschwängliche Lob auf der positiven Seite? Dann nehmen Sie besser Abstand von diesem Anbieter.

- Achten Sie genau darauf, worum es in der Bewertung geht: Manchmal wird die Art der Lieferung und die Verpackung gelobt, **das Produkt selbst aber bleibt unbewertet,** ebenso wie die Kommunikation mit dem Anbieter – hier heißt es Vorsicht!

SO GING'S BEI MIR

Christian U. aus K. schreibt: Zugegeben, meine Geschichte ist vermutlich ein Sonderfall: Ich hatte in einem Online-Spielwarengeschäft die Weihnachtsgeschenke für unsere Enkel bestellt, der Shop warb mit einem verlängerten Rückgaberecht nach den Festtagen. Tatsächlich ging die Hälfte der Spielzeuge zurück – die Kinder haben heutzutage ja alles –, doch damit lag die Gesamtsumme unter der Schwelle für den kostenlosen Versand. So musste ich neben den Rücksendegebühren auch im Nachhinein die Kosten für die Lieferung zu mir hin übernehmen.

Einfach ist die „Rezension" in Form einer reinen Sternbewertung ohne Kommentar. Aber sie ist auch recht wenig informativ.

- Veröffentlichen Sie **keinen vollen Namen** von sich, mit dem man Sie ausfindig machen kann, beispielsweise über das Telefonbuch.
- Auch Ihre **E-Mail-Adresse** sollten Sie **nicht ins Internet stellen,** selbst wenn diese eine Fantasieadresse ist, die nicht Ihren echten Namen beinhaltet.
- Schreiben Sie dann **fair und sachlich,** vermeiden Sie bei negativen Rezensionen Begriffe und Formulierungen, die als Beleidigung oder Rufschädigung aufgefasst werden können. Bleiben Sie stets höflich und bewahren Sie die sogenannte **Netiquette.**

... und selbst ohne negative Folgen rezensieren

Ein wenig Aufwand kostet es schon, eine Bewertung für einen Kauf oder die Kommunikation im Internet abzugeben. Wenn Sie selbst aktiv werden wollen und Ihre eigenen Erfahrungen teilen möchten, sollten Sie folgende Dinge beachten:

SO KLAPPT'S AUCH

Legen Sie sich den Betrag für die Bezahlung einer Nachnahme gleich nach der Bestellung an eine versteckte Stelle in Ihrer Wohnung. Am besten zählen Sie das Geld ab, dann muss der Bote nicht wechseln und Sie haben auf jeden Fall die Gesamtsumme zu Hause.

Sorgenfreie Lieferung per Nachnahme

Bei hochwertigen Produkten ist die Ungewissheit, ob eine bereits bezahlte Bestellung wirklich geliefert wird, manchmal belastend. Lassen Sie sich solche Pakete, z.B. Elektronikgeräte oder Kameras, doch einfach per Nachnahme zustellen. Diese Bezahlungsoption ist etwas in Vergessenheit geraten, dabei bietet sie höchste Sicherheit, denn Sie **bezahlen die Ware erst beim Briefträger oder Paketzusteller** direkt an Ihrer Haustür. Der Service kostet allerdings eine **Gebühr** zwischen fünf und zehn Euro. Bedenken Sie auch, dass Sie bei Ihrem Lieferanten **nur in bar zahlen** können. Haben Sie das nötige Bargeld nicht im Haus, so nimmt der Bote das Päckchen wieder mit und Sie müssen es beim nächsten Paketshop abholen – dort können Sie auch mit EC-Karte bezahlen.

Paketsuche in der Nachbarschaft vermeiden

Je nach Wohnsituation kommt es vor, dass Bestellungen nicht dort ankommen, wo Sie hingehören. Das ist nervig, wenn Sie in der Nachbarschaft herumfragen müssen, wer Ihre Sendung in Empfang genommen hat, es wird aber richtig ärgerlich, wenn Ihr Paket gar nicht aufzufinden ist.

Nutzen Sie die **Paketverfolgung** der Lieferdienste, viele dokumentieren dort in kurzen Intervallen den Lieferstatus. Sollten Sie zur geplanten Ablieferung nicht zu Hause sein, können Sie auch noch kurzfristig **eine alternative Adresse für die Zustellung** angeben – z.B. bei einem gut bekannten Nachbarn oder sogar in Ihrem Geräteschuppen ... Eine andere Möglichkeit besteht darin, sich das Paket zum nächstgelegenen **Paketshop oder eine Packstation** liefern zu lassen. Sie holen es dann bei der nächsten Einkaufsrunde ab.

Über Anzeigenportale sicher kaufen ...

Sehr viele Dinge, die wir im Alltag benötigen, gibt es auch **günstig und gebraucht** zu kaufen. Wer keine Vorbehalte gegen über gebrauchten Produkten hat, seine Zeit aber nicht mit der langwierigen Suche auf Trödelmärkten verbringen möchte, findet auf Anzeigenseiten und nicht zuletzt bei entsprechenden Internetportalen eine Fülle wie im Warenhaus. Zweifellos ist die Internetsuche am bequemsten, aber der Händler in der Nähe hat auch Vorteile. Bedenken Sie folgende Punkte:

- Suchen Sie zunächst nach **Verkäufern in Ihrer näheren Umgebung.** Hier können Sie Dinge selbst abholen, dabei in Augenschein nehmen und bei Übergabe bezahlen.
- Sollten Sie einen Postversand vereinbaren, ist es üblich, dass der Käufer in Vorleistung geht. Nun heißt es vertrauen und kritisch hinzusehen. Vier Kriterien bieten Hinweise: Ist der **Verkäufer schon lange auf der Plattform aktiv?** Hat er in der Zeit eine **nennenswerte Zahl an Verkäufen** getätigt? Sind seine **Bewertungen für diese Transaktionen ganz überwiegend positiv?** Bietet der Verkäufer eine **Rückgabe** an?
- Manche Plattformen – etwa für Kleidung – bieten einen **speziellen Bezahlservice:** Ihre Überweisung wird dem Verkäufer erst dann gutgeschrieben, wenn Sie die Ware erhalten und den vereinbarten Zustand bestätigt haben.
- Wenn Ihnen der Verkäufer anbietet, ein besonders günstiges Produkt zu „reservieren", falls Sie ihm vorab einen Teilbetrag überweisen und es später abholen, sollten Sie **auf keinen Fall darauf eingehen:** Hier liegt der Verdacht auf möglichen Betrug besonders nahe.

Achten Sie beim Anfertigen Ihrer Produktfotos auf einen ansprechenden Hintergrund und gute Beleuchtung – das hilft beim Verkauf.

... oder verkaufen

Sie haben Keller und Dachboden aufgeräumt und einige Dinge gefunden, die Sie selbst nicht mehr brauchen. Doch wer in Qualität investiert hat, möchte gut Erhaltenes sicher nicht in den Müll geben, sondern lieber zu einem fairen Preis auf einem Anzeigenportal verkaufen. Beachten Sie dabei Folgendes:

- **Beschreiben** Sie **knapp und möglichst genau,** machen Sie Ihre Sachen nicht unnötig schlecht, nennen Sie sie aber auch nicht „neuwertig", wenn deutliche Gebrauchsspuren erkennbar sind. So ersparen Sie sich mögliche Rücknahmeforderungen vonseiten des Käufers.
- Fügen Sie Ihrer Anzeige **drei bis vier aussagekräftige Fotos** zu.
- Es ist üblich, dass **Käufer in Vorkasse** gehen, lassen Sie sich also erst den

Kaufbetrag überweisen, bevor Sie etwas verschicken – oder vereinbaren Sie die Abholung durch den Käufer.
- Um einen **realistischen Kaufpreis festzulegen,** schauen Sie nach vergleichbaren gebrauchten Produkten. Wenn Sie unsicher sind, geben Sie beim Preis „auf Verhandlungsbasis" an, so können Sie auch für weniger Geld verkaufen, wenn Sie selbst es möchten.

Online-Portale und Zwischenhändler nutzen

Manchmal sind wir froh, Dinge einfach aus den Augen (und dem Sinn) zu bekommen, der Ertrag ist zweitrangig. Sie wollen also nicht darauf warten, dass sich ein potenzieller Käufer auf Ihre Kleinanzeige meldet? Dann können Sie für manche

Produkte – besonders Elektronik, Bücher und Textilien – auch die Dienste von Onlineportalen als Zwischenhändler nutzen: Hier erzielen Sie zwar nicht die höchsten Erlöse, dafür erhalten Sie das **Geld sofort** und haben nur mit einem professionellen Geschäftspartner zu tun anstatt mit Privatleuten.

Gibt es einen **Trödler in Ihrer Nähe?** Im Prinzip erfüllen die Online-Portale dieselbe Funktion, Sie können also auch versuchen, ein größeres Sortiment beim Gebrauchtwarenhändler in der Nachbarschaft zu verkaufen.

Bei Online-Auktionen erfolgreich verkaufen

Eine Sonderform der Online-Verkaufsplattform stellt die Auktion dar. Auch hier gibt es verschiedene Anbieter, die sich zum Teil auf bestimmte Produkte spezialisiert haben. In diesem Fall stellen Sie Ihre Verkaufsobjekte mit einem **Mindestbetrag** ein, Interessenten können dann bis zum Ablauf der Auktion – meist eine Woche – ihre Höchstbeträge eingeben. Mit ein paar Tricks verkaufen Sie besser:

- Ihre Auktion sollte zu einem **Zeitpunkt** beendet werden, **wenn möglichst viele** Menschen voraussichtlich **Zeit und Muße** für ein Gebot **haben.** Wählen Sie daher eher einen Sonntagabend als einen Montagmorgen.
- Für das Verkaufen zahlen Sie **Gebühren** an die Plattform, bei hohen Erlösen

kann dabei eine entsprechend höhere Summe zusammenkommen – schätzen Sie ab, ob es sich lohnt.

- Da Sie nur bei hochwertigen Dingen mit hoher Nachfrage oder bei Sammlerobjekten finanziell richtig erfolgreich sein können, ist eine solche Auktion in den meisten Fällen nur dann für Sie das Richtige, wenn Sie Dinge zügig loswerden wollen, **der Erlös Ihnen aber nicht so wichtig ist.**

Preisgestaltung großer Internethändler durchschauen

Wer meint, dass er bei den größten Internethändlern automatisch und stets das günstigste Angebot erhält, der irrt: Hinter dem Begriff **„dynamic pricing"** – zu Deutsch „dynamische Preisgestaltung" – verbirgt sich eine fortlaufende Preisanpassung. Insbesondere große Händler

AUFGEPASST

Es gibt eine ganze Reihe Gebrauchtwarenportale im Internet und die Verkaufserlöse, aber auch die Verkaufspreise können je nach Plattform stark variieren. Vergleichen Sie also, bevor Sie kaufen oder verkaufen. Wundern Sie sich außerdem nicht über unterschiedliche Namen der Portale für den An- und Verkauf von Produkten.

gleichen ihre Preise je nach aktueller Marktlage, Wochentag oder Tageszeit und je nach Produktkategorie an.

Lassen Sie sich also Zeit mit Ihrem Kauf und schlagen Sie nicht beim erstbesten, besonders stark beworbenen Schnäppchen zu. **Vergleichen Sie** gerade bei kostspieligen Produkten die Preise im Tages- und Wochenverlauf, am besten auch auf verschiedenen Endgeräten wie Handy oder Desktop-PC (siehe auch S. 222, „Nicht mit mobilen Geräten shoppen"). Lassen Sie sich nicht „von der Masse mitreißen": Manche Händler bewerben Angebote beispielsweise damit, dass „90 % andere Kunden" oder „in den letzten Minuten weitere zehn Kunden" genau dieses Produkt gekauft hätten – was trotzdem noch lange nicht heißen muss, dass es das beste Angebot ist. Kaufen Sie außerdem stets zu **Zeiten von geringer Nachfrage,** sozusagen „außerhalb der Saison".

SO GING'S BEI MIR

Annette U. aus F. schreibt: Ich suchte ein bestimmtes neuartiges Dampfbügeleisen, das mir eine Freundin empfohlen hatte. Im Internet konkurrierten besonders die bekannten großen Elektronikanbieter. Doch dann stieß ich auf die Website des kleinen Elektrofachgeschäfts in meiner Nähe: Ich schrieb eine Mail, in der ich nach meinem Wunschprodukt zum günstigsten Preis fragte, und siehe da, wir wurden uns sofort einig.

Gebrauchtwarenportale und Kleinanzeigen im Urlaub

Sie sind Rentner? Und verbringen nun einmal eine längere Zeit in einem Hotel oder einer Ferienwohnung an einem Ort? Günstige, gebrauchte Dinge finden Sie auch hier über die lokalen Anzeigenportale oder im Internet. Ganz gleich, ob Sie etwa ein Fahrrad oder ein Schlauchboot für die Urlaubszeit suchen, hier werden Sie sicher fündig.

Ein solcher Gebrauchtwarenkauf ist **oft günstiger, als die Dinge zu mieten.** Vielleicht lässt sich der private Verkäufer darauf ein, die Sachen am Ende Ihres Urlaubs wieder zurückzunehmen – gegen eine individuell ausgehandelte Leihgebühr versteht sich. Um das Ding wieder zu verkaufen, inserieren Sie ansonsten am besten vor Beginn des Urlaubs und vereinbaren Sie die Übergabe zu einem Zeitpunkt rechtzeitig vor Urlaubsende.

Die besten Produkte im Internet finden

Suchmaschinen im Internet sind in den letzten Jahren immer weiter verbessert worden; ohne sie müssten wir etwa bei einer Produktsuche alle uns bekannten Online-Shops einzeln anklicken. Dennoch sollten wir ein paar Dinge beachten, wenn wir aus der Fülle der Fundstellen wirklich das beste Angebot auswählen wollen:

- Suchmaschinen platzieren **bezahlte Anzeigen** meist im vorderen Bereich. Diese wirken wie normale Ergebnisse, doch der Produktanbieter hat für die besonders sichtbare Platzierung bezahlt. Man erkennt Anzeigen an leicht übersehbaren Hinweisen wie beispielsweise „Sponsored", „Anzeige" oder „Werbung".
- Vergleichsportale (unter anderem idealo, check24 oder preisvergleich) listen Shops nach dem günstigsten Preis für ein bestimmtes Produkt. Achten Sie hier allerdings auf **versteckte Kosten** wie Versandgebühren (siehe S. 224).
- Nicht überall findet sich das günstigste Angebot auf den ersten Plätzen in den Suchergebnissen. Klicken Sie einmal **auf Seite 2 oder 3,** mitunter finden sich dort **kleinere Anbieter mit besseren Preisen.**

Personalisierte Internet-Werbung ausschließen

In Bezug auf Online-Einkäufe ist oft die Rede vom „gläsernen Kunden" – doch was heißt das genau und wie wirkt es sich aus? Hier geht es um bestimmte **Cookies,** die wir zulassen, indem wir beim Besuch der meisten Websites über einen Klick aktiv zustimmen. Darüber können Website-Betreiber nachverfolgen, welche Internet-Shops wir im weiteren Verlauf besuchen und welche Produkte wir dort ansehen. In der Folge bekommen wir andere **Werbung** gezeigt, **die uns eher anspricht**

und damit öfter zum Kauf animiert als ein neuer, unbekannter Besucher. Wenn Sie dies einschränken wollen, gehen Sie wie folgt vor:

- **Löschen Sie Cookies und Verlauf** in Ihrem Browser vor und nach einer Shopping-Tour im Internet. Sie können einstellen, dass dies automatisch nach dem Schließen des Browsers geschieht.
- Die großen Internetkonzerne Amazon, Apple, Google und Meta **sammeln Nutzerdaten** auch über ihre anderen Angebote wie Video-Streamingdienste oder sogar den Internetbrowser: Loggen Sie sich von ihren Abonnements stets aus, wenn Sie das Programm nicht mehr nutzen, **löschen Sie** danach **die Verlaufsdaten.** Wählen Sie einen unabhängigen Browser.

Wer mehrere Wochen im Urlaub ist, „fährt" mit einem gekauften Gebrauchten oft günstiger als mit einem Leihfahrzeug.

Online-Bezahlsysteme sicher nutzen

„Es ist so einfach, nun schicke ich kleine Beträge zum Geburtstag einfach online." Ob privat oder geschäftlich: Es gibt verschiedene **Bezahlsysteme,** die uns Überweisungen im Internet leichter machen, etwa PayPal, Klarna oder Sofortüberweisung. Im Prinzip sind die Vorgänge dabei genauso sicher wie beim klassischen Online-Banking, sofern Sie die üblichen Sicherheitsmaßnahmen einhalten.

Gehen Sie zunächst die **Einstellungen** durch: Manchmal bleiben z.B. Gutschriften oder Überweisungen zu Ihren Gunsten auf dem Konto des Bezahldienstes und werden nicht automatisch ans Girokonto weitergeleitet. Entsprechend erhalten Sie dafür auch keine Zinsen.

Vermeiden Sie außerdem **Ratenzahlungen** über diese Dienste: Hier fallen häufig hohe Zinsgebühren an, zudem ist es bei einer Vielzahl von Konten umso schwerer, den Überblick zu behalten.

Machen Sie sich schließlich bewusst, dass viele Überweisungen bei Online-Bezahldiensten **Gebühren** kosten können: Die Beträge übernimmt zwar häufig der (gewerbliche) Verkäufer. Aber auch wenn die Zahl nicht auf Ihrer Rechnung steht, so machen die Gebühren die Produkte doch teurer, da die Verkäufer sie dann auf die Verkaufspreise aufschlagen. Achten Sie bei privaten Geldtransfers darauf, diese entsprechend zu kennzeichnen, sonst fallen auch hier Gebühren an.

> **!**
>
> **AUFGEPASST**
>
> Sollten Sie doch einmal unterwegs mit dem Handy Verträge abschließen, scrollen bzw. wischen Sie immer bis ans Ende der Seite, bevor Sie den „Bestätigen"-Button drücken. Manchmal sind Bezahlfunktionen so aufgebaut, dass entscheidende Informationen erst zum Schluss eingeblendet werden. So willigen Sie eventuell aus Versehen in Vereinbarungen für ein eingeschränktes Rückgaberecht oder ähnliches ein.

Nicht mit mobilen Geräten im Internet shoppen

Der Griff zum Smartphone oder Tablet liegt oft näher, als den Desktop-PC oder Laptop zu nutzen. Es mag praktisch sein, die Zeit unterwegs zu nutzen, um nach günstigen Angeboten zu recherchieren, allerdings gibt es zwei gute Argumente, warum Sie **besser vom heimischen Computer** aus im Internet einkaufen.

- Mit dem großen, übersichtlichen Bildschirm haben Sie einen **besseren Überblick,** können beispielsweise die allgemeinen Geschäftsbedingungen entspannter ansehen.
- Noch entscheidender ist aber die Preisgestaltung mancher Anbieter: Untersuchungen haben gezeigt, dass **auf mobilen Geräten höhere Preise** aufgerufen

werden, als es für dasselbe Produkt von einem festen Computer aus geschieht – dies ist zum Teil sogar vom jeweiligen Smartphone-Modell abhängig.

„Angebot läuft bald ab"? Nicht stressen lassen!

Insbesondere bei Reisen, Hotels oder Veranstaltungskarten wird oft **Druck aufgebaut**: „Nur noch drei Restplätze verfügbar" heißt es dann oder der Preis wird sogar neben einer rückwärts laufenden Uhr eingeblendet. Behalten Sie die Nerven und lassen sich nicht drängen. Wenn Sie nicht gerade auf die allerletzte Minute buchen, gibt es für die Anbieter eigentlich auch keinen Grund, diesen angeblichen Sonderpreis auszuweisen – Sie haben also in aller Regel genug Zeit,

eine Nacht über die Entscheidung zu schlafen oder sich in der Familie zu besprechen. Sind Sie flexibel? Dann können Sie es auch umgekehrt darauf ankommen lassen und auf die Last-minute-Schnäppchen warten, die z.B. viele Unterkünfte anbieten, damit ihre Zimmer auf jeden Fall ausgelastet sind.

Nutzen aus Internet-Vergleichsportalen ziehen

Unabhängige Portale zum Preisvergleich erfreuen sich wachsender Beliebtheit, hier finden Sie Ihr gesuchtes Produkt auf einer Liste verschiedener Händler, sortiert nach dem günstigsten Preis. Eine nützliche Dienstleistung, die aber auch etwas kostet: Werden Sie über ein solches Portal zu einer Händlerseite weitergeleitet, so zahlt

Es geht ja so einfach: Sie sitzen im Wartezimmer oder im Zug und vertreiben sich die Zeit beim Shoppen. Doch der Einkauf mit dem Smartphone hat Nachteile.

Wenn am Stand auf dem Basar so viele Markentaschen für wenig Geld zu haben sind, liegt der Verdacht nah, dass es sich dabei um Fälschungen handelt.

der Händler Gebühren an den Betreiber des Vergleichportals. Es kann daher **günstiger sein, direkt auf die Anbieterwebsite zu gehen.** Daneben geben nicht immer die reinen Kosten für das Produkt den Ausschlag für ein gutes Angebot:

- Schauen Sie auf den **Gesamtpreis,** inklusive aller **Versandkosten** oder **eventueller Rücksendegebühren.** Manche Händler schlagen hier sogar eine Pauschale für die Verpackung auf.
- Ist die **Ware vorrätig** und wird **sofort** nach Zahlungseingang **versendet?** Es gibt Händler, die ihren Gewinn erhöhen, indem sie zwar auf Vorkasse ihrer Kunden bestehen, dann aber erst nach Kaufabschluss die Ware beim Großhändler bestellen und entsprechend verspätet versenden.

Kennen Sie die Funktion **„Preiswecker"?** Hier können Sie bei manchen Portalen einen Wunschpreis eingeben, bei dem Sie benachrichtigt werden, wenn Ihr gesuchtes Produkt unter diesen Preis fällt.

(Marken-)Fälschungen erkennen

„Der Ärger über meinen Fauxpas war groß, als der Zoll die schönen Schuhe einbehalten hat." Wer versehentlich eine **Produktfälschung** erwirbt, macht sich hierzulande zwar nicht strafbar, solange er das Produkt nicht weiterverkauft. Allerdings kann der Zoll das Paket konfiszieren und der Markenrechtsinhaber eine Abmahnung versenden. Um sicherzugehen, dass Sie ein legales Produkt erwerben, beachten Sie die folgenden Warnsignale. Sie gelten für das Internet genauso wie auf Trödelmärkten im In- und Ausland.

- **Zu günstig:** Es gehört zum Kern eines Markenprodukts, das sein Preis nicht allein durch Material- und Herstellungskosten entsteht. Wird ein Preis weit unter Vergleichswerten seriöser Händler angeboten, ist eine Fälschung wahrscheinlich.
- **Schlecht verarbeitet:** Oft wird bei Fälschungen an der Qualitätskontrolle gespart, bei Online-Angeboten auch an der Beschreibung des Produkts, die dann Rechtschreibfehler oder schlecht aufgenommene Fotos enthält.
- **Keine Kundenrechte:** Gewährt der Verkäufer die üblichen Rückgabe- bzw. Widerrufsmöglichkeiten? Wenn nicht, ist vom Kauf auf jeden Fall abzuraten.
- **Verpackung fehlt:** Markenprodukte haben eine Hülle, auf der weitere Angaben zum Produkt zu finden sind, fehlt diese, kann eine Fälschung vorliegen.

Restaurantessen mit überschaubarem Budget

Sie essen gern auswärts, doch die **steigenden Preise** verderben Ihnen zunehmend den Appetit? Mit ein paar Tricks können Sie weiterhin den Gaumenfreuden frönen, ohne dass Ihr Budget zu stark leidet. Legen Sie z.B. Ihre Restaurantbesuche eher auf die **Mittagszeit** als auf den Abend: Die reguläre Speisekarte mag hier die gleichen Preise aufweisen, doch durch eine Beschränkung auf die deutlich günstigeren Mittagsmenüs können Sie viel Geld sparen – obendrein ist das opulente Mahl am Mittag gesünder als am Abend. Teilen Sie sich die **Flasche Wasser oder Wein** mit Ihrem Begleiter, einzelne Gläser sind im Verhältnis dazu oft viel teurer. **Sparen Sie das Dessert** und verlegen Sie den Nachtisch auf die Kaffeezeit am Nachmittag: Auch mit einem Stück Kuchen oder einer Kugel Eis können Sie den Restaurantbesuch abrunden.

- Erkundigen Sie sich stets nach **Angeboten:** In manchen Städten gibt es beispielsweise einen Wochentag mit freiem Eintritt in die Museen. Für normalerweise teure Opernaufführungen wiederum werden die Karten oft wenige Tage vor der Veranstaltung zum günstigen Preis abgegeben.
- Gehen Sie längere Zeit vor Beginn zum Veranstaltungsort, erstellen Sie ein **gut lesbares Schild,** auf das Sie schreiben, dass Sie eine Karte suchen. Oder halten Sie Ausschau nach den Schildern anderer privater Anbieter von günstigen Restkarten.
- Suchen Sie in **Kleinanzeigen** nach Tickets, die z.B. von Abonnement-Besitzern günstig abgegeben werden, weil diese selbst verhindert sind.
- In manchen Städten und Regionen werden **Kulturgutscheine** ausgestellt – oft von den Tourismusverbänden. Wer sie konsequent nutzt, kann oft einiges gegenüber Einzelkarten sparen.

Günstig in Kino, Konzert, Theater, Oper und Museum ...

Wer sich für Kultur begeistert, muss dafür nicht immer tief in die Tasche greifen – zumindest, wenn er flexibel ist. Denn Angebote wie Restkarten, Tage der offenen Tür oder Schnupperbesuche sind verständlicherweise zu Zeiten verfügbar, an denen keine hohe Nachfrage herrscht.

... und auf den besten Plätzen sitzen

Lassen Sie sich von hohen Kartenpreisen nicht beeindrucken: Je nach Veranstaltung – sei es Konzert, Kino oder Theater – kann der beste Platz auch unter den günstigen Tickets zu finden sein. Informieren Sie sich: Wo ist die **Sicht** möglicherweise durch einen schlechten Winkel oder eine Säule verdeckt, wo **hört** man weitaus

SO GING'S BEI MIR

Carsten P. aus C. schreibt: Wir saßen in einem zur Hälfte leeren Opernhaus und hatten sehr ungünstige Plätze. Also merkten wir uns, welche besseren Sitze leer blieben, und steuerten diese nach der Pause gezielt an – allerdings hielt uns ein Saaldiener auf. Er teilte uns mit, dass es nicht erlaubt sei, den Platz zu wechseln, im Extremfall könnte ein Veranstalter sogar den Differenzbetrag für die besseren Karten fordern. Ich habe aber von einem Bekannten erfahren, dass es auch Häuser gibt, die das Umsetzen ausdrücklich fördern: So bekämen die Künstler dann einen besseren Kontakt zum Publikum.

besser als in den teuren ersten Reihen? Ein bisschen Geschmacksache ist natürlich dabei, doch mit Erfahrung lässt sich hier viel Geld sparen.

Online-Verträge: Kleingedrucktes im Blick

Seitenlange allgemeine Geschäftsbedingungen (AGB) lassen viele fahrlässig werden: Wer nur eine Kleinigkeit im Internet bestellen möchte, hat kaum Lust, sich mit diesen langweiligen Details aufzuhalten. Doch so ganz unwichtig sind die Zeilen leider auch nicht: Zumindest die **Kündigungs- und Widerrufsregelungen,** womöglich auch Informationen zu **Rück-**

sendegebühren oder **Adressspeicherung** und **Datenschutz** sollten Sie kurz ansehen. Nutzen Sie dazu am besten die Suchfunktion im Dokument und geben Sie die wichtigen **Schlüsselbegriffe** ein, beispielsweise „Widerruf". So werden Ihnen auf einen Blick alle Stellen im Text angezeigt, in denen es um die von Ihnen gesuchten Begriffe geht. Am einfachsten ist dies mit einem größeren Bildschirm nachvollziehbar, ein weiterer Grund, der gegen den Online-Einkauf mit dem Smartphone spricht.

Bücher tauschen statt kaufen

Sie lesen gern und sind auf der Suche nach einem neuen Schmöker für die nächsten Tage? Sparen Sie doch einfach mit gebrauchten Büchern. In den meisten Städten und Dörfern gibt es mittlerweile **öffentliche Bücherschränke,** die zum anonymen Tausch von ausgelesenen Werken einladen. Auch wenn Sie hier nicht unbedingt den Bestseller entdecken, der erst vergangene Woche erschienen ist, trifft man häufig auf ein vielfältiges Angebot gut erhaltener Bücher.

Wenn es in Ihrer Nähe kein solches **Tauschregal** gibt, können Sie auch überlegen, **selbst** – oder zusammen mit Nachbarn oder Gleichgesinnten – eines **einzurichten:** Es gibt keine rechtlichen Hürden für den Betrieb einer solchen Box, sofern sie auf Privatgelände steht und keine Verletzungsgefahr besteht (Versicherungsschutz!). Prüfen sollten Sie vorab auch, ob Buchhändler oder Antiquariate in der Nähe mit Ihrer Idee einverstanden sind.

Unverbindliche Preisempfehlung vergleichen

Hersteller fügen ihren Produkten vielfach eine unverbindliche Preisempfehlung (UVE) bei, gern bereits in der Vorankündigung, bevor das Produkt tatsächlich verfügbar ist. Bleiben Händler nun unter diesem Abgabepreis, so klingt das für Kunden sofort lukrativ, dabei ist die Empfehlung eben vor allem – unverbindlich. Vergessen Sie UVE und UVP also gleich wieder, recherchieren Sie lieber die Preise verschiedener Händler.

„Wunschlisten" nicht beim Online-Händler führen

Ein Einkaufszettel ist eine praktische Hilfe, die nicht nur unserem Gedächtnis auf die Sprünge hilft, sondern auch dafür sorgen kann, dass wir uns nicht von vermeintlichen Angeboten beeindrucken lassen und Dinge kaufen, die wir gar nicht brauchen. Manche Online-Händler bieten angemeldeten Kunden auch vergleichbare „Merkzettel" oder „Wunschlisten" an. Doch dieser Service beeinflusst Ihr Kaufverhalten: Der Shop-Betreiber lernt dadurch Ihre Interessen besser

kennen und kann mit entsprechender **Werbung** in Form von alternativen Produktvorschlägen oder auch mit Angeboten für Ihre Wunschliste darauf reagieren – die aber nur kurze Zeit verfügbar sind.

Aus einem öffentlichen Bücherschrank kann man sich nehmen, was gefällt, schön, wenn man dafür auch ein Buch abgibt.

SO KLAPPT'S AUCH

Wenn Sie es gern aufgeräumt haben, müssen Sie für Ihre Wunschlisten natürlich nicht unbedingt zu Stift und Papier greifen. Sie können die Einkaufsliste ebenso gut als Dokument auf dem Computer speichern. Der Vorteil besteht in diesem Fall darin, dass Sie auch lange und unhandliche Links zu einem Produkt speichern können, wenn Sie das Angebot in einem Online-Shop gesehen haben. Notieren Sie auch den Preis, so behalten Sie den Überblick, ob sich daran etwas ändert.

Anstatt den Merkzettel des Online-Händlers zu nutzen, sollten wir vielmehr zum **handgeschriebenen Einkaufszettel** zurückkehren, den wir neben unseren Computer legen. Falls dieser verloren geht und wir unseren „Wunsch" vergessen, dann haben wir das Produkt in Wahrheit wahrscheinlich gar nicht gebraucht.

Die Spreu vom Weizen trennen: Qualität erkennen

Wenn wir etwas kaufen, wollen wir auch möglichst lange etwas davon haben, doch wie kann ich die viel zitierte Qualität sicher erkennen, die ein langes Produktleben verspricht?

- Eine **umfassende Herstellergarantie** ist der wichtigste Hinweis auf hohe Qualität, minderwertige Produkte kämen den Hersteller andernfalls im Laufe der Zeit teuer zu stehen.
- Nehmen Sie das Produkt kritisch in Augenschein: Wirkt es **solide verarbeitet, passt das Material** zur Verwendung? Wo wurde billiger Kunststoff, wo Metall eingesetzt?
- Lesen Sie vor größeren Investitionen nicht nur die **Rezensionen** zu einem Produkt, sondern finden Sie auch **Foren,** in denen sich Gleichgesinnte zu ihren Erfahrungen austauschen. Bleiben Sie dabei zu beiden Seiten hin kritisch und versuchen Sie, Nörgeleien von fundierter Kritik zu unterscheiden.

Nicht auf unnötige Leistungsmerkmale hereinfallen

Oft kaufen wir mehr als wir brauchen, animiert von kreativem Marketing. Das betrifft nicht nur die Menge an Produkten, sondern auch die Vielzahl an Funktionen an einem Produkt – die ja letztlich auch den Preis beeinflusst. Lassen Sie sich daher von der größten Zahl an Leistungsmerkmalen nicht beeindrucken, fragen Sie sich eher, was Sie **für Ihre Zwecke wirklich brauchen.** Digitalkameras etwa werden seit Jahren mit immer höheren Auflösungszahlen beworben: Setzen Sie lieber auf ein höherwertiges Objektiv als auf den Superlativ bei den Pixelzahlen. Die teuersten Smartphones wiederum verfügen über die höchste Prozessorgeschwindigkeit: In der Regel ist für alle Anwendungen jedoch viel weniger Leistung ausreichend. Wer das Handy nicht wirklich ständig nutzt, kann bestenfalls ein paar Sekunden täglich einsparen. Autos schließlich macht die unnötige Funktionsfülle nicht nur teurer, sondern auch unsicherer, wie Testergebnisse von Verkehrsclubs gezeigt haben. Entscheiden Sie sich daher wo immer möglich für **einfache – und günstige –** Produkte.

AUFGEPASST

Die Zentrale zur Bekämpfung von unlauterem Wettbewerb weist regelmäßig auf Probleme mit unverbindlichen Herstellerpreisen hin und mahnt diese ab. Achten Sie bei solchen sogenannten Mondpreisen, die in Wirklichkeit nie verlangt werden, auch auf den Zeitpunkt, zu dem der empfohlene Verkaufspreis herausgegeben wurde: Viele Produkte werden nach kurzer Zeit auf dem Markt günstiger.

Rabattaktionen nur mit Vergleichswerten nutzen

Kurz nach der Jahrtausendwende wurde hierzulande das Rabattgesetz abgeschafft (in Österreich schon 1992, in der Schweiz dagegen gibt es weiterhin eine Regelung), damit sind Aktionen wie Sommer- oder Winterschlussverkauf nicht mehr an bestimmte Termine gebunden. So gibt es nun beispielsweise auch den „Black Friday" im November. Doch viele Käufer fragen sich, ob die Rabatte wirklich so großzügig ausfallen, dass man als Kunde spart – oder ob man nicht doch eher unnötig zum Geldausgeben verleitet wird.

Tatsächlich sollten Sie das Angebot eines Händlers immer **mit weiteren Anbietern vergleichen,** z.B. über ein Vergleichsportal (siehe S. 221). **Suchen Sie** außerdem bereits **zwei bis drei Wochen vor dem Aktionszeitraum** nach dem Produkt und notieren Sie den **Preis:** So entgeht es Ihnen nicht, wenn dieser kurz vor der

vermeintlichen Rabattaktion noch mal angehoben wurde. Außerdem vermeiden Sie auf diese Weise, dass Sie sich zu Spontankäufen verleiten lassen. Kritisch sind auch Angaben zum unverbindlichen Verkaufspreis (UVP) des Herstellers zu behandeln (siehe S. 227).

In den letzten Jahren wurden die „Black Friday"-Angebote immer beliebter. Preise sollte man dennoch immer vergleichen.

AUF REISEN UND IM URLAUB

Neues entdecken, endlich Zeit haben zum Lesen und Relaxen, ein angenehmes Klima genießen, das Meer und die Berge erleben — es gibt so viele schöne Gründe, Urlaub zu machen. Nur: In Stress geraten kann man dabei auch. Mit den Tipps auf den folgenden Seiten sind Sie aber auf alles, was bei der An- und Abreise oder sonst so vorkommen kann, vorbereitet und können Ihre Reise gelassen antreten.

Urlaubsziel bestimmen

Die Wahl des „richtigen" Urlaubsziels muss letztlich jeder für sich selbst treffen. Allerdings gibt es ein paar Kriterien, die einem die Entscheidung erleichtern.

- Geht es einem primär ums Nichtstun, so kann ein **Strandurlaub** genau das Richtige sein.
- Möchte man dagegen im Urlaub auch etwas für seine Fitness tun, kann man den **Akzent in Richtung Sport** verschieben: Wassersport im Sommer am Meer oder einem See, (Berg-)Wandern oder Radfahren im Frühjahr und Herbst, Skifahren oder Langlaufen im Winter.
- Interessiert man sich für Kultur, bietet sich eine **Städtereise** oder Urlaub in einer geschichtsträchtigen Region an, wo man Besichtigungen – oder einen Sprachkurs – machen kann.
- Haben Sie außer bei Familienfesten wenig Gelegenheit, erwachsene Kinder und die Enkel zu sehen, ist ein gemeinsamer **Familienurlaub** eine Idee.
- Will man seinen Körper verwöhnen, ist ein **Wellness-Hotel** mit entspannenden Anwendungen die erste Wahl.

Optimale Reisezeit finden

Hat man sich für ein Urlaubsziel entschieden, kann man sich Gedanken über die optimale Reisezeit machen. Findet der Urlaub generationsübergreifend statt, sind Sie vielleicht an **Schulferien** gebunden. Ohne Kinder oder Enkelkinder können Sie auch außerhalb der Ferienzeit bzw. in der **Vor- und Nachsaison** verreisen – meist ist es dann weniger voll und die Hotelpreise sind auch noch niedriger.

Achten Sie außerdem darauf, dass das **Wetter am Urlaubsziel** Ihren Vorstellungen und Ihrer **körperlichen Grundkondition** entspricht. Haben Sie Probleme mit zu großer Hitze, sollten Sie z.B. statt im Hochsommer eher im Frühjahr oder Herbst nach Mallorca fliegen. Weitere Kriterien können der Grad der Luftfeuchtigkeit und damit verbunden die Wahrscheinlichkeit von Regen und Gewitter in einem bestimmten Monat sein – da machen dann weder Besichtigungen noch Strandtage richtig Freude.

Pauschalreise oder Individualreise

Ob man das Urlaubsziel im Rahmen einer Pauschal- oder Individualreise ansteuert, hängt von verschiedenen Faktoren – sowie auch dem eigenen Alter – ab.

- Für eine Pauschalreise sprechen die **Planbarkeit** sowie die **überschaubaren Kosten.** In der Regel handelt es sich um ein Komplettpaket, das die An- und Abreise, die Unterkunft und die Verpflegung beinhaltet. Man überweist vorab den Gesamtbetrag und benötigt vor Ort dann nur noch „Taschengeld". Bei Besichtigungsreisen ist die Pauschalreise bei manchen außereuropäischen Zielen fast die einzige Möglichkeit für einen entspannten Urlaub – sei es wegen der Sprache oder der Sicherheitslage.

■ Für eine Individualreise sprechen Kriterien wie höchstmögliche **Flexibilität** bei der Auswahl des Hotels, dem Verbleib an einem Zwischenziel oder der Zeit, die man z.B. für Besichtigungen hat. Dafür benötigt man in der Regel mehr Zeit für die Vorbereitung und muss sich auch unterwegs selbst darum kümmern, wenn etwas nicht klappt.

Passendes Hotel auswählen

Wie die Wahl des Urlaubsziels und der Reisezeit ist das passende Hotel eine individuelle Angelegenheit. Ein Hauptkriterium bei der Auswahl ist die Zeit, die man im Hotel verbringt. Sind Sie bei einer **Besichtigungsreise** nur zum Schlafen im Hotel, reicht es meist, wenn es gut gelegen und dabei ruhig ist. Ein Blick auf die Satellitenansicht bei Google Maps zeigt einem, ob z.B. die erwähnte „verkehrsgünstige Lage" bedeutet, dass gegenüber eine Stadtautobahn verläuft.

Ist das **Hotel** hingegen **der Mittelpunkt Ihres Urlaubs,** sollten Sie darauf achten, ob Ihnen wichtige Einrichtungen wie z.B. ein eigener Strandabschnitt, ein bei Regen nutzbarer Innenpool oder ein Fitnessraum vorhanden sind. Besitzen Sie ein teures Auto, ist vermutlich eine überwachte Tiefgarage wichtig, bei einem E-Auto eine passende Ladesäule. Auch die Art der Verpflegung kann den Ausschlag geben. Viele Hotels bieten nur ein Frühstück an, was nicht passt, wenn Ihnen Halb- oder Vollpension wichtig sind.

SO KLAPPT'S AUCH

Vergleichen Sie die Preise immer auch mit denen auf der direkten Internet-Seite eines Anbieters – oft sind dort die Konditionen noch günstiger als bei den Portalen, da keine Vermittlungsprovision eingerechnet werden muss. Alternativ ist die Suche auf einem Reiseportal die optimale Vorbereitung auf einen Gang ins Reisebüro: Sie wissen vorab besser, welche Möglichkeiten es gibt, können aber „die eigentliche Arbeit" wie früher dem Reisebüro überlassen.

Hotel oder ganze Reise im Internet buchen

Es gibt im Internet eine Reihe von **Preisvergleichseiten** oder speziellen **Reiseportalen,** über die man heute ein Hotel, einen Flug, einen Mietwagen oder eine komplette Reise buchen kann. Bekannte Seiten sind etwa www.idealo.de, www.holidaycheck.de, www.expedia.de, www.booking.com und www.ab-in-den-urlaub.de. Viele der Portale bieten in den App-Stores auch für Smartphones optimierte Apps an. Die Vorgehensweise ist immer ähnlich: Sie geben in der Suchmaske Ihr Reiseziel, die Art der gewünschten Unterkunft sowie die Anzahl der Reisenden ein. Aus der Trefferliste wählen Sie dann ein Hotel, einen Flug etc. aus, das bzw. der für Sie passt. Sind Sie nicht an ein bestimmtes Reisedatum gebunden, können Sie in den Portalen oft kräftig sparen. Die Bezahlung erfolgt meist über eine Kreditkarte, manchmal auch durch Vorauszahlung. Bestätigungen sowie Hotel- oder Mietwagen-Vouchers oder Flugtickets erhalten Sie auf die bei der Buchung angegebene E-Mail-Adresse zum Ausdrucken.

Auslandskrankenversicherung ergänzen

Zwar übernehmen viele Krankenkassen innerhalb der Europäischen Union und in einigen Ländern wie der Schweiz einen Teil von anfallenden Behandlungskosten, meist aber auf dem Niveau des Reiselandes. Da dies geringer als in Deutschland sein kann, sollte man eine gesonderte Auslandskrankenversicherung besitzen. Das gilt noch mehr, wenn man in ein außereuropäisches Land fährt. Die Police sollte mindestens folgende Punkte umfassen:

- Eine **weltweite Gültigkeit** ohne Selbstbeteiligung für Reisen bis zu 56 Tage (acht Wochen) Länge.
- Die Erstattung medizinisch notwendiger – ambulanter und stationärer – **Heilbehandlungen im Ausland** inklusive Zahnbehandlungen.

- Die Erstattung von **Medikamenten und Untersuchungen.**
- Den **Rücktransport** zum Wohnsitz oder einem Krankenhaus am Wohnort.

Eine solche Auslandskrankenversicherung ist meist nicht teuer und kann z.B. bei größeren Versicherungsunternehmen oder Automobilclubs abgeschlossen werden. Achten Sie darauf, eine einseitige englische Versicherungsbestätigung als Nachweis auf Urlaubsreisen zu erhalten.

Schade, wenn man im Urlaub krank wird. Gut, wenn dann Heilbehandlungen und Medikamente von der Versicherung abgedeckt sind.

Passende Urlaubskasse

Auch wenn die meisten europäischen Urlaubsländer den Euro als Zahlungsmittel verwenden – es sind eben nicht alle, denkt man nur an die Schweiz, Großbritannien oder Dänemark. Und bei Fernreisen hat man es mit Währungen zu tun,

AUFGEPASST

Achten Sie auch darauf, dass Sie – egal ob in Euro oder in der jeweiligen Landeswährung – kleine Scheine in einer Gesamtsumme von 100 bis 150 Euro dabei haben, für Taxifahrer, die sonst nicht wechseln können, für Trinkgeld oder für Tagestickets im öffentlichen Personennahverkehr. Führen Sie größere Mengen Bargeld mit, müssen Sie die Einreiseregelungen des Urlaubs- (und Transit-)Landes beachten und sollten vor Ort das Geld im Hotelsafe deponieren.

und das Maestro-System in den nächsten Jahren langsam ausläuft, hat man im Idealfall eine Kredit- und eine Debitkarte dabei. Bewahren Sie die Karten getrennt voneinander auf, tauschen Sie mit dem Partner, falls Sie zu zweit reisen, und notieren Sie niemals die PIN-Nummern auf den Karten oder einem Notizzettel, der mit im Geldbeutel steckt.

Personalausweis und Reisepass

Fast alle Staaten der Europäischen Union und weitere Länder wie die Schweiz gehören mittlerweile dem **Schengenraum** an, innerhalb dessen keine regulären Grenzkontrollen mehr stattfinden. Für allgemeine Kontrollen sollten Sie aber Ihren Personalausweis mitführen, mit dem Sie auch für bis zu 90 Tage in die Nicht-Schengen-Länder Irland, Rumänien, Bulgarien und Zypern innerhalb der EU reisen können. Dabei muss der Personalausweis noch für die gesamte Reisezeit gültig sein. Für **Reiseziele außerhalb der EU** wie Großbritannien oder die USA benötigen Sie einen Reisepass, der meist mindestens für die gesamte Reisezeit gültig sein muss. Erkundigen Sie sich rechtzeitig auf der Internet-Seite des Auswärtigen Amtes nach den genauen Regelungen – so muss etwa für die USA der Reisepass noch mindestens sechs Monate länger gültig sein als das geplante (Wieder-)Ausreisedatum. Benötigen Sie

Im Jahr 2024 war der deutsche Reisepass der „mächtigste" der Welt – man konnte mit ihm ohne Visum in 194 Länder auf der Erde reisen.

deren Namen man vorher oft noch nie gehört hat. Daher setzen viele Reisende vor allem auf die **Kreditkarten** der großen Anbieter Mastercard und Visa, innerhalb Europas auch auf **Debitkarten** mit Maestro-Zahlungsfunktion. Da immer wieder einmal eine Kreditkarte wegen technischer Probleme nicht funktioniert

daher einen neuen Reisepass, sollten Sie ihn rechtzeitig beantragen, da vor allem vor der Haupturlaubszeit mit einer längeren Produktionszeit zu rechnen ist, wenn Sie keinen Eilzuschlag bezahlen.

Enkelkinder mitnehmen

Nehmen Sie **minderjährige** Enkel mit in den Urlaub, liegen für diese Zeit die Erziehungs- und Fürsorgepflichten bei Ihnen. Da es z.B. sein kann, dass ein Enkelkind unvorhergesehen ärztliche Behandlung benötigt, sollten Sie sich eine **Vollmacht** durch die Erziehungsberechtigten ausstellen lassen, die folgende Angaben enthält:

- Name und Geburtsdatum des Kindes (Nummer des Personalausweises bzw. des Reisepasses)
- Angaben des Vollmachtgebers (Name, Geburtsdatum, Nummer des Personalausweises)
- Angaben zu den Bevollmächtigten (Name, Geburtsdatum, Nummer des Personalausweises bzw. des Reisepasses)
- Inhalt der Vollmacht (Abholung, Betreuung, Arztbesuch etc.)
- Wirksamkeit und Dauer der Vollmacht (Reiseziel und Reisezeitraum)
- Widerrufsmöglichkeit
- Unterschrift der Erziehungsberechtigten

Wollen Sie die Vollmacht nicht selbst formulieren, finden Sie auf Informationsseiten für Großeltern im Internet geeignete **Vordrucke,** die Sie nur noch ausfüllen und unterschreiben müssen. Nehmen Sie zur Sicherheit zwei ausgefüllte Vordrucke in den Urlaub mit und lassen Sie ein Exemplar bei den Eltern Ihrer Enkel.

Kopien wichtiger Reisedokumente

Vor allem bei Individualreisen ins nichtdeutschsprachige Ausland sollten Sie Kopien wichtiger Reisedokumente dabeihaben. Dies erleichtert im Verlustfall den Umgang mit Hotelpersonal, Mietwagenfirmen oder Sicherheitsbehörden, Ihre Ansprüche durchzusetzen oder ein Ersatzdokument zu erhalten. Besitzen Sie einen Multifunktionsdrucker mit aufklappbarem Deckel, so können Sie einfach **Fotokopien** von **Personalausweis, Reisepass, Flugticket, Mietwagengutschein, Kreditkarte** etc. erstellen – am

SO GING'S BEI MIR

Siegrid B. aus Z. schreibt: Wir sind mit Tom, unserem zehnjährigen Enkel, in die USA gereist. Er besaß einen Kinderreisepass und wir hatten schon alles geplant, als mein Bruder uns berichtete, dass Tom mit dem Kinderreisepass nicht einreisen könne – ab 2025 lässt sich der für Länder, in denen zur Einreise ein Reisepass nötig ist, nicht mehr verwenden. Wir haben dann gleich einen regulären Reisepass für Tom besorgt, damit waren wir aller Sorgen ledig.

besten in Farbe. Verwahren Sie die Kopien getrennt von den Originalen, wenn Sie allein reisen, und verteilen Sie je einen kompletten Satz auf sich und Ihre(n) Partner, falls Sie zu zweit oder mehreren unterwegs sind. Ist Ihr Multifunktionsgerät am Computer angeschlossen, können Sie alternativ – oder zusätzlich – die Reisedokumente auch **einscannen** und in einem Standardformat wie JPG oder PDF auf einem USB-Stick oder einer SD-Karte abspeichern. Die Datenträger sollten Sie ebenfalls von den Originalen getrennt aufbewahren bzw. ein zweites Exemplar dem Partner geben. Eine weitere Möglichkeit ist das **Fotografieren** der Dokumente mit dem Smartphone.

Ladestecker und Adapter

Neue elektrische Geräte haben in Mitteleuropa in der Regel den größeren **Schukostecke**r oder den flachen **Euro-Stecker.** Das heißt aber nicht, dass sie überall in Europa in die Steckdose passen – gerade bei älteren und kleineren Hotels kann es Probleme geben. Nehmen Sie daher zur Sicherheit einen **Adapter vom Schuko- auf den Euro-Stecker** mit. Für Großbritannien und andere angelsächsisch geprägte Reiseziele benötigen Sie einen **Adapter auf den Commonwealth-Stecker** mit seinen drei rechteckigen Polen. Für die USA hingegen benötigen Sie nicht nur einen **Adapter auf den** dortigen **NEMA-1-Stecker**

(Stecker A) mit seinen zwei flachen Polen, sondern müssen auch darauf achten, ob das Netzteil für die **dort üblichen 110 bis 120 Volt Spannung** passt bzw. ob Sie an Geräten wie Föhn oder Rasierapparat von 220 bis 230 Volt auf 110 bis 120 Volt umschalten können.

Verkehrsmittel der An- und Abreise bestimmen

Bei einer Pauschalreise beschränkt sich die Frage der An- und Abreise meist darauf, wie man zum Busbahnhof, Bahnhof oder Flughafen gelangt, bei einer Individualreise haben Sie mehr Optionen, die es abzuwägen gilt.

- Der **Zug** bietet sich vor allem dann an, wenn Sie im näheren Umkreis eine Städtereise mit Besichtigungen vor Ort machen und auch den öffentlichen Personennahverkehr nutzen können.
- Viele Großstädte werden heute auch von **Fernbussen** angefahren, allerdings ist die Fahrt weniger bequem als in einem modernen Zug.
- Liegt Ihr Urlaubsziel auf dem europäischen Festland oder einer nahen Insel und haben Sie viel Gepäck oder wollen vor Ort zahlreiche Ausflüge machen, bietet sich die Anreise mit dem **eigenen Auto** an.
- Bei entfernten Zielen führt meist kein Weg am **Flugzeug** vorbei, das Sie vor Ort durch den ÖPNV oder einen Mietwagen ergänzen können.

Urlaubscheck des Autos

Fahren Sie mit dem Auto in den Urlaub und dabei eine weitere Strecke, sollten Sie einen Check machen. Dafür müssen Sie nicht unbedingt in die Werkstatt.

- Überprüfen Sie den **Ölstand** mit dem Ölmessstab oder dem Bordcomputer, füllen Sie bis zur Maximalmarke nach und packen Sie eine Einliterdose des richtigen Motoröls zum Mitnehmen ein.
- Checken Sie das **Kühlwasser** und füllen Sie rosafarbene Kühlflüssigkeit in den Stutzen neben dem Kühler – im Sommer reicht bei kleinen Fehlmengen auch Leitungswasser.
- Sorgen Sie für gute Sicht: Putzen Sie vor der Urlaubsfahrt die Frontscheibe von innen und füllen Sie hellblaue **Scheibenwischerflüssigkeit** in den Behälter mit dem gelben Deckel.
- Kontrollieren Sie den **Reifendruck** und erhöhen Sie ihn bei voller Beladung entsprechend der Angabe in der Fahrertür. Vergessen Sie das Reserverad nicht, das der Fahrbereifung entsprechen sollte. Gibt es ein Reifendichtmittel, darf es nicht abgelaufen sein.
- Denken Sie daran, dass der **Verbandskasten** aktuell sein muss und das **Warndreieck** intakt.
- Für jede Person im Auto muss eine **Warnweste** dabei sein.
- Kontrollieren Sie die **Beleuchtung.** Sind Halogenlampen verbaut, nehmen Sie je eine Reservelampe für das Fahrlicht und die anderen Lichter mit.

Sicherheitswesten, Verbandskasten und Warndreieck müssen immer dabei sein – auch ein Überbrückungskabel kann hilfreich sein.

Anfahrt mit dem Auto

Geht es mit dem Auto in den Urlaub, sollten Sie **am Vorabend** der Fahrt **alle Vorbereitungen** wie Urlaubscheck, Volltanken und Beladen abgeschlossen haben, damit Sie am Tag der Fahrt keine Zeit verlieren. Auch wenn in vielen Unterkünften der Samstag als Wechseltag gilt, sollten Sie abklären, ob **An- und Abreise am Sonntag** möglich wären, da dann z.B. auf den deutschen Autobahnen ein LKW-Fahrverbot gilt und diese meist weniger voll sind. Gleiches gilt für Feiertage. Planen Sie **ein, zwei Stunden mehr Fahrzeit** ein, als das Navigationsprogramm angibt. So haben Sie Zeit für kleine Pausen, um Ihre Fahrfähigkeit zu regenerieren, oder einen Zeitpuffer bei einem Stau, damit Sie trotzdem noch bei Tageslicht ans Ziel kommen. Die **Pause** ist auch eine gute Gelegenheit, ein leichtes Essen zu sich zu nehmen und nichtalkoholische Getränke wie Wasser, Saft oder Tee zu trinken. Sind mehrere Personen mit Führerschein unterwegs, kann nach der Pause auch ein **Fahrerwechsel** erfolgen. Bei Strecken, die nur mühsam an einem Tag zu bewältigen sind, sollten Sie besser gleich eine Übernachtung einplanen.

Auto richtig beladen

Geht es zu mehreren mit dem Auto in einen längeren Urlaub, hat man meist entsprechend viel Gepäck dabei. Auch wenn man gerade beim Kofferraum eines Kombis oder SUVs gut in die Höhe stapeln kann, sollten **die schwersten Gepäckstücke immer unten** und **direkt hinter der Rücklehne** eingepackt werden, damit die Gewichtsverteilung möglichst gleich bleibt. Leichtere Sachen können dann weiter in Richtung Heckklappe oder Dach. Achten Sie darauf, dass alles **sicher verstaut** ist, damit bei einer Notbremsung nichts nach vorn fliegt – manche Autos haben ein Trennnetz, das man zwischen Rückbank und Dach einhängen kann. Bei sehr viel Gepäck bietet sich zudem ein **Dachträger** mit einer abschließbaren Dachbox an, die man bei Autohäusern auch ausleihen kann. Falls nötig erhöhen Sie den **Luftdruck** entsprechend der Angabe in der Fahrertür und stellen die **Frontscheinwerfer** so ein, dass der Gegenverkehr trotz voller Zuladung nicht geblendet wird.

Vignette für Österreich und die Schweiz beschaffen

Führt die Fahrt durch Österreich oder die Schweiz, benötigen Sie eine Vignette, um die Autobahnen und Schnellstraßen befahren zu dürfen. In der Schweiz gibt es nur eine **Jahresvignette,** die man auf der Beifahrerseite innen an die Frontscheibe klebt, in Österreich neben der Jahresvignette ebenso Ausführungen **für zehn Tage** oder **für zwei Monate.** Auch diese Vignetten sind primär als Klebevignetten im Gebrauch und – wie die Version für die Schweiz – z.B. bei ADAC-Geschäftsstellen oder Tankstellen im Grenzgebiet erhältlich. Muss es schnell gehen, können Sie für Österreich digitale Vignetten auf der Homepage des ADAC kaufen. Sie wählen dort die Ausführung aus und geben Ihre Fahrzeugart, das Kennzeichen sowie den ersten Gültigkeitstag ein. Die Bezahlung erfolgt mit Kreditkarte oder per Lastschrift. Die Kontrolle Ihres Kennzeichens erfolgt automatisch über Kameras, drucken Sie aber für manuelle Kontrollen durch die Polizei auch die Bestellbestätigung aus, die Sie per E-Mail erhalten.

Autobahnmaut bezahlen

Weiter verbreitet als die pauschale Vignettenpflicht ist in Europa die Abrechnung nach Kilometern auf Autobahnen und Schnellstraßen. Aktuell sind es 16 Länder,

in denen man Autobahnmaut bezahlen muss: Bosnien-Herzegowina, Frankreich, Griechenland, Großbritannien, Irland, Italien, Kroatien, Montenegro, Nordmazedonien, Norwegen, Polen, Portugal, Serbien, Spanien, Türkei, Weißrussland. Je nach Land zieht man an der **Mautstation** ein Ticket und bezahlt bei der Ein- oder Ausfahrt. Möchten Sie **bar bezahlen,** müssen Sie an der Mautstation darauf achten, an welchem Schalter dies möglich ist. Meist ist der Schalter durch ein Euro-Symbol oder das Wort Cash gekennzeichnet. Wenn kein Mitarbeiter am Schalter sitzt, müssen Sie zunächst Ihr Mautticket und dann Münzen und Scheine in einen Automaten stecken. An den meisten Schaltern bezahlen Sie heute mit Ihrer **Debit- oder Kreditkarte.** Und wenn Sie möchten, können Sie vorab bei vielen Betreibern einen **speziellen Pass** kaufen, bei dem Ihr Autokennzeichen und

Ihre Bankverbindung hinterlegt sind, damit später über Kameras an den Mautstationen kilometergenau abgerechnet werden kann.

„Alt – Stazione!" warnt das Schild an der Autobahn in Italien. Kein Grund, in Stress zu geraten.

AUFGEPASST

Neben Österreich und der Schweiz gilt aktuell in sechs weiteren europäischen Ländern eine Vignettenpflicht für Autobahnen und Schnellstraßen: Bulgarien, Rumänien, Slowakei, Slowenien, Tschechien und Ungarn. Neben Jahresvignetten gibt es auch hier Vignetten für sieben bis zehn Tage bzw. ein bis zwei Monate, die alle als digitale Versionen konzipiert sind. Die Vignette für Slowenien können Sie über die ADAC-Homepage kaufen, die für die anderen Länder über die Homepages der Betreiber, die Sie mit einer kurzen Google-Suche finden.

Sondermauten einplanen

In einigen europäischen Ländern gibt es trotz Vignettenpflicht oder nach Kilometern abgerechneter Autobahnmaut noch Sondermauten.

- Am bekanntesten sind die Sondermauten für **Tunnel,** insbesondere in den Alpen, wie etwa den Großer-St.-Bernhard-Tunnel in der Schweiz.
- Auch einige **Pässe** in den Alpen wie der österreichische Autobahnabschnitt hoch zum Brennerpass oder die Großglockner Hochalpenstraße sind mautpflichtig.
- Hinzu kommen einige kleine Autobahnabschnitte nördlich von Mailand, bei Lyon und Metz sowie im Baskenland, für die man sein **Auto vorab im Internet** bei der Betreibergesellschaft **registrieren** muss.

SO KLAPPT'S AUCH

Die Innenstädte von immer mehr europäischen Großstädten sind als Umweltzonen ausgewiesen, in die private PKWs teils nicht mehr fahren dürfen. Für die Innenstädte von Paris, Nizza und anderen französischen Großstädten ist der Kauf der dort gültigen Umweltplakette nötig, da selbst die grüne deutsche Plakette nicht anerkannt wird. In London und Dublin müssen Sie das Auto vorab im Internet bei der jeweiligen Verkehrsbehörde registrieren.

Da sich die Streckenabschnitte ändern können, sollte man ein, zwei Wochen vor dem Urlaub den aktuellen Stand im Internet recherchieren.

Planung bei der Anreise mit dem E-Auto

Geht die Fahrt mit dem E-Auto in den Urlaub, muss man vorausschauender planen, da das Ladesäulennetz nicht so dicht ist wie das Tankstellennetz.

- Starten Sie daheim mit einem **vollgeladenen** E-Auto.
- Gehen Sie zur Sicherheit nur von **75–80 % der maximalen Reichweite** aus, die der Hersteller nennt.
- Ist die Strecke weiter als diese 80 %, sollten Sie **vorab im Internet** bei Google Maps oder im Navigationsprogramm Ihres E-Autos **nach Ladesäulen** an der Strecke **suchen.**
- Klären Sie im Internet bzw. dem Navigationsprogramm auch ab, ob der Ladestecker und die Ladeleistung zu Ihrem Auto passen und ob zum Bezahlen eine Debit- oder Kreditkarte reicht oder Sie eine **spezielle Kundenkarte bzw. Lade-App** des jeweiligen Stromanbieters benötigen.
- Laden Sie besser öfter nach, **spätestens bei 80–100 km Restreichweite,** damit Sie einen Puffer haben, falls an einer Ladestation alle Säulen belegt oder defekt wären und Sie weiterfahren müssen.

Reisen mit dem Flugzeug

Manche Reiseziele sind nur mit dem Flugzeug erreichbar, bei anderen ist es eine zeitsparende Alternative zum Auto. Schätzen Sie realistisch ein, ob die **Abflugzeiten** und die **Flugdauer** für Sie in Ordnung sind. Ist der Abflug ganz in der Früh, ist es vielleicht sinnvoller, am Abend vorher in einem Hotel am Flughafen zu übernachten, damit Sie trotz der Zeit für das Einchecken und die Sicherheitskontrolle genug Schlaf bekommen und die Anreise nicht in Stress ausartet. Denken Sie, dass Ihnen ein längerer Nonstop-Flug zu anstrengend sein könnte, buchen Sie besser eine Verbindung mit Zwischenlandung – und einer angemessenen Umsteigezeit. Klären Sie vorab auf der Homepage der Fluggesellschaft ab, wie schwer und

AUFGEPASST

Fehlen am Auto beide Kennzeichen, sind sie vermutlich gestohlen worden. Sie sollten den Diebstahl sofort bei der Polizei anzeigen, da die Nummernschilder vor einer Straftat an einem anderen Fahrzeug montiert werden könnten. Im Ausland müssen Sie die Polizei bereits beim Verlust eines Kennzeichens informieren – beim Verlust beider ist die Weiterfahrt verboten und das Auto muss auf eigene Kosten zurück nach Deutschland transportiert werden.

wie groß das **Aufgabegepäck** und das **Kabinengepäck** sein dürfen. Denken Sie daran, **wichtige Medikamente** und etwas Wechselwäsche **im Kabinengepäck** mitzunehmen, da Aufgabegepäck manchmal

Für Reisende bedeuten Flüge immer auch erhebliche Wartezeiten beim Einchecken und Boarding.

verloren geht oder erst nach Tagen ins Hotel nachgeliefert wird.

Autonummernschilder gegen Verlust sichern

Kennzeichen sind heute meist in aufklappbaren Halterungen aus Kunststoff am Auto angebracht. Befürchten Sie, dass eine Halterung auf holpriger Fahrbahn aufgehen könnte und Sie das Kennzeichen verlieren oder dass Diebe es entwenden, sollten Sie es besser sichern. Auf die Schnelle geht dies mit **Anschrauben an der Halterung** am besten. Nehmen Sie dazu zwei Torx-Schrauben. Diese sind nicht so weit verbreitet und bieten dadurch nochmals mehr Schutz. Achten Sie darauf, dass die Bohrungen durch das Nummernschild neben einem Buchstaben

SO KLAPPT'S AUCH

Achten Sie bei längeren Zugreisen darauf, dass Sie eine Verbindung auswählen, die insgesamt oder deren letzter Abschnitt nach dem Umsteigen maximal der vorletzte Zug an diesem Tag zum Ziel ist. Gerade bei mehrfachen Umstiegen – und über Landesgrenzen – steigt die Gefahr, dass Sie einen Anschluss verpassen. Haben Sie noch „einen Zug in Reserve", kommen Sie vielleicht spät an, müssen aber nicht unterwegs ungeplant übernachten.

oder einer Ziffer sind und auch die TÜV-Plakette nicht beschädigen. Alternativ können Sie im Zubehörhandel einen Satz **Kennzeichenhalterungen aus Edelstahl** kaufen. Diese werden fest am Auto verschraubt und besitzen Spezialschrauben, die ein Dieb mühsam öffnen müsste, um das Kennzeichen zu entwenden.

Reisen mit dem Zug

Nahezu alle größeren Städte und touristisch interessanten Regionen Europas sind mit dem Zug erreichbar. Liegt das Ziel in **Deutschland,** können Sie **die Reise selbst** im Internet auf www.bahn.de oder mit der App „DB Navigator" auf dem Smartphone oder Tablet **buchen** und das Ticket ausdrucken bzw. in die App laden. Geben Sie dazu in der Suche den Start- und Zielbahnhof ein, den gewünschten Reisetag und ob Sie eine Ermäßigung wie eine BahnCard besitzen. Achten Sie darauf, dass die angezeigten Umsteigezeiten für Sie auch mit Urlaubsgepäck realistisch sind, und wählen Sie im Zweifelsfall lieber eine Verbindung mit weniger oder ohne Umsteigen. Dies ist auch deshalb wichtig, da die meisten günstigeren Preise eine **Zugbindung** beinhalten, das Ticket also nur in einem ganz bestimmten Zug gilt.

Bei Zugreisen ins Ausland ist oft keine direkte Buchung auf www.bahn.de oder im „DB Navigator" möglich – hier wenden Sie sich am besten an die Profis in einem DB Reisezentrum oder einem Reisebüro.

Zugfahren ist die angenehmste Art zu reisen – und oft auch gar nicht teuer, wenn man längere Zeit im Voraus buchen kann und bei den Terminen ein wenig flexibel ist.

Sparen beim Zugfahren

Die regulären Zugpreise in Deutschland sind hoch. Mit ein paar Kniffen kommt man deutlich günstiger zum Ziel.

- **Vorausbuchung:** Wissen Sie z.B., dass Sie in einigen Wochen von München nach Köln wollen, so buchen Sie die Hin- und Rückfahrt bereits jetzt zum (Super-)Sparpreis. Der Unterschied zum regulären Flexpreis ist meist so groß, dass man ab und zu sogar ein Ticket verfallen lassen könnte.
- **Flexibilität:** Können Sie erst kurzfristiger buchen, sparen Sie oft, wenn Sie eine Stunde vorher oder nachher als geplant einen weniger vollen Zug nehmen.
- **BahnCard 50:** Mit dieser BahnCard sparen Sie 50 % auf den Flexpreis im Fernverkehr – ideal, wenn Sie sich z.B. erst am Tag der Hinfahrt entscheiden oder statt der gebuchten Rückfahrt flexibel einen späteren Zug nehmen wollen.
- **BahnCard 25:** Hier sparen Sie nur 25 % auf den Flexpreis im Fernverkehr, dafür ist der einmalige Preis der BahnCard 25 deutlich günstiger als der der BahnCard 50.
- **Deutschlandticket:** Das Deutschlandticket ist ein – meist digitales – Monatsabo, das in ganz Deutschland für Fahrten mit dem Nahverkehr (Zug und ÖPNV) gilt. Es gilt 2024 und 2025, eine langere Gultigkeit ist geplant.

Richtiges Gepäckstück auswählen

Praktisch sind **Hartschalenkoffer** und **Trolleys mit zwei oder vier Rollen,** die man nachziehen oder neben sich herschieben kann. Insbesondere bei Trolleys können Sie aus verschiedenen Größen wählen. Ein Kabinen-Trolley passt für das verlängerte Wochenende oder wenn Sie bei einem Flug kein Gepäck aufgeben wollen. Die nächstgrößeren Trolleys reichen meist für eine Woche Urlaub. Und ein großes Exemplar mit dem Maximalumfang von 158 cm (Länge + Breite + Höhe) ist bei einer Flugreise ohne Aufpreis die richtige Größe für zwei bis drei Wochen. Kombinieren Sie dabei einen Trolley im Aufgabegepäck statt mit einem Kabinen-Trolley mit einem ähnlich großen Rucksack oder einer Tasche, die man oben am Griff des Trolleys befestigen kann.

Passende Kleidung für die Fahrt auswählen

Für die Anreise in den Urlaub und später dann die Heimreise sollten Sie Kleidung wählen, die **primär bequem** ist und in der Sie sich wohlfühlen – kann es doch sein, dass Sie stundenlang im Auto oder im engen Flugzeug sitzen. Achten Sie auch darauf, dass Sie nichts anziehen, in dem Sie zu schnell frieren oder schwitzen – setzen Sie stattdessen auf das **Zwiebel-**

prinzip, also mehrere Kleidungsschichten, z.B. indem Sie noch einen leichten Pulli oder eine dünne Jacke griffbereit haben. Eine Kopfbedeckung wie eine Baseballmütze oder ein leichter Sonnenhut ist hilfreich, wenn Sie empfindlich auf kalte Klimaanlagenluft von oben in Flugzeugen oder Zügen reagieren. Wählen Sie aus Ihren festen Schuhen solche, die gleichzeitig bequem sind.

Ärger bei Kontrollen vermeiden

Bei Flugreisen ist klar geregelt, welche Gegenstände **nicht ins Kabinengepäck** dürfen, u.a. Messer aller Art, Pfefferspray sowie Scheren und spitze Nagelfeilen. Eine Aufstellung findet man meist auf der Internet-Seite der Fluggesellschaft. Um großen Ärger bei der Sicherheitskontrolle und den Verlust der Gegenstände zu vermeiden, sollten Sie diese ins verschlossene Aufgabegepäck tun oder daheim lassen. Aber auch wenn es mit dem Auto oder dem Zug ins Ausland geht, können sich dort die Regelungen sehr von denen in Deutschland unterscheiden. Informieren Sie sich daher vorab **im Internet über die jeweiligen Bestimmungen,** z.B. zu Schweizer Taschenmessern, die für viele zum Urlaubsgepäck gehören. So darf etwa in Deutschland ein Taschenmesser mit feststellbarer Klinge mitgeführt werden, wenn man es nur mit zwei Händen öffnen kann, in Frankreich hingegen sind alle

Feststellklingen tabu und in Italien sollten selbst kleinste Taschenmesser besser im Hotel bleiben.

Im Zug vergessenes Gepäck zurückerhalten

Es kann immer einmal passieren, dass man ein Gepäckstück im Abteil vergisst. Aber mit ein paar genauen Angaben zum Gepäckstück stehen die Chancen gut, dass man es von der Bahn zurückerhält. Auf der Internet-Seite **www.bahn.de** gibt es im Bereich **„Info & Services"** den Unterpunkt **„Fundservice".** Dort können Sie den Verlust online melden. Greifen Sie lieber zum Telefon, so erreichen Sie das Fundbüro der Bahn Mo.–Sa. 8–20 Uhr sowie So. 10–20 Uhr in Berlin unter der Nummer +49 30 586020909.

Fällt Ihnen Ihr Malheur kurz nach dem Ausstieg auf, können Sie an den größeren Bahnhöfen gleich bei einem Mitarbeiter der **DB Information** die Verlustmeldung machen. Taucht Ihr Gepäck wieder auf, so können Sie es die nächsten vier Wochen in einer von über 80 Fundstellen selbst abholen – oder sich gegen eine geringe Versandgebühr zuschicken lassen.

Unterwegs ein Hotel finden

Hohes Verkehrsaufkommen, ein Unfall oder ein plötzlicher Wetterwechsel – es

Dank des Smartphones kann man auch im Ausland ganz leicht und auf die Schnelle eine Unterkunft organisieren.

gibt verschiedene Gründe, warum man unvorhergesehen übernachten und abends noch ein Hotel finden muss. Auf überregionalen Straßen können Sie bereits während der Fahrt nach **Hinweisschildern** oder **beleuchteten Hotellogos** Ausschau halten, ebenso beim Verlassen der Autobahn oder auf einer Einfallstraße in eine Stadt. Oft hängen in Tankstellen oder Gaststätten Hinweisschilder und das Personal kann Ihnen mit seiner Ortskenntnis weiterhelfen und vielleicht für Sie anrufen. Haben Sie ein **Smartphone** zur Hand, geben Sie in der Suche als Stichwörter den Ortsnamen und „Hotel" ein oder lassen sich im **Navigationsprogramm** oder einer **Buchungs-App** gezielt Hotels im Umkreis um Ihren Standort anzeigen. In der Regel sind die Telefonnummern mit angegeben. So können Sie vorab klären, ob noch ein Zimmer frei ist, und dann das Hotel ansteuern.

Zimmertür im Hotel sichern

Auch wenn es sachlich gesehen in den meisten Hotels kaum nötig ist – manchmal möchte man die Zimmertür zusätzlich sichern. Hat die Tür noch ein Schloss mit einem klassischen Schlüssel, so sperren Sie von innen ab, lassen dann den **Schlüssel im Schloss stecken** und drehen ihn um 90°, damit ihn niemand von außen mit einem anderen Schlüssel aus dem Schloss schieben kann. Gibt es innen an der Tür eine **Sperrkette,** so hängen Sie diese ein. Bei älteren Türen mit einer Klinke können Sie auch wie im Film einen Stuhl mit der Lehne unter die Klinke klemmen, sodass man diese nicht herunterdrücken kann. Vergessen Sie aber nicht, auch das Fenster oder die Fenstertür zu schließen, wenn Sie ein Zimmer im Parterre oder mit Balkon haben.

Zimmerschlüssel mitnehmen

In einigen Hotels gibt es noch die klassischen Zimmerschlüssel mit dem großen Schlüsselanhänger, auf dem der Hotelname

Oft gibt es nur noch eine Karte als Zimmerschlüssel, der etwas unhandliche Anhänger gehört meist der Vergangenheit an.

und die Zimmernummer stehen. Verlässt man das Hotel, um z.B. zum Strand oder in ein Café zu gehen, sollte man den Schlüssel eigentlich **an der Rezeption abgeben.** Weil es praktischer ist, nehmen viele den Schlüssel mit. Man sollte dann aber den **Schlüsselanhänger abmachen,** damit bei einem Diebstahl oder sonstigem Verlust niemand außerhalb des Hotels weiß, zu welchem Zimmer der Schlüssel gehört. Diese Vorsichtsmaßnahme greift auch, wenn man mehrfach täglich zwischen Zimmer, Speisesaal, Wellness-Bereich, Pool und Hotelstrand hin und her geht. Hat man statt dem Schlüssel eine **Zimmerkarte aus Plastik,** sollte man sie entsprechend **ohne das Kuvert** mit der Zimmernummer mitführen.

Als Tourist weniger auffallen

Auch wenn es bei Fernreisen schwieriger ist als innerhalb Europas – mit ein paar einfachen Kniffen fallen Sie als Tourist weniger auf, haben dadurch oft ein schöneres Urlaubserlebnis und laufen weniger Gefahr, zum Ziel von Taschendieben zu werden. Wählen Sie **farblich dezente Kleidung** und verzichten Sie auf Kleidungsstücke wie eine Multifunktionsweste für Fotografen oder andere „touristische Accessoires" wie eine Bauchtasche. Lassen Sie eine **teure Uhr,**

Schmuck oder eine Designer-Handtasche besser im Hotelsafe und überlegen Sie, ob Sie für Ihre Urlaubsfotos eine große Kamera mitnehmen müssen oder ob das Smartphone nicht ausreicht, das heute fast überall und fast jeder dabeihat. Achten Sie auch darauf, dass Sie beim Bezahlen nicht mit großen Scheinen hantieren (müssen), vor allem nicht an Orten mit vielen Menschen wie einem Bahnhof oder einer Bar.

Eigene Scheckkarte als Zimmerkarte

Manchmal geht es gar nicht darum, ob man den Zimmerschlüssel beim Verlassen des Hotels mitnimmt – weil … man den Schlüssel im Zimmer liegen gelassen hat. Haben Sie eine **Scheckkarte oder andere Karte aus Plastik** zur Hand, kann diese „zur Eintrittskarte" werden, wenn Sie zurückkommen und das Missgeschick bemerken. Stecken Sie die Karte auf Höhe des Türschlosses und der Türklinke in den Türspalt, falls dieser nicht zu eng ist. Bewegen Sie die Karte anschließend vorsichtig auf und ab, bis Sie einen Widerstand spüren – den Türschnapper. Üben Sie nun weiter etwas Druck aus, bis der Schnapper zurück ins Schloss springt und sich die Tür öffnen lässt. Ist die Tür zwischenzeitlich vom Zimmerservice abgeschlossen worden oder Ihr Talent als „Einbrecher" nicht ganz so groß, müssen Sie sich an die Rezeption wenden.

Geeignetes Gepäck für den Stadtbummel

Grundsätzlich ist die Wahl des Gepäcks für einen Stadtbummel Geschmacksache: Handtaschen, Umhängetaschen, Bauchtaschen oder Rucksäcke – jeder hat seine Vorlieben. Schwören Sie auf Ihre **Handtasche**, sollte sie neben einem Henkel einen längeren (Zusatz-)Riemen besitzen, damit Sie sie auch über der Schulter tragen können und beide Hände frei haben. Besser noch ist eine **Umhängetasche,** die Sie wie ein Fahrradkurier schräg über eine Schulter und den Oberkörper tragen und z.B. mit dem Ellenbogen des anderen Arms einfach gegen mögliche Taschendiebe im Gedränge sichern. **Bauchtaschen** können Sie so drehen, dass der Inhalt vorn in Ihrem Blickfeld ist,

SO KLAPPT'S AUCH

Ein Brustbeutel (oder Geldgürtel) ist nicht nur etwas für Kinder auf Schulfahrten. Natürlich kann man so keinen Fotoapparat transportieren. Gerade im Urlaub lässt es sich aber manchmal nicht vermeiden, eine größere Menge Bargeld mit sich zu führen. In diesem Fall ist der unter der Kleidung versteckte Brustbeutel die sicherste Möglichkeit, das Geld bei sich zu haben. Für kleinere Ausgaben sollten Sie dennoch eine entsprechende Menge in Ihrem normalen Portemonnaie bereithalten.

AUFGEPASST

Weltweit tabu ist das Fotografieren im Bereich von militärischen Einrichtungen. Auch im Sicherheitsbereich von Flughäfen oder bei Anlagen der kritischen Infrastruktur wie Kraftwerken finden Sie in der Regel große Schilder mit durchgestrichener Kamera. Verstoßen Sie gegen das Verbot, können Sie sich nicht auf mangelnde Sprachkenntnisse herausreden – und riskieren den Verlust Ihrer Kamera, eine Anklage, die kurzzeitige Festsetzung oder ein Einreiseverbot für die Zukunft.

hat den Vorteil, dass das Gewicht auf dem Rücken verteilt ist. Eher nachteilig ist, dass Sie ihn im Museum in den meisten Fällen abgeben müssen – verständlich, da die Gefahr besteht, dass man beim Sich-Umdrehen mit dem Rucksack ein wertvolles Exponat beschädigt. Besser stehen die Chancen für einen unkomplizierten Museumsbesuch mit einer kleinen Tasche (maximal DIN A4, oft nur etwa 25 × 15 × 10 cm).

Respektvolles Verhalten im Ausland

Mit einer Zeitkarte für den ÖPNV in einer fremden Stadt spart man Nerven.

allerdings kann der dann meist seitliche Klickverschluss des Gurtes auch leicht geöffnet werden. Ein (Tages-) **Rucksack**

Für einen entspannten Urlaub sollte man einige – auch daheim empfehlenswerte – Benimmregeln einhalten, um Fettnäpfchen aus dem Weg zu gehen.

- Achten Sie an **religiösen Stätten** wie Kirchen oder Moscheen auf Ihre Kleidung. Fast überall sind bei der Besichtigung kurze Hosen, zu kurze Röcke, ärmellose T-Shirts sowie ausgeschnittene Tops oder solche mit Spaghettiträgern tabu. Manchmal gilt dies auch für andere touristische Highlights wie Museen.
- Setzen Sie sich in einem Restaurant **nicht ungefragt zu anderen Gästen.**
- **Drängeln Sie** sich **nicht** am Kassenschalter, an Bushaltestellen und in ähnlichen Situationen vor.
- Achten Sie darauf, dass Sie auch **am Strand angemessen bekleidet** sind. Oben-ohne-Sonnen wird in manchen

Ländern toleriert, in anderen nicht. Sind Sie FKK-Fan, müssen Sie sich fast überall an die dafür ausgewiesenen Strände halten.

- **Vermeiden** Sie es, **Einheimische ungefragt zu fotografieren** – insbesondere in deren privatem Umfeld.

Versehentliches Schwarzfahren vermeiden

Das Tarifsystem beim öffentlichen Personennahverkehr (ÖPNV) ist in vielen Großstädten nicht leicht zu durchschauen und oft ist man beim Ticketziehen in Eile, weil z.B. die Straßenbahn gerade einfährt. Die Gefahr ist daher groß, dass man im Urlaub bei all den Tarifzonen, Gültigkeitsdauern von Tickets, Altersgrenzen und Sonderrabatten zum „Schwarzfahrer aus Versehen" wird. Die einfachste Art, dies zu vermeiden, ist der Kauf eines **Tages-, Mehrtages- oder Wochentickets.** Wenn Sie sich nicht vorab im Internet schlaugemacht haben, fragen Sie im Hotel nach. Kaufen Sie das Ticket nach Möglichkeit an einem Automaten, bei dem Sie die Sprache auf Deutsch oder Englisch umstellen können. Halten Sie für den Kauf kleine Scheine und passende Münzen bereit, falls Sie nicht mit einer Debitkarte oder Kreditkarte bezahlen möchten (oder können). Je nach Stadt kann es sein, dass auf dem Ticket bereits eine Gültigkeitsdauer aufgedruckt oder ein Abstempeln vor der ersten Fahrt nötig ist.

Taxi fahren vor Ort

Erscheint Ihnen die Fahrt mit dem ÖPNV am Urlaubsziel zu umständlich, haben Sie sehr viel Gepäck oder Gehprobleme, bietet sich ein Taxi als Alternative an. Achten Sie beim Verlassen des Flughafens, des Bahnhofs oder des Hotels darauf, in ein **offizielles Taxi** einzusteigen – blocken Sie „Helfer" ab, die Sie zu anderen Fahrzeugen lotsen wollen. Damit gerade in den Abendstunden der Fahrer keine teuren Umwege fährt, können Sie bluffen. Prüfen Sie vorab auf einer gedruckten Karte, bei Google Maps im Internet oder im Navigationsprogramm Ihres Smartphones, was die wahrscheinlichste Route zum Ziel ist – und sagen Sie dann in der Landessprache oder auf Englisch: „Sie fahren ja sicher über die So-und-so-Straße zum So-und-so-Ziel?!" **Fragen Sie** schon vor Fahrtbeginn **nach dem ungefähren Preis** und achten Sie darauf, dass das Taxameter läuft, wenn Sie keine Pauschale ausgemacht haben. Am Ziel angekommen, sollten Sie auf einer **Quittung** bestehen, und sei es nur, damit Sie gleich die Telefonnummer des Taxianbieters für die nächste Fahrt parat haben.

Im Taxi vergessenes Gepäck

Wie im Zug kann man auch im Taxi Gepäck liegen lassen. Haben Sie – oder z.B. ein Mitarbeiter des Hotels – das Taxi über die **Taxizentrale** angefordert, lässt sich der Wagen meist schnell ausfindig machen und die Fundsachen dürften bald wieder bei Ihnen sein. Gleiches gilt bei der Bestellung mit einer **Taxi-App.** Sind Sie vor dem Flughafen, Bahnhof oder Hotel in ein Taxi gestiegen oder haben Sie auf der Straße nach einem Taxi gerufen, so sehen Sie auf der **Quittung** nach, wenn Sie den Verlust bemerken. Dort sollten auch die Telefonnummer des Taxis und die Wagennummer stehen und Sie können anrufen. Haben Sie am Ende der Fahrt keine Quittung verlangt, kommt es darauf an, wann Sie den Verlust bemerken. Ist es gleich nach dem Ausstieg, können Sie vielleicht noch das Nummernschild sehen, es sich merken und über die Taxizentrale nachhaken – ist es später, müssen Sie auf die Ehrlichkeit des Fahrers hoffen und darauf, dass er das Gepäck in der Zentrale abgegeben hat.

Moderne Auto-cockpits bieten oft eine große Fülle an Informationen – manchmal mehr, als einem lieb ist.

Passenden Mietwagen wählen

Ein Mietwagen im Urlaub sollte möglichst unkompliziert sein, damit man entspannt von A nach B kommt.

- Am wenigsten Eingewöhnung benötigt man, wenn der Mietwagen das **gleiche Modell** ist wie das eigene Auto daheim. Falls das Modell nicht verfügbar ist, nehmen Sie aus der gleichen Fahrzeugklasse einen **vergleichbaren Typ.**
- Achten Sie darauf, welchen **Kraftstoff** der Mietwagen benötigt, um Fehlbetankungen zu vermeiden.
- Sind Sie bei Ihrem Auto ein **analoges Cockpit** „ohne viel Elektronik" gewohnt, klären Sie vorab oder mit einem Mitarbeiter vor Ort, ob es ein entsprechendes Auto gibt.

- Wählen Sie nach Möglichkeit einen Mietwagen **mit Gangschaltung,** wenn Ihr eigenes Auto eine besitzt. Bei einer Automatik sollten Sie sich vor dem Start mit dem Wählhebel vertraut machen (meist P für Parken, R für Rückwärts, N für Neutralstellung, D für Drive = Fahren sowie 1, 2, 3 für die manuelle Auswahl von Vorwärtsgängen).
- In Ländern mit **Linksverkehr** wie Großbritannien bietet sich eine Automatik an, da Sie sonst ungewohnterweise mit der linken Hand die Gänge wechseln müssen.
- Nehmen Sie jüngere Kinder, z.B. Enkelkinder, mit, dürfen die passenden **Kindersitze** nicht fehlen.

Ärger mit dem Mietwagen vermeiden

Gerade bei kleineren lokalen Mietwagenanbietern ist die Gefahr groß, dass Sie eine Klausel im Vertrag nicht verstehen – und am Ende nachzahlen müssen.

- Buchen Sie den Mietwagen am besten bereits zu Hause, damit Sie in dem **deutschsprachigen Vertrag** lesen können, ob z.B. eine Vollkasko ohne Selbstbeteiligung eingeschlossen ist.
- Lassen Sie sich **vor Ort kein Upgrade** auf eine höhere Fahrzeugkategorie oder teure Extras wie ein Navigationsgerät aufdrängen – meist hat man ja ein Smartphone mit einer entsprechenden Navigations-App dabei.

- Auch bei einer Vollkasko ohne Selbstbeteiligung sollten Sie das **Auto bei der Übernahme genau ansehen,** vorhandene Dellen im Vertrag eintragen lassen und zur Sicherheit von allen vier Seiten Fotos mit dem Smartphone machen, ebenso später direkt vor der Abgabe.
- Achten Sie auf die **Tankbestimmungen.** Wenn der Mietwagen vollgetankt zurückgegeben werden muss, machen Sie dies auch – und direkt vor der Abgabe ein Foto der vollen Tankanzeige im Cockpit.

Brille vergessen oder zerbrochen

Stellt man am Urlaubsort fest, dass man seine Brille zu Hause vergessen hat, ist dies ärgerlich. Handelt es sich um eine **Lesebrille,** findet man einen halbwegs

AUFGEPASST

Bestehen Sie bei einem Unfall mit dem Mietwagen immer auf einer Unfallaufnahme durch die Polizei, schon damit Ihr Unfallgegner korrekte Angaben macht. Verzichten Sie vor einer Fahrt völlig auf Alkohol – es könnte sein, dass bei einem Unfall der komplette Versicherungsschutz weg wäre, obwohl die landesüblichen Bestimmungen einen gewissen Promillewert zulassen würden.

Noch schnell etwas „googeln" – das kann in der Schweiz oder auch nahe der Grenze schnell ins Geld gehen.

passenden **Ersatz in einem Supermarkt** oder beim Optiker. Zerbricht einem am Urlaubsort die Brille zwischen den Gläsern oder am Bügel, kann man sie **provisorisch mit Sekundenkleber fixieren** oder mit einem Wattestäbchen und feinem Draht oder Klebeband schienen. Ist man für ein paar Tage am gleichen Ort – oder die vergessene Brille eine Mehrstärkenbrille –, kann man bei einem lokalen Optiker nachmessen und eine **neue Brille** anfertigen lassen. Verzichten Sie auf Extras wie eine perfekte Astigmatismuskorrektur, eine Superentspiegelung oder ein ausgefallenes Gestell, kann die Brille vielleicht sogar innerhalb eines Tages fertig sein. Ganz auf der sicheren Seite sind Sie, wenn Sie eine Zweitbrille im Urlaubsgepäck mitnehmen.

Roaming-Fallen vermeiden

Neue Mobilfunkverträge sind meist so gestaltet, dass die Nutzung im EU-Ausland zu den gleichen Kosten erfolgt wie daheim. Dennoch gibt es ein paar Fallen beim Roaming – wie die Nutzung im Ausland genannt wird –, die man vermeiden kann.

- Haben Sie einen **Altvertrag** und noch nicht auf die regulierten EU-Konditionen umgestellt, so ist es im EU-Ausland meist teurer. Klären Sie dies im Zweifelsfall vor dem Urlaub mit dem Anbieter.
- Auch wenn wegen des Schengenabkommens keine Grenzkontrollen stattfinden – die **Schweiz** ist kein EU-Staat und daher **in den Pauschalen** der meisten Verträge **nicht enthalten.**
- Im Fall von **Großbritannien kommt es auf** den einzelnen Anbieter und **Ihren Vertrag an.** Manchmal gelten trotz Brexit noch die EU-Konditionen, manchmal nicht mehr.
- Vorsicht ist auch bei Kleinststaaten wie **San Marino oder Monaco** geboten – wählt sich Ihr Handy oder Smartphone hier in das lokale Netz statt in das des benachbarten größeren EU-Staats ein, kann es teurer werden.

Da Sie beim Netzwechsel nach Grenzübertritt per SMS über die aktuellen Kosten informiert werden, können Sie bei Ihrem Gerät aber auch einmal für ein paar Stunden den Flugmodus einschalten – oder es ganz ausschalten.

Smartphone für das Ausland einstellen

Im Gegensatz zum klassischen Handy ist ein Smartphone ein mit dem Internet verbundener Minicomputer. Mit ein paar Einstellungen können Sie in der EU Ihr im Mobilfunkvertrag enthaltenes Datenvolumen optimal nutzen und in Nicht-EU-Staaten wie der Schweiz oder der Türkei Überraschungen durch teure Datennutzung vermeiden.

- Wenn Sie ein kleineres Datenvolumen in der EU nutzen, sehen Sie in den Grundeinstellungen (Zahnradsymbol) nach, für welche Apps Sie die datenintensive **„Hintergrundaktualisierung" deaktivieren** können.
- Achten Sie auch darauf, dass in den Grundeinstellungen für Apples App-Store oder für den Google-Play-Store **automatische Downloads** von App-Updates über mobile Daten **ausgeschaltet** sind.
- Wenn Sie – egal ob in der EU oder im Nicht-EU-Ausland – keinerlei Datennutzung über das Mobilfunknetz möchten, gehen Sie in den Grundeinstellungen zu „Mobilfunk" und „Mobile Daten" oder ähnlich. Hier finden Sie einen Unterpunkt wie **„Datenroaming",** den Sie ausschalten können.
- Denken Sie daran, dass die **Navigation** über das Handy Datenvolumen kostet, und zwar recht viel. Laden Sie die Karte z.B. der Schweiz zu Hause als Offline-Karte herunter (siehe auch S. 141).

Schutz vor Sonne

Gerade beim Urlaub im Sommer muss man sich vor zu viel Sonne schützen, um einen Sonnenbrand, einen Sonnenstich oder gar einen Hitzschlag zu vermeiden. Haben Sie ein Smartphone mit Wetter-App zur Hand, sehen Sie morgens nach, wie der **UV-Index** sein wird: UV-Index 0–1 ist unbedenklich, ab UV-Index 3 sollten Sie Sonnenschutz auftragen – und ab UV-Index 8 ist er absolut unverzichtbar. Der Sonnenschutz sollte eine halbe Stunde vor dem Hinausgehen auf alle unbedeckten Körperpartien aufgetragen werden. Haben Sie einen hellen Hauttyp, benötigen Sie einen höheren **Schutzfaktor.** Tragen Sie zusätzlich einen **Sonnenhut,** eine **Sonnenbrille** mit hochwertigem UV-Schutz und luftige, aber möglichst langärmlige Kleidung. Hilfreich ist auch,

AUFGEPASST

Natürlich weiß man ja eigentlich, wie man sich in der Sonne zu verhalten hat. Im Urlaub kommt es aber öfter zu unerwarteten Situationen. Sei es, weil man das Klima falsch einschätzt oder weil eine spontane Unternehmung nicht so gut geplant ist. Kommt es nach einem Aufenthalt in der Sonne zu Nackenschmerzen, Schwindel, heißem Kopf, kühler Haut, Übelkeit und Erbrechen oder Bewusstseinsstörungen, muss unbedingt ein Notarzt gerufen werden.

SO KLAPPT'S AUCH

Möchten Sie trotz kleinem Datenvolumen im Urlaub Ihr Smartphone regelmäßig nutzen, fragen Sie im Hotel nach dem Gastzugang für das WLAN. Im Nicht-EU-Ausland ist dies auch eine gute Möglichkeit, mit einem WLAN-Anruf über WhatsApp die teils horrenden Minutenkosten eines herkömmlichen Telefonats auf dem Smartphone zu vermeiden.

trotz Urlaubslaune das eigene Verhalten an dem der Einheimischen zu orientieren. **Meiden Sie die Mittagssonne** von 11 bis 15 Uhr und bleiben Sie im Schatten. Wenn möglich machen Sie nach einem leichten Mittagessen ohne Alkohol auch eine kleine Siesta.

Wichtiges Medikament vergessen

Trotz aller Sorgfalt beim Packen kann man einmal ein wichtiges Medikament vergessen. Sind Sie ins EU-Ausland gereist, müssen Sie dort nicht gleich zum Arzt – lassen Sie sich ein **Auslandsrezept** Ihres Arztes daheim erstellen. Da es kein spezielles Formular gibt, muss das Auslandsrezept **mindestens folgende Angaben** enthalten:

- Name, ausgeschriebener Vorname und Geburtsdatum des Patienten

- Datum der Ausstellung des Rezeptes
- Name, ausgeschriebener Vorname des Arztes, berufliche Qualifikation, Kontaktdaten, Adresse der Arztpraxis oder des Versorgungszentrums (inklusive Angabe des EU-Staates), Unterschrift
- Angaben zum verschriebenen Arzneimittel (Inhaltsstoff, da der Handelsname unterschiedlich sein kann), Verabreichungsform (z.B. Tablette), Menge, Stärke und Dosierung

Da die Umstellung auf das elektronische Rezept noch nicht überall abgeschlossen ist, bitten Sie Ihren Arzt daheim am besten, Ihnen das Auslandsrezept an das Fax Ihres Hotels zu schicken. Haben Sie ein Smartphone mit einer aktiven E-Mail-Adresse dabei, soll die Praxis Ihnen das Auslandsrezept als PDF mailen.

Geld abheben im Ausland

Da kaum jemand so viel Bargeld mit auf die Reise nimmt, wie er im Lauf des Urlaubs brauchen wird, steht man im Ausland meist irgendwann mit der Debit- oder Kreditkarte am Geldautomaten. Suchen Sie **tagsüber** nach einem Geldautomaten in einer Bank, damit Sie das Gerät in Ruhe bedienen und bei Bedarf einen Mitarbeiter fragen können. Wenn auf dem Gehäuse oder dem Bildschirm des Automaten das gleiche Logo zu sehen ist wie auf Ihrer Karte, können Sie dort Bargeld abheben. Steht auf dem Bildschirm „English" oder „Deutsch" oder gibt es Tasten mit den jeweiligen Flaggen, können Sie die Sprache zur Bedienung umstellen. Geben Sie den gewünschten Betrag ein – oft wird für Ihre „jetzt ausländische" Karte eine bestimmte Obergrenze angezeigt. Bietet der Automat in einem Staat ohne den Euro wie etwa Ungarn oder der Türkei eine **Sofortumrechnung in Euro** an, **verneinen Sie besser,** da hier die Gebühren teurer sind. Schließen Sie den Vorgang mit der Eingabe Ihrer PIN-Nummer ab und entnehmen Sie die Karte und das Bargeld. Vergessen Sie nicht die Quittung, falls eine ausgedruckt wird.

auf den Flyern auch kleine Zusatzinfos, die sparen helfen, wie den Hinweis auf die Länge der Happy Hour in einer Bar.

Keine Angst vor Geldautomaten im Ausland. Oft „verstehen" sie Deutsch, zumindest aber Englisch.

Sparen mit Coupons

Zu Hause achtet man meist mehr auf die Preise als im Urlaub. Dabei spricht nichts dagegen, auch dort ein Schnäppchen zu machen. Besonders viel können Sie oft sparen, wenn Sie im Eingangsbereich von Touristeninformationen, Supermärkten, Tankstellen und Restaurants nach Coupon-Heften und Werbe-Flyern Ausschau halten. Machen Sie z.B. eine Rundreise mit dem Auto, sehen Sie auch ohne Smartphone, welches Hotel am nächsten Zwischenstopp gerade eine Aktion wie ein kostenloses Zimmer-Upgrade hat. Legen Sie den **Coupon bereits beim Einchecken** vor, damit Sie die besseren Konditionen erhalten, ebenso bei der Tischvergabe im Restaurant, wenn der Coupon für einen All-you-can-eat-Abend wirbt. Manchmal finden Sie in den Heften und

Richtig Trinkgeld geben

In Deutschland gibt man im Restaurant zehn Prozent Trinkgeld, wenn der Service

SO KLAPPT'S AUCH

Bietet man Ihnen im Urlaub im Café oder der Bäckerei eine Stempelkarte an, spricht nichts dagegen, es sich vielleicht eine Woche später umsonst gut gehen zu lassen. Und haben Sie bereits eine oder mehrere Bonus-Apps auf Ihrem Smartphone, fragen Sie nach, ob Sie auch vor Ort Punkte sammeln können.

gepasst hat. In den meisten Urlaubsländern gilt diese Faustregel ebenfalls, allerdings gibt es einige **gravierende Ausnahmen.** In Dänemark, Norwegen, Finnland und den Beneluxstaaten erwarten die Kellner kein Trinkgeld. In den USA und Kanada hingegen sollten Sie mindestens 15, besser 20 % geben, da die Kellner dort oft ein extrem niedriges Grundgehalt haben. In Asien wiederum ist man stolz auf seine Service-Tradition – Trinkgeld wird hier unter Umständen sogar als Beleidigung empfunden, besonders in Japan. Die Ausnahme ist Thailand, wo sich ebenfalls zehn Prozent Trinkgeld etabliert haben. In den meisten Ländern wird das Trinkgeld im Restaurant auf dem Tisch liegen gelassen – aber ohne kleine Münzen. Beim Trinkgeld für das Zimmerpersonal im Hotel liegt man mit etwa einem Euro pro Aufenthaltstag selten falsch. Am besten übergibt man nach zwei, drei Tagen „zur Motivation" etwas Trinkgeld persönlich und legt den Rest dann bei der Abreise auf das Kopfkissen.

Gerissenen Schnürsenkel provisorisch richten

Reißt unterwegs ein Schnürsenkel, kann man den Fuß auf der betreffenden Seite nicht mehr richtig abrollen, weil man aus dem Schuh rutscht. Abhilfe tut Not. Sehen Sie zunächst nach, wo der Schnürsenkel gerissen ist – meist ist es an einer der obersten Ösen. Da viele Schuhe drei oder

mehr Reihen Ösen besitzen, kann es sein, dass die restliche Länge noch ausreicht, wenn Sie den **Schnürsenkel** komplett ausfädeln und dann **ohne die beiden untersten Reihen wieder einfädeln.** Das Laufgefühl wird nicht optimal sein – aber bis zum Hotel oder einem Supermarkt bzw. Schuhgeschäft reicht es allemal.

Haben Sie ein **Klebeband** zur Hand, können Sie auch die beiden Bruchstellen aneinanderlegen und – einige Zentimeter vorher beginnend und auf der anderen Seite endend – den Schnürsenkel straff mit dem Klebeband umwickeln. Achten Sie beim Wiedereinfädeln darauf, dass das Band nicht an den Ösen hängen bleibt.

Provisorischer Regenschirm

Selbst in Regionen „mit Sonnengarantie" kann man von einem Schauer überrascht werden. Ist kein Regenschirm zur Hand, muss man improvisieren. Ein **Sonnenhut** kann zum Regenhut werden, ebenso eine **Baseballkappe.** Hat man eine Tasche oder einen Tagesrucksack aus Kunststoff dabei, kann man den Kopf damit vor der Nässe schützen, sofern keine empfindlichen Geräte wie eine Kamera in der Tasche oder dem Rucksack sind – meist dringt doch etwas Feuchtigkeit hindurch. Auch eine **Pizzaschachtel** oder eine „zum Zelt gefaltete" **Tageszeitung** oder Zeitschrift rettet einen für ein paar Minuten. Allerdings kann es sein, dass Druckerschwärze verläuft und auf die Kleidung gelangt. Mit einer mittelgroßen **Plastik-tüte** hingegen wird man fast schon wetterfest. Entweder man hält sie wie eine Zeitschrift über den Kopf – oder man öffnet eine der beiden Seiten mit einem Taschenmesser oder einer Nagelfeile, woraufhin man die Tüte wie den Südwester eines Nordseefischers aufsetzen kann.

Ärger beim Zoll bei der Rückkehr vermeiden

Soll der Urlaub entspannt zu Ende gehen, sollte man Ärger beim Zoll vermeiden. Dies gilt vor allem für die Rückkehr von einem Urlaubsziel außerhalb der EU.

- Verboten ist die Einfuhr **exotischer Tiere** – egal ob lebend oder tot – sowie von Produkten aus **Elfenbein, Fellen** sowie **Leder von Krokodilen** oder **Schlangen.** Auch **Korallen** oder Pflanzen wie **Orchideen** und **Kakteen** stehen unter Artenschutz und sind tabu.
- Achten Sie darauf, dass Sie bei Mitbringseln wie einer neuen Uhr unterhalb der **Freigrenze für Waren** in Höhe von 430 Euro bleiben. Auf Waren zwischen 430 und 700 Euro fällt dann ein Pauschalsatz von 17,5 % an, auf alles darüber ein individueller Zollsatz sowie die Einfuhrumsatzsteuer von 19 %.
- Auch für **Tabak und Alkohol** gibt es Grenzen, z.B. 200 Zigaretten oder 50 Zigarren sowie vier Schaumweine oder ein Liter Getränke mit mehr als 22 % Alkoholgehalt.

SO GING'S BEI MIR

Hannah B. aus M. schreibt: Wenn wir in Italien Urlaub machen, kaufen wir gern bei einheimischen Winzern ein – nirgends schmeckt der Wein so gut wie bei der Probe vor Ort. An der Grenze wurden wir letztes Jahr routinemäßig angehalten. Die zehn Kisten Wein machten den Zollbeamten stutzig, auch wenn man ja 90 l aus dem EU-Ausland einführen darf. Zum Glück hatten wir die Rechnungsbelege dabei. Das hat den Beamten davon überzeugt, dass der Wein zum persönlichen Verbrauch bestimmt war.

- Bei **Medikamenten** gilt die Regel, dass sie in Deutschland zugelassen sein müssen und die Menge den persönlichen Bedarf von drei Monaten nicht überschreiten darf.

Die Geige auf dem Flohmarkt war ein Schnäppchen, aber Vorsicht: Ist im Frosch etwa Elfenbein verarbeitet?

GESUNDHEIT

Auch wer eigentlich fit ist, hat immer mal wieder gesundheitliche Probleme. Ob es eine Erkältung, ein Sonnenbrand oder ein Mückenstich ist, der einen quält, ob das Schlafen nicht so funktioniert wie gewünscht oder ob man zu einer Diagnose gern eine zweite Meinung hören würde. In all diesen und vielen Fällen mehr kann man sich oft ganz einfach selbst helfen. „Wie" lesen Sie hier.

Das Recht auf eine zweite Meinung

Sie sind unsicher, ob die Diagnose Ihres Arztes zutrifft? Oder ob die vorgeschlagene Therapie die richtige ist? Dann sollten Sie sich bei einem anderen Arzt eine **Zweitmeinung** einholen. Bei gesetzlich Krankenversicherten muss der behandelnde Arzt vor geplanten Operationen sogar von sich aus auf diese Möglichkeit hinweisen. Generell ist es sinnvoll, zuerst mit der Krankenversicherung abzuklären, ob diese die Kosten für den zweiten Arztbesuch übernimmt. Denn die Regularien dafür sind von Krankenkasse zu Krankenkasse unterschiedlich. Manche haben sogar ein hauseigenes Verfahren und vermitteln dafür Kontakte zu von ihnen ausgewählten **Fachärzten.** Außerdem sollte man den ersten Arzt über den Wunsch nach einer Zweitmeinung informieren. Dabei sollten Sie auch um Ihre Patientenakte und alle Befunde bitten, damit der zweite Arzt die medizinische Vorgeschichte kennt und manche Untersuchungen nicht erneut vornehmen muss.

Unzufrieden mit dem Hausarzt? Sie können wechseln!

Das Vertrauen zwischen Ihnen und Ihrem Arzt hat einen Knacks bekommen? Sie fühlen sich nicht mehr wohl? Oder Ihnen ist einfach die Entfernung zur Praxis zu weit? Dann sollten Sie wissen: Sie haben das Recht der freien Arztwahl – unabhängig davon, ob Sie gesetzlich oder privat versichert sind. Eine Einschränkung gilt für gesetzlich krankenversicherte Patienten, die am **Hausarztprogramm** ihrer Krankenkasse teilnehmen. Hier muss der Patient während der Vertragslaufzeit zuerst den festgeschriebenen Hausarzt aufsuchen. Wichtig: Sie sollten sich von Ihrem alten Arzt eine **Kopie Ihrer vollständigen Patientenakte** geben lassen. Dazu ist der Arzt gesetzlich verpflichtet.

Was hat der Arzt gesagt? Nachfragen ist erlaubt!

Ihre Ärztin ist zwar freundlich, aber was Ihnen fehlt, wissen Sie immer noch nicht so genau? Vor lauter Fachbegriffen und

SO GING'S BEI MIR

Herlinde F. aus N. schreibt: Nach diesem unglücklichen Fahrradunfall wollten die Schulterschmerzen einfach nicht mehr aufhören. Der Orthopäde war schnell mit dem Vorschlag einer Schulterarthroskopie zur Hand, wies mich aber auf die Möglichkeit, eine zweite Meinung einzuholen, hin. Das wollte ich dann auch tun und bat ihn, mir die Befunde mitzugeben. Gegen eine kleine Gebühr ließ er Kopien anfertigen und sandte sie dem Kollegen direkt zu.

Fremdwörtern haben Sie nur die Hälfte verstanden? Dann fordern Sie Ihr **Recht** ein, über geplante medizinische Maßnahmen **umfassend und verständlich informiert und aufgeklärt zu werden.** Dies muss rechtzeitig und in einem persönlichen Gespräch erfolgen. Sie müssen direkt nachfragen können, wenn etwas unklar ist, und ausreichend Bedenkzeit für Ihre Entscheidung haben. Es reicht nicht, wenn der Behandler z.B. vor einer Darmspiegelung nur eine schriftliche Information oder einen Aufklärungsbogen überreicht, ohne diese näher mit Ihnen zu besprechen. Ihre Rechte im Überblick:

- Recht auf freie Arztwahl
- Recht auf Zweitmeinung
- Recht auf Information
- Recht auf Aufklärung
- Recht auf Nichtwissen
- Recht auf Kopien der Krankenunterlagen
- Recht auf Einsicht in die Patientenakte

Sie müssen ins Krankenhaus? So finden Sie das richtige

So etwas Ärgerliches: Sie sind mit dem Fahrrad gestürzt und haben sich die Schulter verletzt. Das läuft wohl auf eine Operation hinaus. Aber wo? Wie bei der freien Arztwahl dürfen Sie bestimmen, in welche Klinik Sie gehen. Dabei sollte das entscheidende Kriterium sein, wie **kompetent** das Krankenhaus in Ihrem **speziellen Fall** ist, ob sich die Klinik auf die

von Ihnen benötigte Behandlung spezialisiert hat. Eine mögliche längere Anreise sollten Sie daher in Kauf nehmen. Das gilt besonders für schwere oder seltene Eingriffe. Hilfreich bei der Krankenhaussuche ist die sogenannte **Weiße Liste** der Bertelsmann-Stiftung. Dort werden Ihnen zu Ihrem Behandlungsgrund passende Informationen angezeigt, mit denen Sie ein geeignetes Krankenhaus finden können: www.weisse-liste.de/krankenhaus. Jedoch: Sie können keinen Einfluss darauf nehmen, welcher Arzt Sie in dieser Klinik behandelt – es sei denn, Sie sind so versichert, dass Sie auf eine Chefarztbehandlung bestehen können.

Die Gesundheit im Blick behalten – durch Vorsorge!

Lassen Sie Ihr Auto regelmäßig durch Werkstatt und TÜV checken? Gut! Und wie sieht es mit Ihnen selbst aus? Nutzen Sie die Vorsorgeangebote, deren Kosten die Krankenkassen übernehmen! **Für Frauen:** Ab 18 Jahren: halbjährliche Zahnkontrolle. Ab 20: jährliche gynäkologische Kontrolle. Ab 30: jährliche Tastuntersuchung der Brust. Ab 35: alle drei Jahre allgemeiner Check-up, alle zwei Jahre Hautkrebsvorsorge. 50 bis 70 Jahre: alle zwei Jahre Mammografie. 50 bis 54 Jahre: jährlicher Test auf verborgenes Blut im Stuhl. Ab 55: einmalige Darmspiegelung mit Wiederholung nach zehn Jahren. **Für Männer:** Ab 18: halbjährliche Zahnkontrolle. 18 bis 35 Jahre: einmaliger Check-up beim Hausarzt. Ab 35: alle drei Jahre allgemeiner Check-up, alle zwei Jahre Hautkrebsvorsorge. Ab 45: jährliche Tastuntersuchung der Prostata und Genitalien. 50 bis 54: jährlicher Test auf verborgenes Blut im Stuhl oder einmalige Darmspiegelung mit Wiederholung nach zehn Jahren. Ab 55: alle zehn Jahre Darmspiegelung oder alle fünf Jahre alleinige Enddarmspiegelung sowie jährlicher Test auf verborgenes Blut im Stuhl oder jährlicher Test auf verborgenes Blut im Stuhl. Ab 65: einmaliger Ultraschall der Bauchschlagader. Nutzen Sie diese Möglichkeiten.

Schlafprobleme? So finden Sie nächtliche Erholung

Sie wälzen sich von einer auf die andere Seite. Mal ist Ihnen kalt, mal zu warm. Am Morgen von Erholung keine Spur. Kein Wunder, denn unser Körper braucht Schlaf, um zu regenerieren. Tatsächlich gehören Schlafstörungen zu den häufigsten Beschwerdebildern. Mit diesen einfachen Maßnahmen können Sie Ihre **Schlafhygiene** verbessern:

- Achten Sie auf einen möglichst **konsequenten Schlafrhythmus.** Richten Sie sich regelmäßige Schlafenszeiten ein und halten Sie sich daran.
- **Verzichten** Sie auf **Alkohol, Nikotin** und **fettige Speisen am Abend.**
- Licht aus, Jalousien runter: **In abgedunkelten Räumen schläft man**

Über Schlafprobleme klagt ungefähr jeder Dritte in Deutschland.

besser, da im Dunkeln das Schlafhormon Melatonin produziert wird.
- Benutzen Sie **Tablet & Co. am Abend nicht mehr oder nur noch im Nachtmodus.** Sonst stört das blauwellige Licht die Herstellung von Melatonin. Wer regelmäßig einen Mittagsschlaf hält, aber nachts häufig schlecht schläft, sollte auf den Mittagsschlaf besser verzichten.

Entspannungskur ganz einfach: „Baden" Sie im Wald

Familie, Haushalt, Beruf – der Stress hört nicht auf. Wie komme ich da raus? Am besten: an gar nichts denken, meditieren und Körper und Geist in Einklang bringen. Zugegeben, das klingt einfacher, als es ist. Wer sich mit Yoga oder Tai-Chi noch nicht angefreundet hat, für den ist vielleicht das **„Waldbaden"** genau das Richtige – eine in Japan allgemein anerkannte Therapieform. Ziel ist es, den Wald als Naturerlebnis mit allen Sinnen zu genießen. Lehnen Sie sich dazu z.B. ganz einfach mitten im Wald an einen Baum und lassen die Umgebung auf sich wirken. Forschungen belegen, dass bereits bei dem Gedanken an „Waldbaden" **die Produktion des Stresshormons Cortisol sinkt.** Weitere positive Effekte: Blutdruck und Blutzuckerspiegel sinken, Ängste und Depressionen werden gelindert, das Immunsystem wird gestärkt und die Schlafqualität verbessert.

„Waldbaden" ist zwar eine Modeerscheinung, aber die zugrunde liegenden Überlegungen treffen durchaus zu. Tatsächlich kann ein Aufenthalt im Wald das Wohlbefinden fördern.

Ausreichend viel trinken? So schaffen Sie es!

Sie lesen es immer wieder: Unser Körper braucht reichlich Flüssigkeit, am besten Wasser. Eineinhalb bis zwei Liter sagt die Deutsche Gesellschaft für Ernährung. Doch wie schaffe ich das? **Fünf Tricks** können dabei helfen:

- **Wasser „essen":** In vielen Obst- und Gemüsesorten, wie Wassermelonen, Erdbeeren, Gurken und Tomaten, steckt viel Wasser.
- **Wasser immer und überall griffbereit:** Platzieren Sie an jedem Ort, an dem Sie sich täglich aufhalten (Bett, Auto, Schreibtisch) eine Flasche Wasser.

- **Feste Trinkrituale:** Legen Sie sich Zeiten fest, an denen Sie ein Glas Wasser trinken. Nach dem Aufstehen, bei jeder Mahlzeit, nach Erledigung einer Aufgabe in der Arbeit.
- **Digitale Helfer:** Mithilfe von Apps können Sie sich regelmäßig ans Trinken erinnern lassen.
- **Wasser geschmacklich verbessern:** mit frischen Kräutern oder Beeren (z.B. mit Minze, Thymian, Himbeeren, Orangen-, Zitronen-, Limettenscheiben).

Notruf oder Notdienst? Welche Nummer ist die richtige?

Zweimal die Eins, einmal die Zwei: Wenn Sie mit zitternden Fingern diese Nummer ins Telefon tippen, dann ist die Lage wohl ernst. Oder zögern Sie, wenn es darum geht, einen Notruf abzusetzen? Ist es jetzt okay, die 112 zu wählen? Klare Antwort: Wenn es sich um eine plötzlich aufgetretene, **lebensbedrohliche Situation** handelt, die keinen Aufschub erlaubt und sofortige Hilfe erfordert, müssen Sie ganz einfach die 112 wählen. Doch häufig ist die Aufregung groß und es fehlt der kühle Kopf, die Situation wirklich einschätzen zu können. Daher gilt: Auch im Zweifel die 112 wählen. Bei leichtem Fieber, einer Erkältung oder einem Magen-Darm-Infekt sind Zweifel allerdings nicht angebracht. Hier hilft der Hausarzt oder Sie wählen die 116117 und fragen nach der nächstgelegenen **Notdienstpraxis.**

Zahnfleischbluten oder Mundgeruch? Ölziehen kann helfen

Ihr Atem riecht öfter übel? Häufig blutet Ihr Zahnfleisch? Aus der ayurvedischen Medizin kommt eine Methode, die Zähne, Zahnfleisch und dazu noch das Immunsystem stärkt: das Ölziehen. Mundgeruch und Zahnfleischbluten lassen sich so deutlich vermindern. So funktioniert es: **Nehmen Sie einen Teelöffel hochwertiges, kalt gepresstes Bio-Öl,** z.B. Oliven-, Sonnenblumen- oder Kokosöl, und **bewegen Sie es für mindestens zehn Minuten im Mund hin und her.** Dabei sollten Sie das Öl durch die Zahnzwischenräume ziehen, bis Viren, Bakterien und Pilze in das Öl übergangen sind, es aber nicht gurgeln. Anschließend spucken Sie das Öl aus und putzen sich ganz normal die Zähne. Da sich über Nacht im Mundbereich vermehrt Bakterien ansammeln,

SO KLAPPT'S AUCH

Stellen Sie sich als Motivationshilfe Ihre Trinkmenge für die nächsten vier Stunden sichtbar in Flaschen hin. Spätestens mittags sollte dann eine 0,75-l-Flasche Mineralwasser leer sein und am Nachmittag dann die zweite. Sie können sich tatsächlich angewöhnen, ausreichend viel Mineralwasser zu trinken. Nach einer Weile verlangt Ihr Körper von ganz alleine danach.

empfiehlt es sich, das Ölziehen gleich morgens nach dem Aufstehen, noch vor dem Frühstück, vorzunehmen.

oder zum Aufheben in ein sauberes Glas füllen und bis zu drei Tage in den Kühlschrank stellen.

Schwarzrettich gegen Husten

Beim anfänglichen **Reizhusten** kann es unter Umständen sinnvoll sein, abends einen Hustenstiller einzunehmen. Meist wird der Reizhusten jedoch recht schnell von einem **verschleimten Husten** abgelöst. Denn im Rahmen der natürlichen Abwehrreaktion wird die Sekretproduktion in den Atemwegen gesteigert. Durch den Schleim wird der Selbstreinigungsmechanismus, der normalerweise dafür zuständig ist, Schleim, Fremdkörper und Krankheitserreger aus dem Körper zu transportieren, leicht überlastet. Umso wichtiger ist es, die Schleimlösung und das **Abhusten der Sekrete** zu unterstützen. Als besonders wirkungsvoll hat sich dabei der Schwarzrettich erwiesen. Er löst nicht nur den Schleim, die darin enthaltenen Senfölverbindungen wirken auch antibakteriell. Man schneidet den Deckel des Rettichs ab und höhlt das Innere aus. Das ausgelöste Rettichfleisch beiseitelegen. Mit einer Stricknadel sticht man nun einige Löcher in den Boden des Rettichs. Ins Innere füllt man Honig und Zucker und gibt das Rettichfleisch darüber. Den Deckel wieder auflegen und den Rettich auf ein Gefäß setzen. Nach einiger Zeit tröpfelt der selbst gemachte Hustensaft in das Gefäß. Den Sirup gleich verwenden

Der Winter naht: Welche Impfungen sind sinnvoll?

Winterzeit bedeutet auch Erkältungszeit. Und dann kommt automatisch der Gedanke, wie man sich darauf vorbereitet. Am besten Sie nehmen Ihren Impfpass zum nächsten Termin mit in die Hausarztpraxis. Dort ist Ihre Vorgeschichte bekannt, etwa ob eine chronische Krankheit vorliegt oder ob Dauermedikamente eingenommen werden – und welche Impfung für Sie jetzt sinnvoll ist. Denken Sie auch daran, dass bestimmte Impfungen aufgefrischt werden müssen, etwa **Tetanus** nach zehn Jahren. Für einen vollen Impfschutz gegen **Hepatitis** oder **FSME** sind drei Impfungen erforderlich. Schwangere besprechen den Impfstatus in der gynäkologischen Praxis oder mit dem Hausarzt. Die Ständige Impfkommission (STIKO) empfiehlt Menschen ab 60 Jahren die jährliche **Grippe- und eine angepasste Coronaimpfung.** Klären Sie das mit Ihrem Hausarzt. Der beste Termin dafür liegt zwischen Oktober und Mitte Dezember. Die Grippe darf nicht unterschätzt werden. Selbst bei gesunden Erwachsenen erhöht sie das Risiko für einen Herzinfarkt um das bis zu Zehnfache. Da sich Grippeviren ständig verändern, sollte die Impfung jährlich erneuert werden.

So klappt's mit der Zeitumstellung

Schlägt Ihnen die Zeitumstellung im März und Oktober auch aufs Gemüt? Sind Sie dann schneller gereizt – und vor allem tagsüber müde? Fast jeder Fünfte hat außerdem Probleme, abends einzuschlafen. Besonders in Familien mit Kindern unter zwölf Jahren wird der Alltag nach der Zeitumstellung durch die neuen Essens- und Zubettgehzeiten durcheinandergewirbelt. Halten Sie dagegen – und das ganz einfach: Bewegen Sie sich, so oft es geht, an der frischen Luft. Die **Sauerstoffzufuhr ist gut fürs Gehirn** und verbessert die Stimmung. Auch durch die **körperliche Aktivität** wird die Laune gehoben. Wer ausgepowert abends ins Bett fällt, schläft auch besser und schneller ein. Die Anpassung an die Zeit kann zudem mithilfe von **Entspannungstechniken** und häufigeren **Erholungspausen** gelingen. Ziel ist es, dass sich die innere Uhr und der neue Tagesablauf schnell wieder aufeinander einpendeln. Eigentlich soll laut Beschluss des Europäischen Parlaments die Zeitumstellung abgeschafft werden. Doch um dieses Thema ist es ruhig geworden. Die EU-Mitgliedsstaaten können sich auf das „Wie" nicht einigen.

Wer körperlich ausgepowert zu Bett geht, schläft besser – auch nach der Zeitumstellung.

Von einer Zecke erwischt? Keine Panik!

Sie haben eine Zecke an Ihrem Körper entdeckt? Keine Sorge, Zecken übertragen zwar durch ihren Biss gefährliche Krankheiten wie **Borreliose** oder **Frühsommer-Meningoenzephalitis** (FSME). Im Fall der Borreliose muss das Tier aber eine gewisse Zeit an der Haut saugen, ehe es Borrelien an den menschlichen Organismus abgibt. Wenn Sie die Zecke nach weniger als zwölf Stunden entfernen, haben Sie in der Regel nichts zu befürchten. Es bleibt also Zeit, zur Apotheke zu gehen, um sich Werkzeug zum Entfernen der Zecke zu kaufen und die Zecke langsam und kontrolliert zu entfernen. Anschließend desinfizieren Sie die Wunde. Vier bis sechs Wochen sollten Sie die Einstichstelle beobachten. Bei Borreliose tritt als Erstes die Wanderröte auf. Wenn Sie diese beobachten oder andere Krankheitssymptome entwickeln, gehen Sie zum Arzt. Borreliose lässt sich mit Antibiotika gut behandeln.

Etwas anders sieht es bei FSME aus. FSME wird bei einem Zeckenbiss schneller übertragen. Sie ist aber auch viel seltener: Nur 0,1 bis 5 % der Zecken in Risikogebieten übertragen FSME-Viren (siehe unter www.rki.de). Gegen FSME steht prophylaktisch **eine wirksame Impfung** zur Verfügung, die zumindest Menschen in Risikogebieten zu empfehlen ist.

Achten Sie bei der Sonnenbrille auf den besten Schutz

Wussten Sie, dass die Strahlung der Sonne unter anderem Bindehautentzündungen und Netzhautschädigungen verursachen kann – und auch die Entwicklung eines grauen Stars begünstigt? Wir tun unseren Augen Gutes, wenn wir eine Sonnenbrille tragen. Doch es sollte die richtige sein. Beim Kauf sollten Sie vor allem auf das **CE-Kennzeichen** achten. Dieses Siegel bestätigt das Einhalten von EU-Richtlinien zum UV-Schutz. Die Tönung der Gläser sorgt für einen angenehmen Blendschutz. Um den unterschiedlichen Lichtverhältnissen gerecht zu werden, kann man zwischen **fünf Blendschutzkategorien** wählen. Die Skala der Tönungsgrade reicht von „0" für sehr helle Gläser bis „4" für sehr dunkle Gläser. Die höchste Stufe kommt beispielsweise bei Gletscherbrillen zum Einsatz. Für den Sonnenschutz in

---

! AUFGEPASST

So können Sie sich vor Zeckenstichen schützen:
- Aufenthalt im hohen Gras und Unterholz meiden.
- Dicht schließende Kleidung mit langen Ärmeln und Hosenbeinen tragen.
- Helle Kleidung tragen, auf denen Zecken besser und schneller erkennbar sind.
- Insektenschutz (Repellentien) verwenden.

unseren Breiten sind die Kategorien 2 und 3 ideal. Orange oder rote Gläser verfälschen die Farben von Ampeln oder Verkehrszeichen. Daher sind am Steuer neutrale Farben wie Grau, Braun oder Grün zu empfehlen.

Heißhunger zwischendurch? Widerstehen Sie Verlockungen

Da ist er wieder: dieser Heißhunger – auf Schokolade, Chips oder andere süße und salzige Knabbereien. Am Arbeitsplatz oder vor dem Fernseher. Geben Sie dem Drang ruhig nach – aber mit Snacks, die nicht nur lecker, sondern auch richtig gesund sind – egal ob zu Hause oder für unterwegs.

Müsli selber machen: Haferflocken, Leinsamen, Gerste, Dinkel. Mit ein paar Früchten, Nüssen, ein wenig Honig oder Agavendicksaft, einer Prise Zimt und etwas Joghurt oder Milch liefert dieser Snack die nötigen Kohlenhydrate, Vitamine, Mineral- und Ballaststoffe.

Grünkohl-Chips: Grünkohlblätter vom Strunk befreien, in Stücke zupfen und gut waschen. Nach dem Trockentupfen mit ein bisschen Zitronensaft, etwas Olivenöl, etwas Zwiebel- und Knoblauchpulver, Dill, Oregano und Cayennepfeffer vermischen und mit Salz abschmecken. Im vorgeheizten Backofen eine halbe Stunde bei 125 °C knusprig backen. Oder noch einfacher: Greifen Sie zu Nüssen, Kürbis- oder Sonnenblumenkernen – all diese

Salz sollte nur in Maßen zum Würzen verwendet werden.

Lebensmittel sind proteinhaltige Super-Booster, sie sind reich an ungesättigten Fettsäuren, Ballaststoffen, Mineralstoffen und Vitaminen. Schon kleine Mengen (sie sind sehr fetthaltig) davon lassen den Heißhunger schnell abebben.

Sie mögen es gerne würzig? So viel Salz täglich ist okay

„Man nehme eine Prise Salz" – oder darf es auch eine Prise mehr sein? Doch Vorsicht: Zu viel Salz kann schaden. Denn vsiele Menschen reagieren auf zu hohen Salzkonsum mit **Bluthochdruck**. Die

Deutsche Gesellschaft für Ernährung empfiehlt, insgesamt nicht mehr als einen Teelöffel Salz täglich zu verzehren – das entspricht etwa sechs Gramm. Zudem führt eine geringere Verwendung von Salz dazu, dass Sie den eigentlichen Geschmack der Speisen wieder stärker wahrnehmen. Achten Sie beim Enkaufen auf die Nährwerttabelle auf der Lebensmittelverpackung. Nehmen Sie den **Natriumgehalt mal 2,5.** So erhalten Sie den tatsächlichen Salzgehalt. In der Küche kann man die Salzmenge reduzieren, wenn man Pasta nach dem Kochen mit Wasser abspült oder Speisen erst auf dem Teller salzt. Alternativen sind frische Kräuter oder Pfeffer. Wer seinen Salzkonsum reduziert, empfindet nur in den ersten zwei Wochen das Essen tatsächlich als zu fad. **Salzempfinden ist Gewöhnungs-**

sache, nach einiger Zeit werden Sie das Mehr an Salz nicht vermissen, im Gegenteil, Sie werden die Vielfalt der übrigen Geschmacksnuancen schätzen lernen. Auch Ersatzprodukte oder Diätsalze helfen, den Salzkonsum zu reduzieren.

Rückenschmerzen? Das verspricht schnelle Linderung

Verhoben, verspannt, der Rücken schmerzt? Wichtig: Gönnen Sie sich in den ersten Stunden Ruhe! Danach helfen folgende Übungen. **Stufenlagerung:** Begeben Sie sich in Rückenlage und legen beide Beine auf einem Würfel oder auf einem Stuhl ungefähr in 90° Beugung ab. Bleiben Sie so einfach zehn Minuten entspannt liegen. **Beckenkippung:** Drücken Sie die Lendenwirbelsäule zuerst nach unten, dann in der Gegenbewegung leicht nach vorn, sodass etwas Platz unter der Lendenwirbelsäule entsteht. Als Nächstes kippen Sie die Knie locker erst nach links, zurück in die Mitte und dann nach rechts. Diese Übung dehnt die Lendenwirbelsäule. **Vierfüßlerstand:** den Rücken zum Katzenbuckel hochwölben und dabei nacheinander Lendenwirbelsäule, Brustwirbelsäule und Halswirbelsäule mobilisieren. Wichtig: Die Bewegung sollte jeweils fließend und schmerzfrei ablaufen. **Wärme und Kälte:** 20 Minuten abwechselnd Wärme und Kälte (mithilfe von Pflastern und Wickeln). Das ist zugleich eine gute Methode fest-

Bluthochdruck spürt man nicht. Daher ist regelmäßiges Blutdruckmessen sinnvoll – so behalten Sie immer den Überblick.

zustellen, was besser hilft. Je nach Ergebnis: zwei- oder dreimal täglich nur noch mit Kälte oder Wärme arbeiten.

So behalten Sie Ihren Blutdruck im Blick

Er ist tückisch – der Bluthochdruck. Man bemerkt ihn nicht, aber er kann sehr gefährlich werden: Er belastet die Gefäße, Herzinfarkt und Schlaganfall können die Folge sein. Es ist also sinnvoll, den Blutdruck regelmäßig zu messen. So geht's:

- Messungen **morgens** direkt nach dem Aufstehen und **abends** vor dem Zubettgehen – und immer zur selben Zeit.
- Vor der Messung: **bequem** auf einen Stuhl **setzen,** beide Füße auf dem Boden. Manschette am Oberarm anlegen, sodass sie sicher **in der Mitte des Oberarms** anliegt (Manschette auf Herzhöhe). Zur **Ruhe** kommen. Bei Handgelenksmessgeräten darauf achten, dass das Gerät während der Messung auf Herzhöhe ist.
- Bei jeder Messung **zwei Messungen hintereinander** vornehmen (Abstand ca. eine Minute). Werte aus beiden Messungen notieren, sowohl oberen (systolischen) als auch unteren (diastolischen) Blutdruckwert. Sie notieren also an einem Messtag insgesamt viermal Ihre Blutdruckwerte.

Der Durchschnitt aller Werte sollte unter 135/85 mmHg liegen. Optimal: unter 130/80 mmHg.

Fieber? Was Sie tun und was Sie besser lassen sollten

Das Fieberthermometer zeigt 38,5 °C? Was tun? Nicht viel! Fieber ist eine Reaktion unseres körpereigenen Abwehrsystems bei der Bekämpfung von Krankheitserregern. Deshalb sollten bei Temperaturerhöhungen von **unter 39 °C** im Normalfall **keine fiebersenkenden Mittel** genommen werden. Wichtig ist hingegen **strikte Bettruhe,** damit dem Immunsystem alle Energie zur Verfügung steht. Nehmen Sie nur **leichte Kost und viel Flüssigkeit** zu sich. Faustregel: für jedes Grad über 37 °C einen halben bis einen ganzen Liter Flüssigkeit pro Tag trinken. Klettert das Fieberthermometer auf **mehr als 39 °C,** dann empfehlen sich **Wadenwickel.** Dabei werden mit Essigwasser befeuchtete Leintücher für einige Minuten um die Waden gewickelt.

AUFGEPASST

Bei Kindern spricht man von Fieber ab 38,5 °C, bei Säuglingen unter drei Monaten ab 38 °C. Ein Arztbesuch ist nötig, wenn das Fieber über 39 °C (bei Säuglingen über 38 °C) steigt, länger als drei Tage anhält, wiederholt oder auch in Schüben auftritt, das Kind teilnahmslos wirkt, das Kind längere Zeit nicht trinken will, bei Erbrechen, Durchfall, Bauchschmerzen und Hautausschlag.

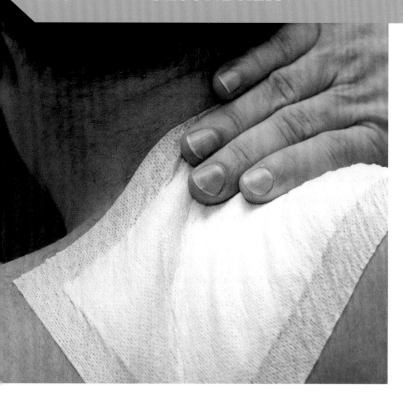

Ein Wärmepflaster am Rücken oder am Nacken kann sehr wohltuend wirken.

Hautbereiche. Sie beeinträchtigen die Aufnahme des Wirkstoffes. Duschen und Baden mit dem Pflaster sind kein Problem, auf Sauna oder intensive Sonnenbäder sollten Sie aber verzichten. Denn Wärme von außen kann die Wirkstoffabgabe beeinflussen. Und: **Arzneipflaster nicht zerschneiden.** Dies zerstört die Schicht, in der der Arzneistoff sitzt. Die Haut würde ihn unkontrolliert aufnehmen, was zu lebensbedrohlichen Überdosierungen führen kann.

Hilfreiche Arzneiwirkstoffe sind Paracetamol und Ibuprofen. Übrigens: Fieber wird am besten im Gesäß gemessen. Hier ist das Ergebnis am genauesten.

Arzneipflaster – wie wende ich sie richtig an?

Sie leiden unter **Verspannungen** oder lokalen Schmerzen? Oder die Hormonumstellung in den Wechseljahren setzt Ihnen zu? Arzneipflaster helfen durch Wärme, Hormone oder Schmerzmittel. Doch die Voraussetzung für ihre Wirksamkeit ist die richtige Anwendung. Kleben Sie die Pflaster auf Hautstellen, die **glatt, sauber und trocken** sowie **unbehaart und unverletzt** sind. Meiden Sie vernarbte, eingecremte oder von der Sonne geschädigte

Körperwickel besser kalt oder warm?

Erkältung, Blähungen, Verstauchungen ... Können hier Wickel helfen? Müssen sie kalt oder warm sein? Tatsächlich können feuchte Umschläge Beschwerden lindern: bei Blähungen ein Heusäckchen, bei Verstauchungen eine Arnikakompresse. Ein Kohlblätterwickel lindert Schmerzen bei Arthrose. Ein Kartoffelwickel wirkt bei Husten und Bronchitis schleimlösend, kann aber auch bei Schulter-Nacken-Verspannungen wohltuende Dienste leisten. Ob Sie kühle oder warme Wickel benötigen, hängt von den Beschwerden ab. **Entzündungen an Gelenken, Verstauchungen, geschwollene Beine oder Knie** verlangen eher nach **Kälte.** Dagegen fördert **Wärme** die Durchblutung und regt den Sekretfluss an. Das lindert **schmerzhafte Verspannungen im Rücken** sowie **Hals-, Ohren- oder**

Blasenschmerzen. Eine zusätzliche Wärmflasche auf der Kompresse kann deren Wirkung verstärken. Um Verbrennungen zu vermeiden, sollten Wickel aber maximal 40 °C warm sein.

So legen Sie einen Körperwickel richtig an

Wickel gelten als uraltes Hausmittel. Es fragt sich jedoch: Wie wird der Wickel richtig angewendet? Sie benötigen

- ein Leinentuch oder
- ein Baumwolltuch oder
- ein schmales Wolltuch oder einen Schal, etwa 10–70 cm groß.

Sie tauchen das Tuch in kaltes oder warmes Wasser, versehen es, falls gewünscht, mit dem **passenden Zusatz** und wickeln es um das entsprechende Körperteil wie Hals oder Wade. **Erneuern** Sie den Wickel tagsüber **im Abstand von einer halben bis zwei Stunden.** In der Nacht kann der Wickel angelegt bleiben.

Schlaganfall sofort erkennen – jede Minute zählt!

Ihr Partner klagt über einen lahmen Arm? Sein Gesicht sieht schief aus? Könnte das ein Schlaganfall sein? Falls ja, zählt jede Minute. Häufigste Symptome sind darüber hinaus: Sehstörungen, Sprach- und Sprachverständnisstörungen, Lähmungen und Taubheitsgefühle, Schwindel sowie sehr starke Kopfschmerzen. Mit dem **FAST-Test** lässt sich innerhalb kürzester Zeit der Verdacht auf einen Schlaganfall überprüfen, testen Sie dabei Folgendes:

- **F**ace (Gesicht) – bitten Sie die Person zu lächeln. **Hängt dabei ein Mundwinkel herab,** deutet das auf eine Halbseitenlähmung hin.
- **A**rms (Arme) – bitten Sie die betroffene Person, die Arme nach vorn zu strecken und dabei die Handflächen nach oben zu drehen. Bei einer Lähmung **können nicht beide Arme gehoben werden,** ein Arm sinkt oder dreht sich.
- **S**peech (Sprache) – lassen Sie die Person einen einfachen Satz nachsprechen. Ist sie **dazu nicht in der Lage** oder klingt die **Stimme verwaschen,** liegt vermutlich eine Sprachstörung vor.
- **T**ime (Zeit) – zögern Sie nicht, wählen Sie **unverzüglich die 112** und schildern Sie die Symptome.

Darmspiegelung: Wann sinnvoll und wann wiederholen?

Eine Darmspiegelung ist unangenehm, aber sinnvoll. Wird Darmkrebs frühzeitig entdeckt, sind die Heilungschancen sehr gut. Wann aber ist eine Koloskopie angesagt? Und wie häufig sollten Sie sich ihr unterziehen? Mit dem Stuhltest und der Darmspiegelung zahlen die Krankenkassen zwei Untersuchungen zur Darmkrebsvorsorge. Gesetzlich Versicherte im Alter

Die Ursache von Schwindelgefühlen geht oft auf das Innenohr zurück.

druck oder eine Erkrankung des Gehirns. Bei gutartigem Lagerungsschwindel liegt die Ursache im Innenohr. Dann sind dort Kalksteinchen verrutscht, die für den Gleichgewichtssinn wichtig sind. Hier kann Ihnen eine **Übung** helfen. Dafür setzen Sie sich auf die Bettkante. Ist das rechte Ohr betroffen, drehen Sie den Kopf um 45° nach links und legen den Körper zur rechten Seite. Das Kinn zeigt weiter zur linken Schulter. Den Körper mit Schwung zur linken Seite bewegen. Das Kinn zeigt dabei weiter zur linken Schulter, die Nase Richtung Matratze. Nun wieder zum Sitzen aufrichten. Die Übung kann Schwindel auslösen. Mindestens drei Minuten Pause sind angesagt. Die Übung wird dreimal ausgeführt – **am besten mehrmals täglich.** Ist das linke Ohr betroffen, werden die Bewegungen einfach genau andersseitig ausgeführt.

zwischen 50 und 54 Jahren können **einmal jährlich einen Stuhltest** machen, nach dem 55. Geburtstag alle zwei Jahre. Die bessere Methode ist aber die Darmspiegelung. Gesetzlich Versicherte haben Anspruch auf **zwei kostenlose Spiegelungen:** Bei **Frauen** ist die erste **ab einem Alter von 55 Jahren** möglich, die zweite zehn Jahre später. **Männer** können **ab 50** eine Darmspiegelung durchführen lassen, die zweite ebenfalls zehn Jahre später.

Diese Übung hilft gegen Lagerungsschwindel

Und plötzlich dreht sich alles – obwohl Sie ganz ruhig liegen. Treten solche Schwindelanfälle häufiger auf, kann dies ein **Warnzeichen** sein – z.B. für Bluthoch-

Nagelbett entzündet? Ein Salzbad wirkt Wunder

Einmal bei der Maniküre unvorsichtig gewesen und schon ist sie da – die Nagelbettentzündung. Schwellung, Rötung, Überwärmung, pochende Schmerzen und Eiterbildung sind typische Symptome. Die verschwinden zuverlässig mittels eines Salzbades:

Lösen Sie **einen Teelöffel Salz in 150 ml warmem Wasser** auf. Legen Sie den schmerzenden Finger oder Zeh für **15 Minuten** hinein.

Die Prozedur wiederholen Sie morgens und abends oder sogar dreimal am Tag. Das Salz wirkt sich positiv auf die Entzündung aus und verhindert ein Voranschreiten. Auch Apfelessig wirkt antibakteriell und hemmt die Entzündung. Geben Sie einige Tropfen auf ein Wattepad und tupfen Sie es auf Ihren Finger oder Zeh.

Verdacht auf Herzinfarkt? So reagieren Sie richtig

Starke **Schmerzen** und **Druckgefühl im Brustkorb,** massives **Engegefühl,** heftiges **Brennen** in der Brust, **Angstschweiß** mit kalter, fahler Haut sowie **Übelkeit, Erbrechen, Atemnot und Schmerzen** im **Oberbauch?** All das können die Symptome eines Herzinfarktes sein. Jetzt heißt es: Nicht zögern und die Notrufnummer **112 wählen!** Äußern Sie klar und deutlich Ihren Verdacht auf Herzinfarkt.

Sie sind unsicher und können sich einfach nicht zum Anruf bei der Rettungsleitstelle durchringen? Dann vergeuden Sie keine Zeit mit Grübeln, sondern lassen Sie sich in die nächste **„CPU"** (**C**hest **P**ain **U**nit, **Brustschmerzambulanz**) fahren. Fahren Sie auf keinen Fall selbst! Sie benötigen dafür keine Überweisung und müssen sich auch nicht mit Anmeldeformalitäten aufhalten. Die CPU ist rund um die Uhr geöffnet und mit allen modernen Geräten für die Notfallversorgung ausgerüstet. Hier finden Sie die nächste CPU: https://cpu.dgk.org/zertifizierte-cpus.

So vergessen Sie Ihre Tabletten nicht

Haben Sie wieder mal vergessen, die Tabletten zu nehmen? Im stressigen Alltag denken wir mitunter nicht an den Blutdruck- oder den Cholesterinsenker. Bei einigen Krankheiten macht sich diese Unregelmäßigkeit nicht sofort bemerkbar, bei anderen recht schnell – mit oft schweren gesundheitlichen Folgen. Bei kurzen Therapien hilft ein Zettel am Badezimmerspiegel: „Tabletten nicht vergessen!" Bei lang währenden Therapien ist diese Methode allerdings nicht ideal: Der Zettel wird irgendwann nicht mehr wahrgenommen. **Erinnerungshilfen** gibt es auch per **Handy-App.** Die handyfreie Variante: ein großes Angebot sogenannter **Medikamentenwecker** mit einem kleinen Fach

SO GING'S BEI MIR

Monika F. aus N. schreibt: Mein Mann muss viele Tabletten nehmen und leider leidet er auch unter einer beginnenden vaskulären Demenz. Die schreitet aber sehr langsam voran und mit Gedächtnisübungen und den richtigen Medikamenten können wir das Vergessen noch lange aufhalten. Damit er immer an seine Tabletten denkt, haben wir ihm eine Tablettenbox gekauft. Gemeinsam sortieren wir die Tabletten am Montag für eine Woche ein. Und wenn er mal nicht dran denkt, helfe ich einfach ein wenig nach.

für Arzneien. Das Praktische: Klingelt der Wecker, sind die Tabletten griffbereit. Gut bewährt hat es sich auch, die Medikamente an einen Ort zu legen, den Sie morgens und abends beachten. Die Kaffeemaschine eignet sich z.B. morgens, abends ist es eher der Nachttisch.

Das kann man tun, um eine Erkältung zu stoppen

Erst ist ein leichtes Kratzen und Brennen, dann wird der Mund trocken und Rachen schleimiger. Ganz klar: Eine Erkältung ist im Anflug. Wenn Sie beim ersten leichten Kratzen handeln, haben Sie die Chance, den Infekt zu stoppen. Und zwar so:

- **Halten Sie den Hals unbedingt feucht!** Dadurch können die Erreger schlechter an den Schleimhäuten anhaften. Gut geeignet sind warme Tees – vermieden werden sollten

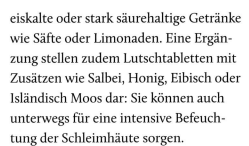

Gut gegen Erkältung, aber auch in fast jeder anderen Hinsicht zu empfehlen: ausreichend Wasser trinken.

eiskalte oder stark säurehaltige Getränke wie Säfte oder Limonaden. Eine Ergänzung stellen zudem Lutschtabletten mit Zusätzen wie Salbei, Honig, Eibisch oder Isländisch Moos dar: Sie können auch unterwegs für eine intensive Befeuchtung der Schleimhäute sorgen.

- **Gurgeln Sie zusätzlich die Tees,** die lauwarm sein sollten.
- **Machen Sie Nasenduschen mit einer Salzwasserlösung.** So werden Erreger, die sich auf die Nasenschleimhäute setzen, herausgespült. Fügen Sie einem halben Liter Wasser einen Teelöffel Salz hinzu. Am besten Meersalz, da dieses frei von sogenannten Trennmitteln ist.

Sechs Tipps gegen Sodbrennen

Kennen Sie das – diesen brennenden Schmerz vom Magen bis in den Rachen? Sodbrennen entsteht, wenn sich zu viel Säure im Magen bildet oder der untere Schließmuskel der Speiseröhre zu schwach ist. Diese Tipps können helfen:

- **Fettreiche** und **schwer verdauliche Speisen reduzieren.** Auch viele Süßigkeiten haben einen hohen Fettanteil. Fruchtsäfte oder Wein enthalten Säuren, die den Magen belasten.
- **Gewicht reduzieren.** Ideal ist ein Kilo pro Monat – bis zum Idealgewicht.
- **Locker kleiden.** Kleidung oder Gürtel, die den Oberkörper einschnüren, erhöhen den Druck im Bauch.

- **Genussmittel meiden.** Nikotin und Koffein regen die säureproduzierenden Zellen im Magen an. Alkohol lässt den Schließmuskel am Mageneingang erschlaffen.
- **Spazieren gehen.** Dadurch wird Nahrung schneller weitertransportiert. Das Risiko für Sodbrennen nimmt ab.
- **Mit erhöhtem Kopf schlafen,** um den Rückfluss von Magensäure in die Speiseröhre zu verhindern.

Allergisch auf Insektenstiche? Das ist im Notfall zu tun

Für die meisten Menschen sind sie nur unangenehm. Aber wenn jemand auf Insektenstiche allergisch reagiert, kann das gefährlich werden. Im Notfall gilt es also schnell zu handeln:

- Bei Bienenstich den **Stachel** mit dem Fingernagel **aus der Haut schieben**
- **Notfall-Medikamente anwenden:** Bereits bei den ersten allergischen Allgemeinsymptomen Adrenalin in den Oberschenkelmuskel spritzen
- **Notarzt** rufen (112)
- Bei Atemnot: **enge Kleidungsstücke entfernen** und eine sitzende Haltung einnehmen
- Bei Schocksymptomen: **Schocklagerung** (mit hochgelagerten Beinen liegen)
- **Atmung und Puls kontrollieren:** bei fehlenden Vitalzeichen Wiederbelebungsmaßnahmen einleiten (Herzdruckmassage)

- Bei Bewusstlosigkeit: den Betroffenen in die **stabile Seitenlage** bringen.

Tablette teilen? Nicht immer eine gute Idee

Sie tun sich schwer, eine Tablette zu schlucken? Und denken: Na, dann teile ich die ganz einfach. Vorsicht! Grundsätzlich sollten Sie Tabletten nur teilen, wenn dies gemäß Beipackzettel erlaubt ist. Das Teilen kann die Wirkung des Arzneimittels verändern. Bruchkerben sind kein deutlicher Hinweis, dass das Teilen vorgesehen ist, es können einfache Zierbruchrillen sein. Fragen Sie im Zweifel in der Apotheke nach, ob Sie die Tablette halbieren dürfen. Es erfordert eine gewisse Geschicklichkeit, um eine Tablette mit den Fingern zu halbieren. Wenn Sie es versuchen, dann sollten Sie mit den Fingerspitzen die Bruchrille fixieren und kurz und kräftig zudrücken. Bereitet Ihnen diese Methode Probleme, kann ein spezieller **Tablettenteiler** aus der Apotheke helfen.

Was tun gegen Sommerhitze?

Das Thermometer zeigt über 30 °C. Hinzu kommt eine hohe Luftfeuchtigkeit. Gehören Sie auch zu den Menschen, die für Sommerhitze nicht geschaffen sind? So können Sie Ihr Leiden lindern:

Bei vielen Kinderkrankheiten kann der Apotheker bereits helfen. Ist er sich unsicher, verweist er Sie an den Arzt weiter.

- Ein **Ventilator** im Zimmer kann die Temperatur zwar nicht senken, hilft aber, sie in Bewegung zu halten. So verdunstet Schweiß auf der Haut schneller und kühlt den Körper, denn wenn Wasser verdunstet, entsteht Kälte. Verdunstungskälte lässt sich gerade im Schlafzimmer nutzen, wenn Sie ein **großes feuchtes Tuch** auf einen Wäscheständer hängen.
- Mindestens **zwei Liter trinken,** damit der Körper seine Temperatur regulieren kann.
- **Lockere Hemden und Blusen** sowie **weit geschnittene Hosen und Röcke** aus Naturfasern wie Leinen, Baumwolle oder Seide tragen. Eng anliegende Kleidung lässt keine Luft an die Haut und vermindert den Kühleffekt.
- **Lauwarme oder nur leicht gekühlte Getränke** entlasten den Kreislauf.

Bevorzugen Sie **Obst, Salate und Gemüse** – am besten Sorten, die viel Wasser enthalten, wie Gurken oder Tomaten.

Mit dem kranken Kind in die Apotheke oder zum Arzt?

Sie hüten das Enkelkind und es fängt an zu kränkeln? Was tun? Sofort zum Kinderarzt oder abwarten? Wählen Sie **zuerst** den Gang in die **Apotheke.** Denn viele Kinderkrankheiten können mit rezeptfreien Arzneimitteln behandelt werden. Hier erhalten Sie auch den Rat, ob Sie mit Ihrem Kind besser zum Arzt oder ins Krankenhaus gehen sollten. Hat das Kind Durchfall, prüfen Sie, ob sich zwischen Ihren Fingern am Bauch des Kindes eine Hautfalte bildet, die länger als zwei

Sekunden bleibt: Das ist ein deutliches Zeichen für hohen Flüssigkeitsverlust. Hier helfen Elektrolytlösungen aus der Apotheke. Treten gleichzeitig **Fieber, Erbrechen, Bauchschmerzen oder Blut im Stuhl** auf, gehört das Kind **sofort zum Arzt.** Leidet Ihr Schützling unter Verstopfung, helfen rezeptfreie Arzneimittel wie Tropfen, Zäpfchen oder Klistiere. **Zum Arzt** gehört ein Kind bei Blut im Stuhl, wenn der **Stuhlgang** eine **auffällige Form oder Farbe** hat, wenn es **massiv aufgebläht** ist oder sehr **viel schreit.**

Was ist hygienischer? Warmes oder kaltes Wasser?

Nicht erst seit Corona wissen wir, wie wichtig Handhygiene ist. Also waschen Sie sich regelmäßig sorgfältig die Hände – mit Seife unter warmem Wasser? Tatsächlich macht warmes Wasser unsere Hände nicht sauberer und entfernt keine größere Menge an Keimen als kaltes Wasser. **Kälteres Wasser** ist sogar **schonender** für die Haut. Entscheidender ist, wie lange Sie Ihre Hände reinigen. **20 bis 30 Sekunden** lang sollten Sie sie sorgfältig einseifen. Handrücken, Daumen und die Zwischenräume zwischen den Fingern und die Fingerspitzen dabei nicht vergessen. Wenn Sie das Lied „Happy Birthday" zweimal summen, vergehen 20 Sekunden. Halten Sie diese Zeit ein, kann Händewaschen die Anzahl der Keime auf unseren Händen auf ein Tausendstel reduzieren.

Zu hoher Cholesterinspiegel?

Mit der richtigen Ernährung kriegen Sie Ihr Blutfett wieder in den Griff. Und das ist gar nicht so schwer. Entscheidend dabei ist das Verhältnis vom „schlechten" zum „guten" Cholesterin. Bei einem dauerhaft hohen LDL-Cholesterinwert droht eine Arterienverengung und damit Herzinfarkt und Schlaganfall. Dessen Gegenspieler ist das HDL-Cholesterin, das Ablagerungen an Gefäßen wieder abtransportieren kann. Für eine ausreichende **HDL-Versorgung** sollten Sie eine Vorliebe für **Walnüsse, Avocado und Lachs** entwickeln. Die sogenannte Mittelmeerküche aus **frischem Gemüse, Obst, Salaten, Hülsenfrüchten, Vollkornprodukten, Fisch, Nüssen, Kräutern** und gesunden pflanzlichen Ölen wie **Olivenöl** hält das LDL-Cholesterin in Schach.

Wetterfühlig?

Das Wetter wechselt, Ihr Kopf schmerzt? Sie werden gar nicht richtig wach? Ihr Kreislauf kommt nicht in Gang? Sie sind wetterfühlig? Dann ist wahrscheinlich Ihr Herz-Kreislauf-System nicht ausreichend trainiert. Hier hilft **leichtes Ausdauertraining** wie z.B. moderate Wanderungen, Schwimmen, Radfahren oder ausgedehnte Spaziergänge. Trainieren Sie zudem Ihr vegetatives Nervensystem, sodass es Ihrem Körper leichter fällt, sich an Temperatursprünge anzupassen. Bewährt haben sich **Wechselduschen** oder weitere **Anwendungen nach Kneipp** wie das bekannte Wassertreten im Kneippbecken.

Einen ähnlichen Effekt haben **Saunagänge** mit anschließendem kaltem Duschen. Nicht zuletzt ist es ohnehin empfehlenswert, bei jedem Wetter vor die Tür zu gehen. Dabei sollten Sie sich nicht zu warm anziehen, sondern so, dass Ihnen angenehm kühl ist. Das trainiert die sogenannte Thermoregulation; sie sorgt dafür, dass der Körper seine normale Temperatur aufrechterhalten kann.

Wirkung von Tabletten beschleunigen? Ganz einfach!

Wussten Sie das? Weder Stehen noch Sitzen ist bei der Tabletteneinnahme die optimale Körperhaltung, sondern eine

SO KLAPPT'S AUCH

Der Körper muss sich dauernd an die sich verändernden Wetterbedingungen anpassen. Das nennt man die „Biotropie des Wetters". Je stärker der Wetterwechsel ausfällt, desto eher treten Probleme bei der Anpassung auf. Ist also in der Wettervorhersage ein plötzlicher Wetterumschwung angekündigt, können Sie schon im Vorfeld planen, wie Sie Schwierigkeiten aus dem Weg gehen.

bestimmte Art zu liegen. Das haben US-Wissenschaftler herausgefunden. Wenn Sie beim Schlucken des Arzneimittels **auf der rechten Körperseite liegen,** arbeiten Schwerkraft, Magenkontraktionen und Magensaftströmungen den Forschern zufolge perfekt zusammen. Demnach gelangt eine Tablette direkt in den tiefsten Teil des Magens und von dort aus in den Zwölffingerdarm, wo sie sich 2,3-mal schneller auflösen kann als beispielsweise im Sitzen oder Stehen. Die Erklärung dafür: Je steiler der Winkel, in dem das Medikament durch den Magen rutscht, desto schneller tritt der Wirkerfolg ein.

So lange dauert es, bis nach dem Schlucken der Tabletten die Wirkung eines Medikaments einsetzt:
- rechte Seitenlage – zehn Minuten,
- linke Seitenlage – 100 Minuten,
- aufrechte Körperhaltung/Liegen auf dem Rücken – 23 Minuten.

So werden die Nasenschleimhäute wieder feucht

Das Innere Ihrer Nase ist unangenehm trocken und krustig? Mögliche Ursachen für eine Austrocknung sind: warme Heizungsluft, erhöhte Staub- oder Rauchbelastung, aber auch ein beginnender Schnupfen. Weniger bekannt ist der Einfluss von Medikamenten: Dabei können z.B. kortisonhaltige Arzneimittel das Innere des Riechorgans in eine kleine Wüste verwandeln. Auch Nasensprays oder -tropfen sorgen bei manchen Menschen nach zu langem Gebrauch für eine trockene Nase. Das hilft:

- Stellen Sie **Behältnisse mit Wasser auf die Heizkörper** oder hängen Sie feuchte Handtücher auf.
- **Trinken** Sie viel.
- Befeuchten Sie Ihre Nasen- und Rachenschleimhaut durch **Dampfinhalationen.**
- Spülen Sie Ihre Nase mit einer **Salzlösung** (am besten aus der Apotheke).
- Halten Sie sich so oft wie möglich an der **frischen Luft** auf.

Angst vorm Zahnarzt? Nachmittags tut es weniger weh

Haben Sie Zahnschmerzen? Oder ist mal wieder eine Zahnreinigung fällig? Eigentlich sollte ja der jährliche Zahnarzttermin gesetzt sein, um Erkrankungen wie Karies und Parodontitis zu vermeiden. Doch oftmals ist die Angst vor Schmerzen ausschlaggebend, Termine beim Zahnarzt aufzuschieben. Der Rat von Zahnmedizinern: Machen Sie den Termin wenn möglich für den Nachmittag aus. Denn **zu dieser Tageszeit spüren wir weniger Schmerzen,** die durch Spritzen und Bohren entstehen. Dass dies die beste Zeit für den Zahnarztstuhl ist, liegt an schmerzhemmenden Endorphinen und Opioiden, die das Gehirn dann besonders viel produziert. Schmerzmittel wirken etwas besser und vor allem länger.

AUFGEPASST

Eine Wunde muss regelmäßig gereinigt werden. Meist kann dies beim Verbandswechsel erfolgen. Hier ist Reinlichkeit sehr wichtig: Waschen Sie sich vor Beginn der Wundversorgung gründlich die Hände und nutzen Sie ein Handdesinfektionsmittel. Zur Reinigung wird die Wunde in der Regel mit einer Kochsalzlösung ausgespült.

So heilen kleine Verletzungen schneller

Ein Sturz beim Radfahren, ein Schnitt in den Finger beim Zwiebelschneiden oder ein aufgeschürfter Arm bei der Gartenarbeit: Eine kleine Verletzung ist schnell passiert. Um eine kleine offene Wunde optimal zu versorgen, sollten Sie diese zunächst mit **lauwarmem Wasser reinigen** und mit einem geeigneten Mittel aus der Apotheke **desinfizieren.** Man kann die Wundheilung unterstützen, indem man mithilfe spezieller **Wund- und Heilgele** für eine feuchte Umgebung sorgt. Diese Gele spenden Feuchtigkeit, entfernen zugleich abgestorbenes Gewebe und halten die Wunde steril. Die darin enthaltenen Liposomen fördern die Zellreparatur und können die Heilung beschleunigen. Nach dem Auftragen sollte die Wunde noch mit einem Pflaster oder einem Verband geschützt werden.

Kühlpads
helfen schnell
und unkompliziert
bei Juckreiz.

Von einer Mücke gestochen? So lässt das Jucken nach

Sticht eine Mücke zu, folgt meist ein lästiger Juckreiz. Dem Verlangen zu kratzen sollten Sie nach Möglichkeit widerstehen. Denn über die aufgekratzte Stelle gelangen leicht Bakterien in die Wunde und ins Blut, sodass sich die Stelle entzünden und es sogar zu einer Blutvergiftung kommen kann. Am besten wirkt gegen den Juckreiz das **Kühlen** der Einstichstelle mit in Küchentuch eingeschlagenen Eiswürfeln oder mit einem Kühlpad. Die Kälte dämmt die Entzündungsprozesse ein. Zusätzliche Linderung verschaffen:

- ein paar Tropfen **Essig.**
- eine aufgeschnittene **Zwiebel.**
- eine Scheibe frischer **Ingwer.**

Oder **Hitze!** Sogenannte thermische Stichheiler erreichen für einen kurzen Moment eine Temperatur von etwa 50 °C. Der Hitzeimpuls verhindert, dass der Körper den juckreizfördernden Eiweißstoff als Reaktion auf den Mückenstich ausschüttet. Gleichzeitig zersetzt die Hitze den Speichel der Mücke am Einstich.

Schmerzende Venen an heißen Tagen? Beugen Sie vor

So schön der Sommer auch ist ... Leiden Sie bei hohen Temperaturen öfter unter geschwollenen und schmerzenden Füßen? Dies kann durchaus ein erstes Anzeichen für ein Venenleiden sein. Bei steigenden Temperaturen erweitern sich die Blutgefäße und es kann zu einem Blutstau und zu Schwellungen kommen. Vorbeugend hilft es, täglich zweimal **15 Minuten ohne Pause zu gehen, mindestens zwei Liter Wasser** oder ungesüßten Kräutertee zu **trinken,** die **Beine** so oft wie möglich **hochzulegen** und sie kalt abzuduschen. Auch sollen Sie möglichst auf zu enge Beinkleider oder Hosen verzichten.

Sonnenbrand? Das hilft gegen die Verbrennung

Was für ein schöner Tag! Die Wanderung in den Bergen hat so richtig gutgetan. Aber beim Bergablaufen bemerken Sie, dass Ihre Haut rot ist, brennt, juckt und spannt: Oje, Sie haben einen Sonnenbrand. Bei den ersten Anzeichen heißt es: Möglichst raus aus der Sonne und die Haut kühlen. Am besten eignen sich **nasse Umschläge.** Kühlpads aus dem Kühlschrank und Eiswürfel sollten Sie besser meiden, denn diese sind so kalt, dass sie die durch die Sonne gereizte Haut noch zusätzlich schädigen können.

Anschließend cremen Sie die betroffenen Stellen mit **kühlenden Lotionen** ein, die etwa Panthenol oder Aloe vera enthalten. Produkte mit Alkohol sowie Duft- und Konservierungsstoffe sind weniger empfehlenswert, da sie Reizungen verursachen können. Zur Linderung von Juckreiz sind zudem Salben mit **Hydrokorti-**

son nützlich, die auch für Insektenstiche geeignet sind. **Quarkwickel** tun sonnenverbrannter Haut ebenfalls gut.

Neben der Versorgung der verbrannten Haut ist es vor allem wichtig, viel zu trinken. Denn die Haut braucht jetzt Feuchtigkeit – nicht nur von außen.

Bei großflächigen Bläschen, Schwindel, Fieber oder Übelkeit sollten Sie allerdings umgehend einen Arzt aufsuchen.

Medikamente vor Sommerhitze schützen

Nicht nur der Mensch leidet unter der Hitze – auch Medikamente mögen sehr hohe Temperaturen nicht. Manche Präparate können ihre Wirksamkeit durch die Hitze verlieren oder werden schlechter verträglich. Insulin und Blutzuckerstreifen sind z.B. temperaturempfindlich, Arzneipflaster können zu viel Wirkstoff abgeben, bei Asthmasprays können Wärme und Luftfeuchtigkeit die Wirkstoffe verkleben. Wenn die Temperatur der Haut erhöht ist, gelangen die Wirkstoffe von Schmerzpflastern schneller ins Blut – eine Überdosierung kann die Folge sein. Bei Blutdrucksenkern können die Werte an heißen Tagen zu tief sinken. Deswegen gilt: im Sommer Medikamente am besten **in einem kühlen und trockenen Raum aufbewahren** und mit dem Arzt besprechen, ob sich die Hitze auf die Einnahme auswirken kann. Manchmal muss die Dosierung angepasst werden.

Autsch! Verbrannt! So reagieren Sie richtig

Auch wenn Sie hungrig sind und es kaum erwarten können: Schnell eine Bratwurst mit den Fingern vom Grill zu stibitzen ist keine gute Idee. Die Quittung können Brandblasen sein. Die gute Nachricht: Der Schmerz bei solchen kleineren Brandverletzungen lässt sich lindern, indem Sie die betroffenen Stellen kurz **mit normal temperiertem Wasser kühlen.** Sobald die Verletzung **größer als eine Handfläche** ist, benötigen Sie allerdings professionelle Hilfe. Bis der Rettungsdienst vor Ort ist, sollten Sie **Atmung und Kreislauf** des Verletzten genau **beobachten.** Das gilt insbesondere bei großflächigen Verbrennungen und bei Gesichtsverbrennungen. Große Brandwunden sollten Sie nicht kühlen. Es besteht die Gefahr der Unterkühlung – eine weitere starke Belastung des Kreislaufs. Deshalb sollten Personen mit größeren Verbrennungen mit einer **Wärmefolie aus dem Verbandskasten** vor einer Unterkühlung geschützt werden.

Neue Medikamente? Nebenwirkungen im Auge behalten

Ihnen wurde ein neues Medikament verschrieben? Und nun leiden Sie unter Kopfweh, Magendrücken, Müdigkeit? Diese Nebenwirkungen verunsichern Sie? Tritt ein Symptom neu auf oder kommt es Ihnen merkwürdig vor, sollten Sie den Arzt oder Apotheker darauf ansprechen. Diese Fachleute können auch prüfen, ob tatsächlich eine Nebenwirkung hinter den Beschwerden steckt, und entsprechend nach Lösungen suchen. So kann etwa der Arzt die **Dosis anpassen.** Allerdings sind Nebenwirkungen auch eine Frage der Psychologie. Ob sich Patienten wegen der Arzneirisiken sorgen, hängt nicht zuletzt vom Präparat ab. Schmerzmittel mögen auf den Magen gehen, Beruhigungstabletten auf Dauer die Gefahr von Abhängigkeit bergen – viele Menschen nehmen die Mittel dennoch ohne Bedenken, weil sie schnelle Hilfe versprechen.

Teurer Zahnarztbesuch? Das Bonusheft spart Geld!

Waren Sie in diesem Jahr schon beim Zahnarzt? Auch wenn Sie keine Beschwerden haben, sollten Sie einen Termin machen. Denn wer regelmäßig mindestens einmal im Jahr zur zahnärztlichen Vorsorge geht, bekommt von den gesetzlichen Krankenkassen mehr Zuschuss zu einem möglichen Zahnersatz. Die Untersuchungen müssen **lückenlos im Bonusheft** eingetragen sein. Sind jährliche Besuche beim Zahnarzt über **fünf Jahre** vermerkt, beträgt der Festzuschuss der gesetzlichen Krankenkassen **70 anstatt 60 %.** Haben Sie über **zehn Jahre** jedes Jahr eine Zahnarztpraxis besucht, beträgt der Zuschuss sogar **75 %.** Falls Sie doch einen Termin

innerhalb der letzten zehn Jahre versäumt haben, müssen Sie dies schlüssig begründen. Es liegt dann im Ermessen der Krankenkasse, ob sie anerkennt. Ohne besonderen Grund gilt die Bonusregelung nicht mehr. Der Bonus muss dann neu erworben werden.

Hausapotheke immer aktuell halten

Im Falle eines Falles sollten Sie hier alles griffbereit haben. Doch was gehört wirklich in Ihre Hausapotheke? Vorab: Bewahren Sie Ihre Hausapotheke in einem abschließbaren Schrank oder Fach auf. Achten Sie darauf, dass sie für Kinder nicht zugänglich ist. Wählen Sie einen wenig beheizten und trockenen Raum.

Das Badezimmer ist der falsche Platz! Und das sollte drin sein:

- persönliche, vom Arzt verschriebene Medikamente.
- Schmerz- und fiebersenkende Mittel.
- Mittel gegen Erkältungskrankheiten.
- Mittel gegen Durchfall, Übelkeit, Erbrechen.
- Mittel gegen Insektenstiche und Sonnenbrand.
- Elektrolyte zum Ausgleich bei Durchfallerkrankungen.
- Fieberthermometer.
- Splitterpinzette.
- Hautdesinfektionsmittel/Wunddesinfektionsmittel.
- Einweghandschuhe.
- Atemschutzmaske.
- Verbandsmaterial (Mullkompresse, Verbandschere, Pflaster und Binden, Dreieckstuch).

Schön, wenn es beim Nachschauen bleibt – und noch besser, wenn der Zahnarztbesuch im Bonusheft dokumentiert ist.

Register

Impressum

Producing: booklab GmbH, München

Autoren: Holger Hühn (Kapitel 4, 5, 7, 9),
Volker Eidems (Kapitel 3, 6, 8), Thomas Drexel
(Kapitel 1, 2), Michael Baggeler (Kapitel 10)

Reader's Digest
Redaktion: Falko Spiller
Grafik und Prepress: Susanne Hauser
Bildredaktion: Sabine Schlumberger

Redaktionsdirektor: Michael Kallinger
Redaktionsleiterin Buch: Almuth Stiefvater
Art Director: Susanne Hauser

Produktion
Arvato Supply Chain Solutions SE:
Thomas Kurz

Druck und Binden
Neografia, Martin

© 2024 Reader's Digest Deutschland,
Österreich, Schweiz
Verlag Das Beste GmbH, Stuttgart, Wien,
Appenzell

Printed in Slovakia

ISBN 978-3-95619-553-2

Besuchen Sie uns im Internet
www.readersdigest.de | www.readersdigest.at

Bildnachweis
Alle Abbildungen von iStock, außer
Vignette in den Boxen „So ging's bei mir“:
Shutterstock.com/Kastoluz